Die Wirtschaftspsychologie

Die Buchreihe informiert - praxisorientiert und wissenschaftlich fundiert - über aktuelle Themen aus dem beruflichen und wirtschaftlichen Alltag. Experten aus den Teilgebieten der Wirtschaftspsychologie (Arbeits- und Organisationspsychologie, Personalpsychologie, Markt- und Konsumentenpsychologie, Ökonomischen Psychologie) verbinden in themenspezifischen Einzelbänden praktische Relevanz mit wissenschaftlichem Rigor. Jeder Einzelband gibt Einblick in aktuelles psychologisches Wissen zur Beantwortung praxisorientierter Fragen.

Von Interesse sind die Einzelbände der Reihe Wirtschaftspsychologie für Arbeitnehmer, Manager und Betriebsräte sowie Marketingfachleute gleichermaßen, in privaten und öffentlichen Unternehmen und der staatlichen Verwaltung, insbesondere auch für HR- und Personalverantwortliche, Unternehmens- und Personalberater sowie Young Professionals und Studierende verschiedener berufsqualifizierender Fachgebiete, zum Beispiel BWL, VWL, Wirtschaftspsychologie, Erwachsenenbildung, Ingenieurswesen …

In leicht verständlicher Sprache wird auch Lesern ohne psychologische Grundkenntnisse ein kurzweiliger und kompetenter Einblick in verschiedene Themengebiete geboten, mit Verweisen auf weiterführende Quellen.

Reihenherausgeber

Felix C. Brodbeck, Lehrstuhl Wirtschafts- und, Ludwig-Maximilians-Univ München, München, Deutschland

Erich Kirchler, Faculty of Psychology, University of Wien, Wien, Österreich

Ralph Woschée, Department Psychologie, Ludwig-Maximilians-Universität München Department Psychologie, München, Bayern, Deutschland

Weitere Bände in der Reihe ▶ http://www.springer.com/series/11744

Michaela Pfundmair

Psychologie bei Gericht

 Springer

Michaela Pfundmair
Fachbereich Nachrichtendienste
Hochschule des Bundes
Berlin, Deutschland

ISSN 2567-1596   ISSN 2567-1707   (electronic)
Die Wirtschaftspsychologie
ISBN 978-3-662-61795-3   ISBN 978-3-662-61796-0   (eBook)
https://doi.org/10.1007/978-3-662-61796-0

Die Deutsche Nationalbibliothek verzeichnet diese Publikation in der Deutschen Nationalbibliografie; detaillierte bibliografische Daten sind im Internet über ► http://dnb.d-nb.de abrufbar.

Planung/Lektorat: Marion Kraemer
Springer ist ein Imprint der eingetragenen Gesellschaft Springer-Verlag GmbH, DE und ist ein Teil von Springer Nature.
Die Anschrift der Gesellschaft ist: Heidelberger Platz 3, 14197 Berlin, Germany

Vorwort

Die Wirtschaftspsychologie beschäftigt sich mit dem Erleben und Verhalten des Menschen in unternehmerischen, institutionellen und marktwirtschaftlichen Kontexten. Der Buchband „Psychologie bei Gericht" behandelt Erleben und Verhalten spezifisch im institutionellen Kontext „Gericht", in welchem die wissenschaftliche Psychologie vor allem im Rahmen gutachterlicher Tätigkeiten Einzug gehalten hat.

Diese gutachterlichen Tätigkeiten sind der Rechtspsychologie zuzuordnen, einem besonderen Anwendungsgebiet der Psychologie. Die Rechtspsychologie umfasst die beiden Kernbereiche Kriminalpsychologie und Forensische Psychologie. Die Kriminalpsychologie untersucht kriminelles Verhalten und wie dieses erklärt, vorhergesagt und verhindert werden kann. Die Forensische Psychologie auf der anderen Seite beinhaltet alle psychologischen Fragestellungen, die sich im Rahmen von Gerichtsverhandlungen ergeben. Dieser Teilbereich der Rechtspsychologie steht im Zentrum des vorliegenden Buches. Im angelsächsischen Rechtssystem besteht die Aufgabe Forensischer Psychologen vor allem darin, empirische Befunde über einen Sachverhalt darzulegen. Hierzulande sollen forensisch-psychologische Gutachter zur Unterstützung des Gerichts eine möglichst klare Beurteilung eines Einzelfalls vornehmen.

Der erste Psychologe, den ein Gericht als Gutachter beizog, war William Stern, der Erfinder des Intelligenzquotienten. Deutsche Gerichte holten bis in die 1930er Jahre immer mehr die Expertise von Psychologen ein. Dieser „Boom" der Psychologie bei Gericht ebbte zwar im Zweiten Weltkrieg ab, lebte aber ab den 1950er Jahren wieder auf. Ein Meilenstein war die Anhörung von Udo Undeutsch im Jahre 1954 durch den Senat des Bundesgerichtshofes. Undeutsch betonte darin die Überlegenheit psychologischer oder psychiatrischer Sachverständiger und forderte sogar, dass solche Experten regelhaft einbezogen werden sollten, wenn sich eine Anklage wegen Missbrauch vor allem auf kindliche Aussagen stützt. Heutzutage gibt es mehrere Hundert Fachpsychologen für Rechtspsychologie (BDP/DGPs), also Psychologen, die sich postgradual für die psychologische Tätigkeit im Rechtssystem weitergebildet haben. Die Zahl an Psychologen, die ohne Zertifizierung arbeiten, ist sogar um ein Vielfaches höher. Und weiterer Bedarf besteht vonseiten des Rechtssystems: Erst im Juni 2019 forderte die Konferenz der Justizministerinnen und Justizminister eine verstärkte Präsenz der Rechtspsychologie im Rahmen des Psychologiestudiums, um diesem Mangel nachzukommen. Bisher gibt es allerdings erst einen eigenständigen Lehrstuhl für Rechtspsychologie an deutschen Universitäten, nämlich an der Universität Hildesheim. An anderen öffentlichen Universitäten steht die Rechtspsychologie zwar vereinzelt als Zusatz in den Ausschreibungen, häufig findet sich das Fach tatsächlich aber nur marginal in der Ausrichtung wieder. An weiteren Universitäten wurde die Rechtspsychologie sogar explizit abgebaut.

Das vorliegende Buch soll dazu beitragen, dem Aufschwung und dem gesellschaftlichen Bedarf des Faches Schützenhilfe zu geben. „Psychologie bei Gericht" soll einen vertieften Überblick über die Hauptthemen und -tätigkeitsfelder Forensischer Psychologen liefern. Mithilfe von praktischen Fallbeispielen und wissenschaftlichen Hintergrundinformationen soll es auch für Leser ohne rechtspsychologische Kenntnisse einfach lesbar und kurzweilig sein.

In ▶ Kap. 1 wird der historisch älteste Bereich der Forensischen Psychologie, die Begutachtung der Glaubhaftigkeit von Zeugenaussagen, vorgestellt. Mithilfe der Aussagepsychologie versuchen forensische Gutachter abzuschätzen, ob eine Schilderung auf einem wahren Erlebnis beruht oder nicht. ▶ Kap. 2 beschäftigt sich mit familienrechtspsychologischen Begutachtungen. Diese kommen vor allem dann zum Tragen, wenn mithilfe der Expertise eines Psychologen bewertet werden soll, wer Sorgerecht und Umgang bei einem Kind im Trennungsfall erhält und was bei Kindeswohlgefährdung passiert. In ▶ Kap. 3 wird die Psychologie der Kriminalprognose vorgestellt. Dabei wird eine fundierte Wahrscheinlichkeitsaussage darüber getroffen, ob ein Rechtsbrecher rückfällig wird oder nicht. ▶ Kap. 4 beschäftigt sich mit Methoden, die überprüfen, ob ein Rechtsbrecher schuldfähig – oder wenn er jung ist – strafmündig ist. ▶ Kap. 5 stellt einen Bereich der Forensischen Psychologie vor, der hierzulande (noch) relativ selten zum Tragen kommt: die Beurteilung der Zuverlässigkeit von Personenbeschreibungen oder -identifizierungen durch Augenzeugen. In ▶ Kap. 6 werden schließlich Fallstricke vorgestellt, die ein Gerichtsurteil in die eine oder andere Richtung verzerren können. Dabei handelt es sich im Großen und Ganzen um sozialpsychologische Effekte, die im Rechtssystem ganz spezifisch wirken.

Zum Schluss möchte ich den Herausgebern der Reihe „Wirtschaftspsychologie", Felix Brodbeck und Ralph Woschée, danken, die dieses Buch ermöglicht haben. Auch Barbara Knüchel vom Springer Verlag möchte ich für die redaktionelle Unterstützung danken. Ebenso gilt mein Dank meinem Kollegenkreis aus der rechtspsychologischen Praxis für die anregenden Diskussionen im Rahmen dieses Buches.

Michaela Pfundmair
Berlin
April 2020

Inhaltsverzeichnis

Aussagepsychologie

Wie überprüft werden kann, ob eine Schilderung auf wahrem Erleben basiert

© Springer-Verlag GmbH Deutschland, ein Teil von Springer Nature 2020
M. Pfundmair, *Psychologie bei Gericht*, Die Wirtschaftspsychologie,
https://doi.org/10.1007/978-3-662-61796-0_1

1

Abb. 1.1 Der Fall Tobias. (© zimmytws/▶ stock.adobe.com)

Im Sommer erzählte der 16-jährige Tobias seiner Tante erstmals davon. Er saß mit ihr am Mittagstisch und sie sprach gerade davon, dass sie nun gegen Hans, seinen Großvater, eine Anzeige wegen Steuerhinterziehung plane. Die Familien hatten sich verstritten und die Tante sann auf Rache. Sie fragte auch Tobias, ob er noch irgendetwas wisse, was sie anführen könnte, nachdem er in der Vergangenheit viel Zeit bei seinem Großvater verbracht hatte. Tobias stellte seiner Tante dann die Frage, was eigentlich alles unter sexuellen Missbrauch zähle. Nachdem die Tante es ihm grob erklärt hatte, erzählte er von Dingen, die sein Großvater mit ihm in den letzten Jahren angeblich gemacht hatte. Er schilderte, dass Hans ihn immer wieder aufgefordert habe, einen Porno anzusehen, dann zu ihm gekommen sei, an seinem Geschlechtsteil herumgespielt und ihn damit regelmäßig zum Samenerguss gebracht habe. Er erzählte, dass alles begonnen habe, als sein Großvater ihn wegen einer Eichelentzündung gepflegt habe, und dass es schließlich geendet habe, als sein Großvater aufgrund eines Wetteinsatzes Oralverkehr an ihm durchgeführt habe. Nach seiner Erzählung erstattete die Tante Anzeige. Tobias wurde polizeilich befragt. Der Großvater stritt alle Vorwürfe ab. Er führte an, dass Tobias Lügen über ihn erzähle, um seine Familie im Streit zu unterstützen. Darüber hinaus gab er zu Protokoll, dass sein Enkel nicht ernst genommen werden könne, weil er regelmäßig Haschisch konsumiert habe. Um zu prüfen, ob Tobias' Angaben auf einem eigenen Erlebnishintergrund basierten oder unwahr waren, beauftragte die Staatsanwaltschaft einen aussagepsychologischen Gutachter.

1.1 Grundlagen aussagepsychologischer Prüfungen

Wenn ein Gericht nicht über ausreichend Sachkunde verfügt, um zu bewerten, ob eine Aussage, meist die eines Opferzeugen, auf einem wahren Erlebnis beruht oder nicht, wird ein aussagepsychologisches Gutachten in Auftrag gegeben. Eine aussagepsychologische Begutachtung ist insbesondere dann wichtig, wenn keine anderen Beweismittel vorliegen als die Zeugenaussage, wie es häufig bei Sexualdelikten vorkommt. Jedoch erfolgt eine solche Beauftragung nicht standardmäßig bei Aussage-gegen-Aussage-Konstellation, sondern dann, wenn spezielle Umstände in der Aussageperson oder der Sache selbst vorliegen, wie Verhaltensauffälligkeiten oder problematische Befragungsbedingungen.

Eine aussagepsychologische Begutachtung wird in der Praxis häufig mit dem Begriff der Glaubhaftigkeitsbegutachtung in Verbindung gebracht. Das trägt dem Aspekt Rechnung, dass bei einem aussagepsychologischen Vorgehen eine einzelne Aussage im Kontext ihrer jeweiligen Situation bewertet wird. Scharf zu trennen ist dieser Begriff von einer Glaubwürdigkeitsbegutachtung, also der Prüfung, ob eine persönlichkeitsbedingte Tendenz, generell die Wahrheit zu sagen oder zu lügen, vorliegt. Ob eine Zeugenaussage auf einem wahren Erlebnis beruht oder nicht, kann über die Klärung der Glaubwürdigkeit einer Person nicht erschöpfend beantwortet werden – denn eine Person könnte, so sehr sie sich auch verpflichtet sieht, in der Regel die Wahrheit zu sagen, das dennoch zu irgendeinem Zeitpunkt nicht tun (Erdfelder 2003).

Nach welchem Prinzip geht aber nun ein aussagepsychologischer Gutachter oder eine aussagepsychologische Gutachterin vor? Das Vorgehen wurde vom wissenschaftlichen Falsifikationsprinzip abgeleitet, das insbesondere Karl Popper prägte. Popper lehnte das Prinzip der Verifikation ab. Denn er stellte fest, dass allgemeine Theorien niemals unzweifelhaft durch Einzelbeobachtungen bewiesen werden können. Wenn man in seinem Leben beispielsweise bisher nur weiße Schwäne gesehen hat, würde man aufgrund von Induktion schließen, dass alle Schwäne weiß sind. Würde man allerdings irgendwann einen schwarzen Schwan sehen, wäre die Theorie, dass alle Schwäne weiß sind, widerlegt. Daher kann eine induktiv gewonnene Aussage niemals zweifelsfrei bewiesen werden. Statt zu verifizieren, forderte Popper somit, dass Wissenschaftler versuchen sollten, bestehende Theorien zu falsifizieren, also widerlegende Erkenntnis zu finden. Demnach bewährt sich eine Theorie dann, wenn sie einem Falsifikationsversuch widersteht (Popper 2005).

> **Definition**
>
> Das **Falsifikationsprinzip** bezeichnet die Strategie, wissenschaftliche Theorien zu widerlegen.

Die aussagepsychologische Methodik folgt diesem Prinzip. Eine aussagepsychologische Prüfkonstellation untersucht, ob eine Aussage auf irgendeine andere Art zustande gekommen sein könnte als dadurch, dass das Geschilderte

1

tatsächlich erlebt wurde. Für diesen Prüfprozess müssen Gegenhypothesen zur Wahrannahme generiert werden. Solche Gegenhypothesen betreffen im Wesentlichen die folgenden zwei Konstellationen: Eine Aussage könnte bewusst erlogen sein. Oder eine Aussage könnte ein Irrtum sein, also subjektiv für wahr gehalten werden, aber objektiv keine Entsprechung in der Realität finden. Lassen sich beide Hypothesen zurückweisen, dann kann ein aussagepsychologischer Gutachter oder eine aussagepsychologische Gutachterin darauf schließen, dass eine Aussage auf einem wahren Erlebnis beruht. Dies ist nämlich dann die einzig naheliegende Erklärung für das Zustandekommen der Aussage. Lassen sich die beiden Hypothesen aber nicht zweifelsfrei zurückweisen, muss geschlossen werden, dass man nicht oder nicht mit hoher Wahrscheinlichkeit sagen kann, dass eine Aussage auf tatsächlichem Erleben beruht. Das bedeutet, dass aussagepsychologische Gutachter nichts über die Faktizität einer Schilderung sagen, sondern „Wahrscheinlichkeitsaussagen" treffen.

Dieses Vorgehen wurde auch in den sog. Mindeststandards aussagepsychologischer Begutachtung im Grundsatzurteil des BGH vom 30.07.1999 festgehalten. Hierin heißt es entsprechend dem Falsifikationsprinzip, dass das methodische Vorgehen dem Prinzip folgen soll, „einen zu überprüfenden Sachverhalt (hier: Glaubhaftigkeit der spezifischen Aussage) so lange zu negieren, bis diese Negation mit den gesammelten Fakten nicht mehr vereinbar ist. Der Sachverständige arbeitet also zunächst mit der Unwahrannahme als sog. Nullhypothese. Zu deren Prüfung hat er weitere Hypothesen zu bilden. Ergibt seine Prüfstrategie, dass die Unwahrhypothese mit den erhobenen Fakten nicht mehr in Übereinstimmung stehen kann, so wird sie verworfen, und es gilt dann die Alternativhypothese, dass es sich um eine wahre Aussage handelt" (BGHStr 45, 164). Die aussagepsychologische Prüfung folgt also einer wissenschaftlichen Herangehensweise. Sie korrespondiert allerdings auch mit dem juristischen Prinzip der Unschuldsvermutung, denn auch die Unschuld eines Beschuldigten hat bis zum Beweis des Gegenteils zu gelten (gemäß dem Grundsatz „im Zweifel für den Angeklagten").

Bevor jedoch die Gegenhypothesen zur Wahrannahme geprüft werden können, muss sichergestellt werden, dass eine Person überhaupt eine angemessene Aussage zu einem fraglichen Sachverhalt machen kann. Das heißt, in einem ersten Schritt einer aussagepsychologischen Begutachtung muss die Aussagetüchtigkeit einer Person untersucht werden.

1.2   Prüfung der Aussagetüchtigkeit

1.2.1   Grundlagen der Aussagetüchtigkeit

Bei dem Konzept der Aussagetüchtigkeit geht es nicht darum, ob die Aussage einer Person fälschlich vorgebracht wurde oder nicht. Stattdessen wird bewertet, ob eine aussagende Person überhaupt in der Lage ist, eine zuverlässige Aussage machen zu können. Das bezieht sich zum einen auf adäquates Wahrnehmen,

Erinnern und Reproduzieren. Zum anderen umfasst die Aussagetüchtigkeit basale Fähigkeiten, eine verbale Schilderung in einer Befragungssituation produzieren zu können. Wenn eine Person das nicht kann, wird ihre Aussage im weiteren rechtlichen Prozess meist nicht weiter berücksichtigt (Volbert und Dahle 2010).

Definition

Die **Aussagetüchtigkeit** ist die grundsätzliche Fähigkeit einer aussagenden Person, Situationen zuverlässig wahrzunehmen, über einen längeren Zeitraum zu speichern und weitgehend selbstständig abzurufen, sowie angemessen zwischen verschiedenen Quellen einer Erinnerung unterscheiden zu können. Weiter umfasst sie die Fähigkeit, in der Befragungssituation eine für Dritte nachvollziehbare Schilderung zu produzieren.

Es sollte allerdings beachtet werden, dass es bei der Prüfung der Aussagetüchtigkeit nicht darum geht, eine fehlerfreie Aussage zu machen. Aussagen über reale Erlebnisse weichen immer mehr oder weniger stark von einem tatsächlichen Geschehen ab, weil das autobiografische Gedächtnis nicht wie eine Videokamera oder ein Fotoapparat funktioniert. Erinnerungen können durch Prozesse während der Aufnahme und Speicherung eines Ereignisses, aber auch während des Abrufs verändert werden. Aussagetüchtigkeit orientiert sich allerdings auch nicht daran, ob durchschnittlich häufig und umfangreich Fehler gemacht werden. Stattdessen geht es darum, ob eine untere Mindestschwelle überschritten wird oder nicht. Wenn beispielsweise bekannt ist, dass eine Person ein Hochschulstudium absolviert, und ein Gutachter oder eine Gutachterin sich problemlos mit ihr über ihr Leben unterhalten kann, sind umfangreiche Prüfungen der Aussagetüchtigkeit überflüssig. Solche sind nur angezeigt, wenn sich Hinweise auf einschränkende Bedingungen ergeben (Steller 2008).

Die alte Skepsis gegenüber Augenzeugenberichten

Augenzeugenberichten standen Menschen schon seit jeher skeptisch gegenüber. Schon Heraklit (ca. 550–480 v. Chr.) wies darauf hin, dass man Dinge besser selbst erleben sollte, anstatt den Berichten anderer Personen zu trauen. Thukydides (460–396 v. Chr.) beschwerte sich über widersprüchliche Darstellungen historischer Ereignisse durch verschiedene Augenzeugen, die er mit Gedächtnislücken und Voreingenommenheiten erklärte. Und auch in den Kriminal- und Rechtswissenschaften ist seit alters her eine skeptische Haltung gegenüber Augenzeugenberichten sichtbar: Seit der Antike war die Rechtsgeschichte durch Gesetze dominiert, die die Zeugnisfähigkeit an spezielle Personenmerkmale knüpfte. Frauen und Kinder unter 14 Jahren galten beispielsweise als zeugnisunfähig, weil ihnen mangelnde Sorgfältigkeit und Wahrheitstreue unterstellt wurde (Erdfelder 2003).

1

Aussagetüchtigkeit ist außerdem nicht als zeitüberdauerndes Konstrukt zu verstehen. Eine Person kann für einen Sachverhalt aussagetüchtig sein, aber nicht für einen anderen. Dies wäre zum Beispiel der Fall, wenn zu einem Zeitpunkt psychopathologische Beeinträchtigungen vorlägen, zum anderen jedoch nicht.

1.2.2 Beeinträchtigungen der Aussagetüchtigkeit bei Jugendlichen oder Erwachsenen

Die Frage, ob die Aussagetüchtigkeit gemindert sein könnte, stellt sich bei älteren oder erwachsenen Zeugen insbesondere dann, wenn psychopathologische Auffälligkeiten vorliegen. In einem solchen Fall wird die Beurteilung der Aussagetüchtigkeit in der Regel zweistufig vorgenommen: Auf der ersten Stufe des Beurteilungsprozesses muss gefragt werden, ob die Annahme einer psychiatrischen Diagnose begründet ist. Da sowohl der Tatzeitpunkt als auch die Befragungszeitpunkte bei der Beurteilung der Aussagetüchtigkeit von entscheidender Bedeutung sind, muss bei der Rekonstruktion der Anamnese ein spezieller Fokus auf Verlauf und Intensität gelegt werden. Als zweite Stufe des Beurteilungsprozesses muss geprüft werden, ob die Erkrankung überhaupt zu Störungen der Aussagetüchtigkeitsdimensionen geführt hat.

Wenn die Aussagetüchtigkeit von Zeugen mit psychischen Störungen beurteilt wird, können sich drei Möglichkeiten ergeben: (1) Wenn die relevanten Fähigkeiten durch die Psychopathologie beeinträchtigt sind und auch künftig nicht mit einer Wiederherstellung dieser Fähigkeiten zu rechnen ist, ist ein Zeuge oder eine Zeugin dauerhaft aussageuntüchtig. Das kann zum Beispiel sachverhaltsunspezifisch sein, wenn schwere chronische organische Psychosen oder schwere geistige Behinderungen vorliegen. Oder auch sachverhaltsspezifisch, wenn zum Tatzeitpunkt eine akute endogene oder organische Psychose oder Intoxikation vorlag. Denn dann muss bezweifelt werden, dass das spezifische Ereignis zuverlässig wahrgenommen und encodiert werden konnte. (2) Wenn sich ein Zeuge oder eine Zeugin während der Befragung in einem akut psychotischen oder intoxikierten Zustand befindet, der wieder aufgehoben werden kann, aber das spezielle Ereignis stattfand, als keine akute Symptomatik vorlag, ist seine oder ihre Aussagetüchtigkeit nur vorübergehend aufgehoben. (3) Bei nichtpsychotischen psychischen Störungen ist in der Regel von einer erhaltenen Aussagetüchtigkeit auszugehen (Lau et al. 2008).

Organische und symptomatische psychische Störungen
Akute und chronische organische Psychosen (z. B. Verwirrtheitszustände), die mit Orientierungsstörungen und Halluzinationen einhergehen, können die Aussagetüchtigkeit erheblich beeinträchtigen. Jedoch kommt es, wie bereits beschrieben, entscheidend auf Verlauf und Intensität der Symptomatik zu den aussagerelevanten Zeitpunkten an.

Bei organischen Wesensänderungen ist die Aussagetüchtigkeit in der Regel nicht beeinträchtigt, wenn keine massiven hirnorganischen Veränderungen vorliegen.

Störungen durch psychotrope Substanzen
Alkohol, Opioide, Cannabinoide und Sedativa können die Wahrnehmung beeinträchtigen und einengen. Auch Kokain, Stimulantien und Halluzinogene können die Wahrnehmung verändern: Sie können sie genauer machen, aber sie auch verzerren, bis hin zu einer fehlenden realen Grundlage. **Psychopharmakologisch** wirksame Substanzen können die Aussagetüchtigkeit ebenso einschränken. Benzodiazepine z. B. können amnestische Zustände auslösen (Abb. 1.2).

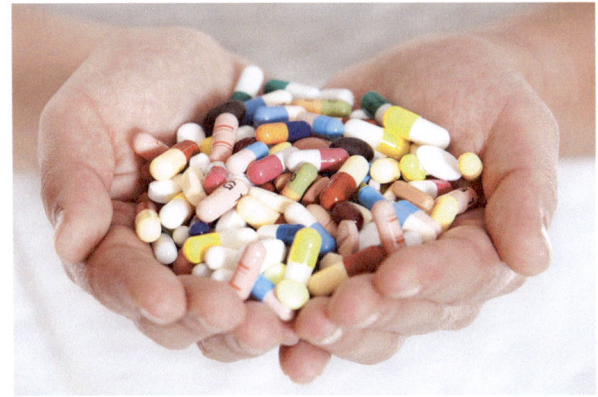

Abb. 1.2 Die Einnahme verschiedener Psychopharmaka kann die Aussagetüchtigkeit einschränken. (© Kaesler Media/Marketing DMS)

Wenn die Aussagetüchtigkeit unter psychotropen Substanzen eingeschätzt werden soll, muss das Ausmaß des Intoxikationszustands bestimmt werden. Missbrauch oder ein Abhängigkeitssyndrom von psychotropen Substanzen allein stellt die Aussagetüchtigkeit nicht infrage. Es muss stattdessen geprüft werden, ob sich der Zeuge oder die Zeugin während der aussagerelevanten Zeitpunkte im „subjektiven Normalzustand", in einem Entzugszustand mit Delir oder in einem intoxikierten Zustand befunden hat.

Schizophrenien, schizotype und wahnhafte Störungen
Wenn Personen mit schizophrenen Störungen akut schwerste Beeinträchtigungen in ihrer Wahrnehmung (z. B. mit Halluzinationen), in ihrem Denken (z. B. durch Wahn) und in ihren Affekten aufweisen, ist keine ausreichende Aussagetüchtigkeit gegeben.

Wenn psychotische und gesunde Phänomene aber stabil nebeneinander bestehen, kann die Aussagetüchtigkeit erhalten sein. Auch Zeugen, die ausschließlich affektive Auffälligkeiten haben, dürften aussagetüchtig sein. Ebenso ist es bei Personen mit schizotypen Störungen, die mit Persönlichkeitsstörungen assoziiert sind, und Personen mit wahnhaften Störungen allein aus der Diagnose heraus nicht gerechtfertigt, von einer fehlenden Aussagetüchtigkeit auszugehen.

Persönlichkeitsstörungen
Häufig wird eine aussagepsychologische Begutachtung in Auftrag gegeben, wenn der Zeuge oder die Zeugin mit einer Borderlinepersönlichkeitsstörung diagnostiziert ist. Wenn eine solche Persönlichkeitsstörung vorliegt, können kurze psychotische Episoden auftreten. Nur wenn diese akut nachweisbar sind, muss die Aussagetüchtigkeit angezweifelt werden.

Jenseits dessen ist die Aussagetüchtigkeit bei Personen mit Borderlinepersönlichkeitsstörung in der Regel nicht eingeschränkt. Auch bei anderen Persönlichkeitsstörungen, wie der paranoiden oder der histrionischen Persönlichkeitsstörung, die möglicherweise besonders anfällig für schädigungsorientierte Falschaussagen oder auch suggestive Umdeutungen sind, ist keine generelle Einschränkung der Aussagetüchtigkeit gegeben (Lau et al. 2008).

Neben psychopathologischen Auffälligkeiten kann die Aussagetüchtigkeit von jugendlichen und erwachsenen Zeugen auch durch entwicklungsbezogene Aspekte anzuzweifeln sein. Denn Menschen können sich an Ereignisse aus den ersten drei Lebensjahren in der Regel nicht mehr erinnern. Wenn also Erlebnisse geschildert werden, die in diese Phase fallen, sind ausreichend entwickelte

1

Encodierungsprozesse unwahrscheinlich. In eine Phase des Übergangs fallen Ereignisse zwischen dem vierten und sechsten Lebensjahr: Relevante Ereignisse können teilweise erinnerlich bleiben. Ereignisse ab sechs Jahren werden dagegen meist erinnert (Multhaup et al. 2005).

Fallbeispiel

Wenn wir auf unser Fallbeispiel zurückblicken, wäre zu fragen, ob Tobias tatsächlich Cannabinoide zu sich genommen hat – und zwar zum Zeitpunkt der fraglichen Taten sowie zum Zeitpunkt seiner Befragung. Wenn dem so wäre und wenn das Ausmaß seiner Intoxikation hoch wäre, müsste angenommen werden, dass seine Wahrnehmung beeinträchtigt war. Eine ausreichende Aussagetüchtigkeit wäre dann anzuzweifeln. Sie wäre dauerhaft eingeschränkt, wenn er zu den Tatzeitpunkten unter dem Einfluss der Cannabinoide gestanden hätte. Wenn er nur während seiner Befragung intoxikiert gewesen wäre, wäre seine Aussagetüchtigkeit nur vorübergehend eingeschränkt.

1.2.3 Beeinträchtigungen der Aussagetüchtigkeit bei Kindern

Bei jungen Kindern ist die Frage nach der Aussagetüchtigkeit eine zentrale. Denn sowohl die Speicherung und der Abruf autobiografischer Erinnerungen als auch die zuverlässige Unterscheidung zwischen Realität und Fantasie und eine adäquate Produktion einer Schilderung könnten, je nach Alter, eingeschränkt sein.

Wenn Kinder zum Zeitpunkt des Geschehens unter zwei Jahre alt sind, haben sie in der Regel keine bewussten Erinnerungen daran, selbst wenn das Geschehen bedeutsam ist. Wenn Kinder zwischen zwei und dreieinhalb Jahren alt sind, haben sie zeitnah meist fragmentarische Erinnerungen an bedeutsame Ereignisse, diese werden jedoch in der Regel nicht langfristig behalten. Ab dem vierten Lebensjahr können bedeutsame Ereignisse dann aber schon über mehrere Monate oder Jahre erinnert werden. Solche Erinnerungen sind allerdings meist mit weniger Informationen verknüpft (Volbert und Dahle 2010). Wenn ältere Kinder Angaben zu frühen Erinnerungen machen, sind diese zudem häufig fälschlich mit späteren Erfahrungen oder Informationen vermischt (Peterson und Parsons 2005) – oder aber nicht mehr abrufbar, auch wenn sie sie früher über Monate erinnern konnten (La Rooy et al. 2011).

Wenn sehr junge Kinder Angaben zu früheren Erlebnissen machen, dann fokussieren sich diese größtenteils auf Aktivitäten und beteiligte Personen. Ab dreieinhalb Jahren können Kinder auch Angaben zu raum-zeitlichen Kontexten oder zur eigenen Bedeutung beisteuern. Bis zum vierten Lebensjahr sind Schilderungen allerdings noch recht fehlerbehaftet. Mit dem Grundschulalter fügen Kinder in aller Regel zu ihren Schilderungen Hintergrundinformationen und kausale Verknüpfungen hinzu (Fivush und Haden 1997).

Die Fähigkeit, zwischen Realität und Fantasie zu unterscheiden, entwickelt sich mit drei Jahren. Aber auch ältere Kinder zwischen vier und acht Jahren vermischen diese beiden Ebenen noch, wenn sie sich im magischen Denken befinden. Kinder lassen sich zu solch einem Denken durch spielerische Kontexte animieren, auch wenn ihnen theoretisch die Unterscheidung zwischen Realität und Fantasie bewusst ist (Mähler 2005). Wenn ein Kind beispielsweise in einer Als-ob-Situation befragt wurde, ist nicht auszuschließen, dass es sich auf eine fiktive Ebene begeben hat, ohne es deutlich zu machen (Principe und Smith 2008) – und damit muss seine Aussagetüchtigkeit vorübergehend angezweifelt werden.

Das magische Denken bei Kindern

Das sog. magische Denken ist die Idee, dass Gedanken, Worte und Taten Einfluss auf ursächlich nicht verbundene Ereignisse nehmen. Das umfasst das Glauben an Zaubersprüche oder Wünsche oder auch an die Wirkung von Maskottchen. Eine besondere Prävalenz für magisches Denken liegt bei Kindern mit vier bzw. fünf Jahren vor, insbesondere dann, wenn Ereignisse unerklärlich sind. Sechsjährige verbannen Magie zwar bereits in das Reich der Träume und Märchen, sie sind aber immer noch leicht irritierbar, wenn sie mit unerklärlichen Ereignissen konfrontiert werden. Ab dem Grundschulalter lehnen Kinder dann magische Kausalität in der Regel entschieden ab; allerdings ist es durchaus möglich, sie bei magischen Handlungen zu beobachten, vor allem wenn sie sich unbeobachtet fühlen (Mähler 2005).

Was das Produzieren einer Schilderung angeht, finden sich ebenfalls gewisse Alterseinschränkungen. Dass Kinder überhaupt über vergangene Ereignisse Angaben machen können, entwickelt sich erst in einem Alter von zwei bis drei Jahren. Allerdings beruhen diese Schilderungen in der Regel auf einem gemeinsamen Erinnern mit den Eltern, denn Kinder in diesem Alter machen kaum Angaben, ohne Hinweisreize zu erhalten. Dass Kinder eigeninitiiert über vergangene Ereignisse erzählen, ist bis zum vierten Lebensjahr noch selten. Ab drei bzw. dreieinhalb Jahren können Kinder dann selbstständig mehr oder weniger kohärente Darstellungen über vergangene Ereignisse machen. Allerdings fällt es ihnen dennoch schwer, selbstständig gespeicherte Informationen abzurufen, und nur wenige Angaben werden im freien Bericht produziert. Die Fähigkeit, dass Kinder ohne Hilfestellung berichten können, verbessert sich bis zum Grundschulalter kontinuierlich (Nelson und Fivush 2004).

Insgesamt kann zur Entwicklung der Aussagetüchtigkeit bei Kindern folgende grobe Daumenregel herangezogen werden: Bis zum Alter von etwa 18 Monaten liegen in der Regel keine expliziten Erinnerungen vor. Zwischen 19 Monaten und drei Jahren können sich Kinder zwar erinnern, haben aber noch Schwierigkeiten beim selbstständigen Abruf. Ohne Kenntnis des Ereignisses, von dem sie berichten, sind ihre Angaben somit meist nicht nachvollziehbar. Zwischen vier

1

und fünf Jahren nimmt die Fähigkeit zu, dass Kinder ohne Hilfestellung über Erlebtes berichten können, und Kinder sind mit einer angemessenen Befragungstechnik in der Regel in der Lage, zurückliegende Ereignisse zu schildern. Ab sechs Jahren dann nähern sich Angaben von Kindern in ihrer Organisation den Darstellungen Erwachsener an und Aussagetüchtigkeit ist meist gegeben (Volbert 2014).

1.3 Prüfung der Hypothese der bewussten Falschaussage

1.3.1 Lügenerkennung durch nonverbale Hinweise

Wie können psychologische Gutachter nun prüfen, ob ein Zeuge bewusst lügt oder nicht? Freud (1905, S. 240) postulierte, dass Lügner sich durch bestimmte körperliche Anzeichen selbst verraten: „Wer Augen hat zu sehen und Ohren zu hören, überzeugt sich, dass die Sterblichen kein Geheimnis verbergen können. Wessen Lippen schweigen, der schwätzt mit den Fingerspitzen, aus allen Poren dringt ihm der Verrat."

Ekman und Friesen (1969) beschäftigten sich erstmals intensiv mit der wissenschaftlichen Auseinandersetzung mit dieser Idee. Sie stellten die Hypothese auf, dass Täuschung besonders in Beinen und Füßen sichtbar wäre, da Lügner diese nur schwerlich kontrollieren könnten (Abb. 1.3).

Nonverbal Leakage and Clues to Deception †

Paul Ekman and Wallace V. Friesen*

Abb. 1.3 In Ekmans und Friesens erster Veröffentlichung postulierten sie, dass bei Lügnern Gefühle wie Scham, Schuld und Angst nonverbal „austreten" würden. (mit freundlicher Genehmigung von Taylor & Francis)

In Metaanalysen zeigt sich allerdings, dass lügende Personen Illustratoren, also sprachbegleitende Gesten, weniger einsetzen und dass sie weniger Bewegung in Beinen, Füßen und Händen zeigen (DePaulo et al. 2003; Sporer und Schwandt 2006; 2007). Der aktuelle Ansatz geht eher von einer kognitiven Belastung durch das Lügen aus, die Bewegungen tendenziell hemmt. Allerdings machen die Metanalysen auch deutlich, dass diese nonverbalen Lügenmerkmale insgesamt heterogen und eher schwach sind. Die nonverbalen Unterschiede zwischen Personen, die lügen, und Personen, die die Wahrheit sagen, sind so gering ausgeprägt, dass sie im Einzelfall nicht diagnostisch hilfreich sein können. Die Forschung zeigt sogar, dass Lügenerkennung von Probanden weniger erfolgreich wird, je mehr visuelle Hinweise sie benennen (Porter et al. 2007).

Woran liegt es aber, dass wir einerseits so überzeugt von der nonverbalen Lügenerkennung sind, diese aber andererseits offenbar nicht so erfolgreich ist? Das hat mit einem Doppelstandard zu tun, den wir anwenden: Während wir unsere eigenen Lügen häufig „wegrationalisieren", zum Beispiel indem wir sagen, dass sie bloß Halbwahrheiten oder Notlügen sind, moralisieren wir fremde Lügen. Das heißt, Menschen nehmen das eigene Lügen in der Regel nicht als großen moralischen

Fehltritt wahr, glauben aber, dass andere es tun, und wenden deshalb ein Stereotyp an, das sie auf eine falsche Fährte lockt. Das klassische Stereotyp eines Lügners ist das eines schambehafteten, ängstlichen, innerlich gequälten Menschen, der unruhig wirkt und Augenkontakt vermeidet. Faktisch sind solche nonverbalen Hinweise aber unspezifisch: Allgemeine Anspannung wird häufig fehlinterpretiert und individuelle Unterschiede werden unterschätzt (Bond und DePaulo 2006).

So enttäuschend die Befunde zur nonverbalen Lügenerkennung sein mögen, so sehr geben sie Hinweise für eine Art der Lügenerkennung, die erfolgreich sein könnte: Die Forschung zeigt konsistent, dass Lügenerkennung durch verbale Hinweise erfolgreicher ist als durch nonverbale Hinweise (DePaulo et al. 2003).

1.3.2 Lügenerkennung durch Aussageinhalte

Offenbar können wir also aus Aussageinhalten validere Rückschlüsse darüber ziehen, ob eine Person lügt oder nicht, als aus nonverbalem Verhalten. Nach welchem Prinzip muss nun aber eine solche Aussageanalyse – und somit der aussagepsychologische Gutachter – vorgehen?

Udo Undeutsch nahm an, dass erfundene Schilderungen eine geringere inhaltliche Qualität aufweisen müssten als wahre (Undeutsch 1967). Dies begründete er insofern, als dass eine bewusst erfundene Aussage aus einem kognitiven Schema generiert werden muss, was einer hohen geistigen Anstrengung bedarf. Neben der Konstruktion falscher Informationen (auch primäre Täuschung genannt) müssen zudem angeblich verräterische Verhaltensweisen vermieden werden (auch sekundäre Täuschung genannt; Köhnken 1990). Das heißt, eine Lüge ist in der Regel eine relativ schwierige Aufgabe. Somit dürfte die Qualität einer Aussage geringer sein. Wahre Aussagen sind dagegen im autobiografischen Gedächtnis verankert. Autobiografische Repräsentationen umfassen bildhaft vorstellbare Informationen, zum Beispiel Geräusche und Gerüche oder auch räumliche und zeitliche Informationen. Ihr Abruf ist mit einer geringeren geistigen Anstrengung verbunden. Auch strategische Selbstpräsentationen sind nicht notwendig. Das heißt, die Schilderung eines tatsächlichen Erlebnisses ist eine relativ leicht zu bewältigende Aufgabe. Was daraus folgt, ist, dass eine erlebnisfundierte Aussage eine höhere Qualität haben müsste. Diese Arbeitshypothese wurde in der Folge die „Undeutsch-Hypothese" genannt (Steller 1989).

Um die Qualität einer Aussage abschätzen zu können, muss zum einen ihre Konstanz geprüft werden. Um bewerten zu können, ob eine Aussage konstant vorgetragen wird, müssen mehrere Befragungszeitpunkte gesichtet werden, womit Konstanz ein aussageübergreifendes Qualitätsmerkmal ist. Zum Zweiten muss geprüft werden, ob die Aussage Merkmale enthält, die eher in erlebnisfundierten als in erfundenen Aussagen vorzufinden sind. Da dieser Analyseschritt innerhalb einer Aussage vorgenommen wird, bezieht er sich auf die sog. aussageimmanente Qualität (Greuel et al. 1998). Die inhaltliche Qualität, die aus diesen beiden Prüfschritten abzulesen ist, muss allerdings keinen allgemeingültigen Wert übersteigen, damit eine Aussage als erlebnisbasiert gelten kann. Stattdessen muss sie einem intraindividuellen Vergleich standhalten. Das heißt, sie muss höher sein als

1

die allgemeinen Kompetenzen der aussagenden Person, um auszuschließen, dass sie nicht einfach einem kognitiven Schema entnommen wurde. Das bedeutet, der letzte Prüfschritt bei der Bewertung der Erlebnisfundiertheit einer Aussage ist ein Qualitäts-Kompetenz-Vergleich.

1.3.3 Die Beurteilung der Qualität einer Aussage

■ **Konstanz**

Warum ist der erste Prüfschritt, die Analyse der Konstanz einer Aussage, relevant für die Bewertung der Qualität? Erinnerungen an tatsächliche Ereignisse werden länger im Gedächtnis behalten als nur Vorgestelltes. Daher enthalten Schilderungen von Ereignissen mit wirklichem Erlebnisbezug über mehrere Befragungen hinweg mehr Übereinstimmungen als erfundene Angaben. Allerdings wird auch im Falle eines Erlebnisbezugs keine völlige Übereinstimmung erwartet. Das würde eher den Verdacht nahelegen, dass es sich um eine stereotyp vorgebrachte, erfundene Aussage handeln könnte. Denn auch bei erlebnisbasierten Aussagen treten manchmal Abweichungen auf. Das können zum Beispiel Verdrehungen, Verschmelzungen, Auslassungen oder Ergänzungen sein. Ausschlaggebend ist, ob diese Abweichungen gedächtnispsychologisch (oder aus der Dynamik der Aussageentwicklung) erklärbar sind oder nicht.

Bei welchen Angaben muss nun Konstanz unbedingt vorliegen und bei welchen wären Abweichungen gedächtnispsychologisch möglich oder sogar wahrscheinlich? Übereinstimmungen sollten bei Handlungen, die das Kerngeschehen darstellen, bei unmittelbar beteiligten Handlungspartnern und bei handlungsrelevanten Gegenständen vorliegen. Außerdem müssen Örtlichkeiten, Lichtverhältnisse und Körperpositionen bei Erlebnisbezug konstant erinnert werden. Abweichungen dagegen können bei vielen anderen Aspekten einer Schilderung auftreten, ohne dass sie gedächtnispsychologisch auffällig wären. Das umfasst die Zuordnung von Nebenhandlungen und Häufigkeitsangaben bei mehreren ähnlichen Vorfällen, die Reihenfolge von Phasen eines Vorgangs und verschiedener Handlungen, Datierungen, Seitenverhältnisse, nicht unmittelbar beteiligte Begleitpersonen, Kleidung, Motive, Schmerzempfinden und Wetterverhältnisse. Gedächtnispsychologisch ist auch erwartbar, dass hinsichtlich eigener früherer Aussagen sowie im Wortlaut und Sinngehalt von Gesprächen Inkonstanzen auftreten (Arntzen 2007).

Die Sexualstrafrechtsreform und die Gedächtnispsychologie

Am 04.11.2016 wurde das Strafgesetzbuch im Nachgang an verschiedene rechtspolitische Diskussionen und öffentlichkeitswirksame Gerichtsverfahren – unter anderem das Verfahren um Gina-Lisa Lohfink – geändert. Ehemals musste ein Täter Gewalt angewandt, sein Opfer bedroht oder seine schutzlose Lage ausgenutzt haben, um für sexuelle Nötigung oder Vergewaltigung bestraft zu werden. Seit der Reform, die umgangssprachlich auch

„Nein heißt Nein"-Reform genannt wird, reicht es nun aus, wenn sich der Täter über den „erkennbar entgegenstehenden Willen" hinwegsetzt.

Für aussagepsychologische Gutachter stellt sich in solchen Fällen also die Frage, ob ein Zeuge seine Aussage über das Empfinden und Äußern des entgegenstehenden Willens erfunden haben könnte. Im Fokus steht daher vornehmlich die Kommunikation. Hieraus ergibt sich aber ein Problem: Gespräche werden in aller Regel nicht wortwörtlich erinnert. Und auch Erinnerungen an Motive werden in der Regel retrospektiv rekonstruiert und unterliegen gedächtnispsychologischen Schwankungen (Abb. 1.4).

Abb. **1.4** Das neue Sexualstrafrecht ändert auch den Fokus in aussagepsychologischen Untersuchungen. (© Volker Witt/▶ stock.adobe.com)

Insgesamt ist bei der Konstanzprüfung zu bedenken, dass auch viele erfundene Aussagen, insbesondere wenn sie wenig komplex sind, in wesentlichen Punkten über verschiedene Befragungen hinweg konstant berichtet werden. Daher ist eine Aussage, die in zentralen Aspekten konstant geschildert wird, noch kein Glaubhaftigkeitsmerkmal, sondern eher die Erfüllung einer Mindestanforderung. Wenn aber eine komplexe Aussage mit vielen nebensächlichen Details konstant dargestellt wird, könnte Konstanz bereits einen Hinweis auf Erlebnisbezug bieten (Greuel et al. 1998).

Es sollte außerdem bedacht werden, dass die Bewertung inhaltlicher Differenzen zwischen den Angaben verschiedener Personen nicht Bestandteil der Konstanzprüfung ist. Sie gehört auch nicht zu den Aufgaben eines aussagepsychologischen Gutachters oder eine aussagepsychologischen Gutachterin, sondern wäre im Falle einer Durchführung eine unzulässige Beweiswürdigung (Steller 2008).

▪ Realkennzeichen

Im zweiten Prüfschritt für die Bewertung der inhaltlichen Qualität einer Aussage müssen Merkmale identifiziert werden, die eher in erlebnisfundierten als

1

◘ Tab. 1.1 Realkennzeichen nach Steller und Köhnken (1989)	
Allgemeine Merkmale	1. Logische Konsistenz 2. Ungeordnet sprunghafte Darstellung 3. Quantitativer Detailreichtum
Spezielle Inhalte	4. Raum-zeitliche Verknüpfungen 5. Interaktionsschilderungen 6. Wiedergabe von Gesprächen 7. Schilderungen von Komplikationen im Handlungsverlauf
Inhaltliche Besonderheiten	8. Schilderungen ausgefallener Einzelheiten 9. Schilderungen nebensächlicher Einzelheiten 10. Phänomengemäße Schilderungen unverstandener Handlungselemente 11. Indirekt handlungsbezogene Schilderungen 12. Schilderungen eigener psychischer Vorgänge 13. Schilderungen psychischer Vorgänge des Beschuldigten
Motivationsbezogene Inhalte	14. Spontane Verbesserungen der eigenen Aussage 15. Eingeständnis von Erinnerungslücken 16. Einwände gegen die Richtigkeit der eigenen Aussage 17. Selbstbelastungen 18. Entlastungen des Beschuldigten
Deliktspezifische Inhalte	19. Deliktspezifische Aussageelemente

in erfundenen Aussagen vorzufinden sind. Solche Merkmale werden Realkennzeichen genannt (siehe ◘ Tab. 1.1; Steller und Köhnken 1989). Die aktuellste Forschung zeigt mittlere bis starke Effektstärken dafür an, dass Realkennzeichen tatsächlich zwischen Lüge und Wahrheit differenzieren zu können, insbesondere dann, wenn das vollständige Set dieser Merkmale angewandt wird (z. B. Oberlader et al. 2016). Wird der Wahrheitsstatus einer Aussage nur auf Basis einer Realkennzeichenanalyse bestimmt (ohne weitere Aspekte, wie z. B. die Kompetenzen miteinzubeziehen), liegt die Trefferquote laut Forschung bei etwa 70 % (Vrij 2005).

Die sog. „allgemeinen Merkmale" beziehen sich auf die Aussage in ihrer Gesamtheit. Die *logische Konsistenz,* also die Feststellung, ob Angaben innerlich stimmig und widerspruchsfrei zu Naturgesetzlichkeiten oder Tatsachen sind, und der *quantitative Detailreichtum,* also die Überprüfung, ob ein ausreichendes Maß an Detaillierung vorhanden ist, sind weniger positive Qualitätsmerkmale. Stattdessen sind sie, ähnlich der Konstanz, eine Grundvoraussetzung, die erlaubt, eine Aussage einer weiterführenden Prüfung auf inhaltlicher Ebene zu unterziehen, wenn sie erfüllt ist. Wenn eine Person *ungeordnet sprunghaft* berichtet, dann erzählt sie nicht chronologisch, sondern verstreut Einzelangaben über die Gesamtaussage hinweg, die sich aber später ohne logische Brüche in einen schlüssigen Gesamtzusammenhang integrieren lassen. Für eine bewusst falschaussagende Person wäre eine solche Erzählweise ungemein schwieriger. Daher ist dieses Realkennzeichen ein aussagekräftiges, „positives" Qualitätsmerkmal einer Aussage.

Alle weiteren Realkennzeichen sind auf einzelne Passagen einer Schilderung zu beziehen. Die sog. „speziellen Merkmale" beziehen sich auf inhaltliche Detailbesonderheiten. *Raum-zeitliche Verknüpfungen* liegen vor, wenn eine Person ein fragliches Geschehen mit situativen Umständen und dem Lebensumfeld verknüpft. Solche Verflechtungen sind insbesondere dann aussagekräftig, wenn sie unverwechselbare Bezüge zum Lebenskontext des Beschuldigten beinhalten. Dann liegen nämlich „Individualverflechtungen" vor (Arntzen 1993) und die Hypothese, dass eine Person fälschlich eine Personenübertragung vorgenommen hat, kann zurückgewiesen werden. Die Merkmale *Interaktionsschilderungen* und *Wiedergabe von Gesprächen* umfassen wechselseitig aufeinander bezogene Interaktionen oder Gespräche. Sie liegen also vor, wenn miteinander verflochtene Reaktionsketten geschildert werden. Diese Merkmale sind allerdings nicht erfüllt, wenn nur Einzelhandlungen beschrieben werden oder auch nur ein Gesprächsinhalt pauschal benannt wird, ohne einen Wechsel von Frage und Antwort. *Komplikationen* sind missglückte oder unterbrochene Handlungen. Diese können auftreten, weil Schwierigkeiten vorkommen, die nicht vorhergesehen wurden, oder auch weil externe Störeinflüsse aufscheinen. Diese vier „speziellen Merkmale" sind Qualitätsmerkmale, weil sie weniger von einer Person erwartet würden, die eine bewusste Falschaussage vorbringt. Eine bewusst falschaussagende Person müsste nämlich Verflechtungen retrospektive vornehmen, logisch kombinieren und die Perspektive des Gegenübers konsistent einnehmen, sowie Angaben hinzufügen, die vom Belastungsschwerpunkt wegführen und die Handlung unnötigerweise erschweren.

Unter „inhaltliche Besonderheiten" zählen Aspekte, die darauf hinweisen, dass eine Aussage von gängigen Schemata abweicht. *Ausgefallene Einzelheiten* zeichnen sich dadurch aus, dass sie originell sind. Sie sind zwar im gegebenen Kontext nicht unrealistisch, allerdings auch nicht Bestandteil eines allgemeinen Schemas. Wenn *nebensächliche Einzelheiten* geschildert werden, nimmt eine Person irrelevante und überflüssige Details in ihre Hergangsrekonstruktion auf. Diese gelten aber nur als Qualitätsmerkmal, wenn sie im Zusammenhang mit dem fraglichen Geschehen stehen. Sie sind nicht als bloße Abschweifungen zu verstehen. *Phänomengemäße Schilderungen unverstandener Handlungselemente* liegen dann vor, wenn etwas so geschildert wird, wie es äußerlich anmutet, ohne dass seine Bedeutung richtig erfasst wird. Im Prinzip handelt es sich um Angaben, die einer gewissen Naivität unterliegen. Daher sind solche Schilderungen meist in Kinderaussagen über sexuelle Sachverhalte zu finden. Manchmal zeigen sich solche Schilderungen aber auch in Aussagen Erwachsener, zum Beispiel wenn sie einen Vorfall nur unvollständig wahrgenommen haben (Arntzen 1993). *Indirekt handlungsbezogene Schilderungen* sind inhaltliche Verschachtelungen. Sie lassen sich dann finden, wenn eine Person über ein Gespräch mit dem Beschuldigten während des fraglichen Geschehens erzählt, wobei es in diesem Gespräch um ähnliche Erfahrungen geht. Wenn eine Person im Zusammenhang mit dem fraglichen Vorfall über eigene Emotionen und Reaktionen oder Emotionen und Reaktionen des Beschuldigten berichtet, und zwar differenziert und nicht nur pauschal,

1

dann liegen die Merkmale *Schilderung eigen- und fremdpsychischer Vorgänge* vor. Um diese „inhaltlichen Besonderheiten" ohne eigenen Erlebnishintergrund vorzubringen, müsste eine bewusst falschaussagende Person ihre Falschaussage mit unnötigen Informationen überfrachten, bewusst Naivität vorgaukeln und psychische Erlebniswelten abstrakt ableiten und schlüssig integrieren. Diese Leistungen sind bei lügenden Zeugen weniger erwartbar. Daher zählen diese sechs Realkennzeichen ebenfalls als „positive" Qualitätsmerkmale.

Unter „motivationsbezogene Inhalte" fallen solche, die man auch unter sog. strategische Gesichtspunkte zählen kann. Falschaussagende Personen verfolgen nämlich bestimmte Ziele, um sich strategisch günstig darzustellen: Sie versuchen auf der einen Seite, die eigene Person als besonders kompetent und moralisch korrekt darzustellen, und zum anderen, den Beschuldigten abzuwerten (Niehaus et al. 2005). Wenn nun solche Angaben gemacht werden, kann dies im Umkehrschluss darauf hinweisen, dass eine Person um eine objektive Schilderung bemüht ist und nicht um bloße Glaubwürdigkeit. *Spontane Verbesserungen der eigenen Aussage* betreffen Angaben, in denen eine Person ihre Aussage korrigiert, weil ihr an einer möglichst genauen Wiedergabe gelegen ist. Wenn eine Person Lücken und Unsicherheiten zugibt, liegt das Merkmal *Eingeständnis von Erinnerungslücken* vor. Diese beiden Merkmale sind allerdings dann nicht erfüllt, wenn eine Person sie erst auf Nachfragen oder Vorhalte vorbringt, da in solchen Fällen auch von falschaussagenden Personen Korrekturen oder derlei Eingeständnisse zu erwarten wären. Wenn eine Person äußert, dass ihre Schilderungen vielleicht unwahrscheinlich klingen, oder auch Möglichkeiten von Verwechslungen oder Missverständnissen einräumt, ist das Merkmal *Einwände gegen die Richtigkeit der eigenen Aussage* erfüllt. *Selbstbelastungen* und *Entlastungen des Beschuldigten* sind Angaben, mit denen eine Person sich selbst unvorteilhaft darstellt und auf Belastungen des Beschuldigten verzichtet. Das würde zum Beispiel umfassen, eine eigene Initiative oder auch positive Reaktionen auf die geschilderten Handlungen anzugeben. Diese strategisch-motivationsbezogenen Inhalte gelten ebenfalls als „positive" Qualitätsmerkmale (Greuel et al. 1998).

Das letzte Cluster an Realkennzeichen nach Steller und Köhnken (1989) umfasst *deliktspezifische Elemente*. Dies liegt vor, wenn Schilderungen getätigt werden, die kriminalpsychologischen oder viktimologischen Erkenntnissen entsprechen, die Laien gemeinhin aber nicht kennen. Bei Sexualdelikten mit jüngeren Kindern würde das beispielsweise das Ausnutzen von Spielsituationen, Schweigegebote oder kleine Geschenke umfassen. Bei älteren Kindern wäre Delikttypik zum Beispiel bei einer Kontaktaufnahme über sexuelle Witze, angebliche Aufklärungsgespräche oder Komplimente zu codieren (Arntzen 1993). Dieses Merkmal kann sich auf die Gesamtaussage beziehen, wenn ein Verhaltensmuster über mehrere Detailangaben geschildert wird. Es kann sich aber auch auf konkrete Aussageelemente beziehen.

1.3 · Prüfung der Hypothese der bewussten Falschaussage   17   **1**

Fallbeispiel

Im Fallbeispiel von Tobias deutete sich an, dass der Junge ein Motiv gehabt haben könnte, seinen Großvater fälschlich des sexuellen Missbrauchs zu bezichtigen: Er brachte seine Angaben im direkten Nachgang an ein Gespräch vor, das sich mit dem Zusammentragen von möglichen Straftaten des Großvaters beschäftigte. Ein aussagepsychologischer Gutachter würde in solch einem Fall wahrscheinlich die Hypothese aufstellen, dass Tobias die Angaben bewusst falsch vorgebracht haben könnte, um seine Familie zu unterstützen. Um diese Hypothese zu prüfen, müsste die Qualität seiner Angaben bewertet werden. Nehmen wir im Folgenden an, seine Angaben waren insgesamt ausreichend konstant, detailreich und logisch konsistent und erfüllten daher die Grundvoraussetzungen, um die Aussage einer weiterführenden inhaltlichen Prüfung zu unterziehen. Würden sich Realkennzeichen in seinen Schilderungen finden lassen?

Tobias: „Er hat ja dann auch nach einer Zeit gesagt, weil ich auch ziemlich jung war, hat er gesagt, so was ist normal, dass der Opa dir das zeigen muss, wie man dann sich einen runterholt. Und da habe ich gesagt, ja, okay. Später war das auch mit Wetten verbunden. Bei der letzten Situation war es so, dass ich gesagt habe, schau dir mal die tollen Schuhe an. Er meinte, was, willst du die? Ich sagte ja und dann hat er gesagt, wenn ich die haben will, will er was dafür.

Er hat gesagt, er macht einen Deal. Ich darf was machen, dafür bekommst die Schuhe. Ich habe gesagt, was willst du denn machen. Dann meinte er, das sage ich dir später, jetzt feiern wir erstmal. Dann haben wir etwas getrunken. Ich wollte danach schlafen gehen und bin ins Schlafzimmer gegangen. Er ist dann hinterhergekommen und meinte, pass auf, wenn ich deinen Penis in den Mund nehmen darf, also dir einen blasen darf, bekommst du die Schuhe. Ich habe gesagt, ich will das echt nicht. Und dann hat er gesagt, willst du die Schuhe, ich so, ja schon. Dann hat er gesagt, mach die Augen zu, dann hat er mir die Hose heruntergezogen und hat einfach meinen Penis in den Mund genommen. Aber irgendwie, ich habe mich so davor geekelt, dass ich nicht abspritzen konnte."

In dieser Schilderungssequenz lassen sich verschiedene Realkennzeichen ausmachen: Zum einen zeigt sich durch die angebliche Aufklärung und das Ausnutzen von Spielsituationen eine gewisse Deliktspezifität. Tobias belastete sich zudem selbst, da er angab, der angeblichen Aufklärungshandlung zugestimmt zu haben. Er bettete darüber hinaus seine Schilderungen in seinen Lebenskontext ein und stellte ein ausführliches Gespräch dar. Schließlich zeigte sich durch die missglückte Handlung eine Komplikation, die mit eigenpsychischen Anteilen vorgebracht wurde.

Wie können Realkennzeichen nun bewertet werden? Zum einen muss bedacht werden, dass auch in Schilderungen, die nicht auf einem wahren Erlebnishintergrund basieren, Realkennzeichen zu finden sind. Daher muss abgeschätzt werden, ob tatsächlich „Glaubwürdigkeitsmerkmale" vorliegen oder lediglich „Aussageeigenarten". Letztere sind nur einfache Ausprägungen der Realkennzeichen, die

1

bis zu einem gewissen Grad eben auch in Angaben zu finden sind, die nicht auf einem wahren Erlebnishintergrund beruhen (Arntzen 2007). Zum Zweiten muss berücksichtigt werden, dass auch bei bewusst falschaussagenden Personen die wenigsten Angaben vollständig erfunden sind. Stattdessen integriert ein lügender Zeuge meist bekannte Orte, Personen und Ereignisse in seine Schilderungen. Es kann auch vorkommen, dass lediglich der Beschuldigte aus dem fraglichen Geschehen ausgetauscht wird. Dies ist teilweise auch in den forensischen Fragestellungen inbegriffen: Manchmal ist nicht fraglich, ob eine Rahmenhandlung stattgefunden hat, weil sich Beschuldigter und Zeuge diesbezüglich womöglich einig sind. Fraglich ist stattdessen, ob sich das Kerngeschehen (z. B. ein sexueller Missbrauch oder auch Gewalt in einem sexuellen Geschehen) ereignet hat. Daher muss sich die Analyse der Qualität einer Angabe immer auf die relevanten Aussageteile beziehen (Volbert und Dahle 2010).

> **Sind Realkennzeichen trainierbar?**
> Wenn ein wichtiger Schritt in der Analyse der Qualität einer Aussage auf Realkennzeichen beruht, stellt sich die Frage, ob ein lügender Zeuge nicht einfach trainieren könnte, möglichst viele dieser Merkmale in seine Schilderung einzubauen. Hierzu liegen erst wenige wissenschaftlichen Erkenntnisse vor. In einer Studie mit Kindern führte ein gezieltes Training nur zu marginalen Effekten (Vrij et al. 2002). Untersuchungen mit Erwachsenen deuten dagegen prinzipiell auf die Möglichkeit einer Trainierbarkeit hin, allerdings nicht bei einzelnen motivationsbezogenen Realkennzeichen (Volbert und Rutta 2001).

Wenn nun Qualität in den Aussagen einer Person vorzufinden ist, spricht dies, wie dargestellt, gegen die Hypothese, dass die Schilderungen erlogen sein könnten. Wenn jedoch keine Qualität aufzufinden ist, bedeutet das nicht im Umkehrschluss, dass eine Person definitiv lügt. So könnte stattdessen mangelnde Aussagebereitschaft vorliegen oder das fragliche Ereignis könnte so wenig komplex sein, dass per se keine Realkennzeichen auszumachen wären. Natürlich wäre eine weitere Alternativerklärung der fehlenden Qualität, dass die Person die Unwahrheit sagt – dies ist allerdings nur eine unter mehreren Möglichkeiten (Volbert und Steller 2014).

1.3.4 Der Qualitäts-Kompetenz-Vergleich

Die Qualitätsanalyse steht nicht allein, um die Hypothese der bewussten Falschaussage zu prüfen. Stattdessen ist in einem letzten Schritt notwendig, die vorgefundene Qualität mit aussagerelevanten Kompetenzen der Person abzugleichen. Eine bestimmte Aussagequalität könnte für einen Zeugen ohne hohe Kompetenzen eine so hohe Anforderung sein, dass er sie kaum ohne eigenen Erlebnishintergrund vorbringen könnte, während dieselbe Aussage für einen anderen Zeugen mit hohen Kompetenzen auch ohne eigene Erfahrungen vorgebracht werden könnte. Diese Kompetenzen lassen sich in personelle und situative Elemente unterteilen (Volbert und Dahle 2010).

Unter die personellen Kompetenzen einer Person fallen sprachliche und kognitive Aspekte. Individuelle Tendenzen, autobiografische Erlebnisse zu schildern, sind hier einerseits relevant – also wie detailliert und nachvollziehbar eine Person generell erzählt. Andererseits stehen kognitive Aspekte im Zentrum. Intellektuell allgemein gut begabte Menschen sind vermutlich besser darin, komplexe Falschaussagen zu konstruieren. Ebenfalls muss abgeschätzt werden, ob eine Person bessere oder weniger gut ausgeprägte allgemeine Täuschungskompetenzen hat. Kinder erlernen und verfeinern ihre Täuschungsstrategien beispielsweise erst nach und nach durch soziale Interaktionen (Niehaus 2008). Mit etwa vier Jahren können Kinder zwar schon einfache Täuschungen vorgeben (z. B. etwas verschweigen), ihr restliches Antwortverhalten aber noch nicht danach ausrichten. Zu effektiven Täuschungen sind sie erst ab sieben oder acht Jahren in der Lage. Kinder vor dem Grundschulalter sind zudem kaum, teilweise gar nicht, dazu in der Lage, eine eigenständige bewusste Falschaussage bei längerer und wiederholter Befragung schlüssig und konstant vorzutragen. Schließlich fällt unter die kognitiven Kompetenzen einer Person die Frage, inwieweit relevantes inhaltliches Wissen vorliegt, aus dem sie eine Falschaussage generieren könnte. Verfügt die Person über einschlägige Vorerfahrungen, kann sie natürlich einfacher eine erfundene Darstellung konstruieren. Liegt kein oder nur wenig elaboriertes Wissen vor, wie es zum Beispiel in der Regel bei Sexualdelikten mit jungen Kindern ist, verringert sich die Wahrscheinlichkeit, eine (komplexe) Falschaussage aus dem Schemawissen konstruieren zu können. Diese sprachlichen und kognitiven Aspekte werden auch Erfindungs- oder Lügenkompetenzen genannt (Volbert und Steller 2014).

Weiter muss miteinbezogen werden, wieviel Qualität im Rahmen der situativen Begebenheiten überhaupt produziert werden könnte. Wenn ein Ereignis wenig komplex ist und nur wenige Momente andauert, wird es nur in Ausnahmefällen hohe Qualität aufweisen, wenn es erlebnisbasiert ist. Auch längere zeitliche Intervalle zwischen Erlebnis und Befragung können die Aussagequalität mindern. Hohe Qualität kann zudem nur bei entsprechender Befragung erreicht werden: Beispielsweise führen allgemeine Erzählaufforderungen und offene Fragen zu längeren Antworten und einer besseren Aussagequalität als spezifische Fragen (Vrij 2005). Eine mangelnde Aussagebereitschaft während einer Befragung kann dagegen dazu führen, dass Schilderungen mit geringerer Aussagequalität produziert werden.

Letztendlich muss die Qualität einer Aussage vor dem Hintergrund der personellen und situativen Voraussetzungen bewertet werden. Wenn eine Person hohe Kompetenzen hat, zum Beispiel durch differenzierte erzählerische Fähigkeiten und elaboriertes Wissen, sind hohe Anforderungen an die Aussagequalität zu stellen, um die Hypothese der bewussten Falschaussage zurückweisen zu können. Wenn eine Person jedoch nur geringe Kompetenzen hat, müssen weniger hohe Anforderungen an die Aussagequalität gestellt werden, um die Lügenhypothese zurückweisen zu können. Nur mit diesem „Qualitäts-Kompetenz-Vergleich" kann eine Aussage zur Hypothese der bewussten Falschaussage getroffen werden (Steller 2008).

1

1.3.5 Die Relevanz des Motivs

Warum könnte eine Person eine bewusste Falschaussage vorbringen? Die Gründe sind mannigfaltig. Sie können einerseits schädigungsorientiert sein und Rache am Beschuldigten involvieren. Andererseits können sie selbstwertdienlich sein und zum Beispiel den Wunsch nach Zuwendung oder das Kaschieren eigenen Fehlverhaltens umfassen – und somit völlig losgelöst von der beschuldigten Person sein. Um die Motivlage einer Person zu analysieren, muss die Beziehung zwischen ihr und dem Beschuldigten in den Fokus genommen werden. Weiter muss abgeschätzt werden, welche Konsequenzen die Aussage für diese Person hat. Wenn Motive bewertet werden, ist allerdings zu beachten, dass sich solche nicht direkt erfassen lassen. Stattdessen erfolgt eine solche Bewertung spekulativ und man ist auf die Angaben angewiesen, die eine Person vorgibt.

Was bedeutet nun eine spezielle Motivlage für den Prüfprozess der Hypothese der bewussten Falschaussage? In den meisten Fällen ist die Motivlage unspezifisch. Das heißt, sie könnte zwar Motor für eine Lüge sein. Gleichzeitig könnte sie aber auch eine Person motiviert haben, eine erlebnisbasierte Aussage zu tätigen. Zum Beispiel das Motiv nach Zuwendung: Es könnte eine Person motivieren, fälschlich zu behaupten, in der Kindheit missbraucht worden zu sein, um Trost und Zuneigung zu erhalten. Gleichzeitig könnte es eine Person dazu bringen, von einem tatsächlichen Missbrauch in der Kindheit zu erzählen. Um valide zu klären, ob eine Aussage erlebnisfundiert ist oder nicht, sind Informationen zur Motivlage daher wenig relevant und es bedarf in jedem Fall der Analyse der Aussagequalität.

Was ist aber, wenn schlicht kein Motiv ersichtlich ist? Dies ist nur in einer Konstellation gesondert zu behandeln, nämlich dann, wenn in einer Aussage keine Konstanzmängel vorliegen, aber die aussageimmanente Qualität nicht ausreichend hoch ist. Ein Gutachter muss dann darlegen, dass zwar die Aussagequalität nicht so hoch ist, dass die Aussage nicht auch erfunden sein könnte, dass aber auch kein Motiv für eine bewusste Falschaussage ersichtlich ist. Ob eine solche Konstellation zu einer Verurteilung führen kann, ist schließlich dem Rechtssystem überlassen (Volbert und Dahle 2010).

1.4 Prüfung der Suggestionshypothese

1.4.1 Grundlagen suggestiver Prozesse

Während ein Zeuge bei einer bewussten Falschaussage weiß, dass er täuscht, glaubt ein Zeuge, der eine Aussage auf Basis einer Pseudo- oder Scheinerinnerung macht, dass das Ereignis tatsächlich stattgefunden hat – obwohl es faktisch auf keiner wahren Grundlage beruht.

Definition

Das **Syndrom falscher Erinnerungen** umfasst Erinnerungen an ein vergangenes Ereignis, das subjektiv als wahr angesehen wird, objektiv aber falsch ist.

Solche falschen Erinnerungen können in unterschiedlichen Ausprägungen vorkommen: Eine Person kann subjektiv von einem Geschehen überzeugt sein, auch wenn sie keine bildhafte Vorstellung davon hat. Eine weitere Ausprägung falscher Erinnerungen ist die bloße bildhafte Vorstellung oder auch „non-believed memory". Bei ihr hat eine Person zwar Bilder von einem Ereignis im Kopf, weiß aber gleichzeitig, dass dieses nie passiert ist. Schließlich können falsche Erinnerungen sowohl mit einer subjektiven Überzeugung als auch mit einer bildhaften Vorstellung einhergehen: eine vollständige Pseudoerinnerung (Mazzoni et al. 2010). Außerdem ist zwischen Pseudoerinnerungen und Falschinformationseffekten zu unterscheiden: Während Erstere Ereignisse betreffen, die niemals stattgefunden haben, liegt bei Letzteren ein Ausgangsereignis zwar tatsächlich vor, aber einzelne (durchaus relevante) Details werden verzerrt (Volbert 2008).

Es ist wahrscheinlich, dass zwischen den beiden Polen der bewussten Falschaussage und der Pseudoerinnerungen häufig ein Graubereich liegt. D. h. Personen können Angaben machen, von denen sie zu einer Zeit selbst wissen, dass sie nicht zutreffen, aber zu einer anderen Zeit von ihrer Wahrheit überzeugt sein (Volbert und Steller 2014).

Die Erforschung der Scheinerinnerung

Elizabeth Loftus war eine der ersten Forscherinnen, die sich intensiv mit dem Phänomen der Scheinerinnerung auseinandersetzte. In ihren berühmten „Lost in the Mall"-Studienreihen induzierte sie falsche Erinnerungen bei Erwachsenen: Die Probanden bekamen Geschichten aus ihrer Kindheit vorgelegt, die den Forschern angeblich von ihren Verwandten berichtet worden waren. Drei dieser Geschichten waren korrekt, eine jedoch nicht. Diese handelte davon, dass sich die Probanden im Alter zwischen vier und sechs Jahren in einem Einkaufszentrum verlaufen hatten. Nach zwei Interviews, in denen die Probanden gebeten wurden, alles zu berichten, was ihnen zu den Geschichten einfiel, entwickelten schließlich 25 % der Probanden eine falsche Erinnerung an dieses Ereignis (Loftus und Pickrell 1995) (Abb. 1.5).

1

Abb. 1.5 Probanden in den Studienreihen von Loftus und Kollegen wurden falsche Erinnerungen daran eingesetzt, wie sie als Kinder im Einkaufszentrum verloren gingen. (© Dan Race/▶ stock.adobe.com)

Auch bei Kindern induzierte die Forschergruppe um Elizabeth Loftus falsche Erinnerungen: Sie befragten ihre kindlichen Probanden innerhalb von zehn Wochen immer wieder zu real erlebten und fiktiven Ereignissen, zum Beispiel einem Vorfall, in dem die Kinder einmal ihren Finger in einer Mausefalle eingeklemmt hätten. Sie baten sie jeweils, sich das Ereignis bildlich vorzustellen und darüber nachzudenken, ob sie es erlebt hatten oder nicht. Nach der elften Woche bejahten 58 % der Kinder, eines oder mehrere der fiktiven Ereignisse erlebt zu haben, und konnten außerdem detaillierte Berichte dazu abgeben (Ceci et al. 1994).

Diese Art der Studien wurden in der Folge häufig wiederholt. Metaanalysen zeigen, dass 30 % aller Probanden solcher Studien Scheinerinnerungen ausbilden und sogar 46 %, wenn Informationen mit persönlichem Bezug präsentiert und die Probanden angewiesen werden, sich die Ereignisse vorzustellen (Scoboria et al. 2017). Einige Forscher gehen davon aus, dass sich diese Zahlen in realen Situationen, die unabhängig vom Laborkontext sind, sogar erhöhen könnten (McNally 2017).

Wie kann man nun erkennen, ob eine Schilderung auf einer Erinnerung mit wahrer Erlebnisgrundlage oder aber auf einer Pseudoerinnerung beruht? Kann sie, wie bei der Prüfung einer bewussten Falschaussage, einer Qualitätsanalyse unterzogen werden? Nein. Denn falsche Erinnerungen entstehen aus denselben Encodierungsprozessen wie echte Erinnerungen (Johnson 2006). Eine Person, die eine Schilderung auf Basis einer Pseudoerinnerung abgibt, muss keine Energie für die Generierung einer Aussage verwenden, weil sie sie nicht bewusst erfindet. Die „Undeutsch-Hypothese", die der Prüfung einer bewussten Falschaussage zugrunde liegt, trägt in diesem Fall also nicht. Die Forschung zeigte entsprechend, dass suggerierte Angaben von erlebnisbasierten Angaben kaum durch eine Realkennzeichenanalyse zu unterscheiden sind (Erdmann et al. 2004). Für die aussagepsychologische Prüfung muss folglich eine andere Strategie angewandt werden.

Pseudoerinnerungen kommen durch suggestive Prozesse zustande. Und diese können sichtbar gemacht werden. Um zu überprüfen, ob eine Aussage auf Schein-erinnerungen beruhen könnte, müssen daher die Bedingungen der Aussageent-stehung und Aussageentwicklung rekonstruiert werden. Finden sich in dieser Rekonstruktion keine bedeutsamen suggestiven Einflüsse, kann die Suggestions-hypothese zurückgewiesen werden. Zeigt sich aber ein hohes suggestives Potenzial, kann nicht mehr ausgeschlossen werden, dass eine Aussage durch suggestive Bedingungen zustande kam.

1.4.2 Suggestive Prozesse bei Jugendlichen oder Erwachsenen

Wenn herausgearbeitet werden soll, ob bei einer Aussageentstehung und -ent-wicklung suggestive Prozesse eine Rolle gespielt haben könnten, müssen passive und aktive Suggestionsfaktoren abgeschätzt werden. Passive Suggestion oder auch Suggestibilität umfasst in der Person liegenden Faktoren, die den Nährboden für suggestive Prozesse bereiten; sie ist im Prinzip die Empfänglichkeit, suggerierte Informationen anzunehmen. Aktive Suggestion umfasst bestimmte Reize, die auf eine Person einwirken und suggestiven Einfluss ausüben. Nur aus dem Zusammen-spiel von passiver und aktiver Suggestion entwickelt sich schließlich der suggestive Einfluss und die Gefahr, dass durch suggestive Prozesse eine unzuverlässige Aus-sage entsteht.

■ **Passive Suggestionsfaktoren**

Ausgangspunkt suggestiver Prozesse sind in der Regel Mangelzustände, also das Erleben eigener Unzulänglichkeit. Diese können strukturelle Bedürfnisse (Mangel an Klarheit über eine Situation) umfassen, aber auch kognitive (Mangel an Erinnerung oder Wissen) und affektive (Mangel an Zuwendung, Sicherheit oder Selbstwert; Gheorghiu 1989). Beispielsweise kann ein Mangel bestehen, wenn nach Details gefragt wird, welche nicht gut erinnert werden, z. B. weil ein Ereig-nis lange zurückliegt. Oder ein Mangel besteht, weil eine Person ein schlechtes psychisches Befinden hat. Wenn diese Mangelzustände durch suggerierte Lösungen reduziert oder auch externalisiert werden können, also Erklärungen gefunden werden können, bei denen äußere Umstände oder schuldige Dritte identifiziert werden (Stoffels 2004), können Suggestionseffekte eintreten.

Inwieweit Menschen für Suggestion empfänglich sind, ist interindividuell unterschiedlich ausgeprägt. Manche Menschen nehmen bereits nach einem sehr geringen, andere wiederum erst nach einem sehr hohen suggestiven Ein-fluss Informationen fälschlich an. Suggestibilitätsförderlich sind beispiels-weise eine hohe Ängstlichkeit, eine schwache intellektuelle Begabung oder ein junges Alter (Eisen et al. 2002). Auch Menschen mit einem kollektivistischen kulturellen Hintergrund sowie Personen mit dissoziativen, histrionischen oder

1

emotional-instabilen Persönlichkeitstendenzen neigen stärker dazu, suggerierte Informationen anzunehmen (Kraus et al. 2016; Steller und Böhm 2008).

■ **Aktive Suggestionsfaktoren**

In Fällen, in denen Suggestion eine Rolle spielt, werden häufig Erklärungs- und Deutungsangebote durch das soziale Nahfeld, aber auch aus Therapien und Beratungen an eine Person herangetragen, zum Beispiel indem Besonderheiten im Erleben und Verhalten dieser Person als Folge früherer traumatisierender Erlebnisse, insbesondere eines sexuellen Missbrauchs, interpretiert werden. Spezifische Falschinformationen (z. B. durch Suggestivfragen), aber auch unspezifische Fehlinformationen (z. B. durch Formulierungen, die eine bestimmte Schlussfolgerung nahelegen) können dabei suggestiv wirken. Zudem können spezielle therapeutische Techniken (z. B. Hypnose oder Traumdeutungen) die Entstehung mentaler Bilder vorantreiben. Und zwar insbesondere dann, wenn keine kritische Reflexion erfolgt, sondern die Patienten ermuntert werden, aufkommende Bilder als genuine Erinnerungen zu akzeptieren. Bezugs- und Autoritätspersonen haben zudem generell ein erhöhtes suggestives Potenzial. Wenn sich eine Person nun über die Quelle einer Repräsentation unsicher ist – ist sie nur eine Vorstellung oder eine Erinnerung an ein wahres Erlebnis? – dann können andere Menschen durch Bekräftigung oder kollektive Überzeugung dafür sorgen, eine Auffassung sicherer anzunehmen (Hyman und Loftus 1998).

Psychotherapie und „Wiedererinnerungen"

Beth Rutherford wurde im Jahr 1992 in Missouri von einem kirchlichen Berater psychologisch behandelt. Nach langen Gesprächen deckte er mit ihr schwerwiegende Vorfälle in ihrer Kindheit auf. Sie erinnerte sich plötzlich, dass ihr Vater, ein Geistlicher, sie als Kind zwischen sieben und 14 Jahren regelmäßig vergewaltigt habe. Ihre Mutter habe manchmal mitgeholfen, indem sie sie festgehalten habe. Unter Betreuung des Beraters erinnerte sich Beth zudem, dass ihr Vater sie zweimal geschwängert habe. Danach habe er sie gezwungen, den Embryo abzutreiben, und zwar eigenhändig, mit einem Kleiderbügel aus Draht. Eine spätere medizinische Untersuchung ergab, dass Beth mit 22 Jahren immer noch Jungfrau war (Abb. 1.6).

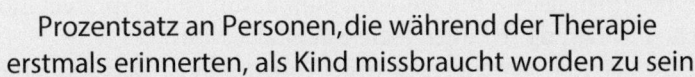

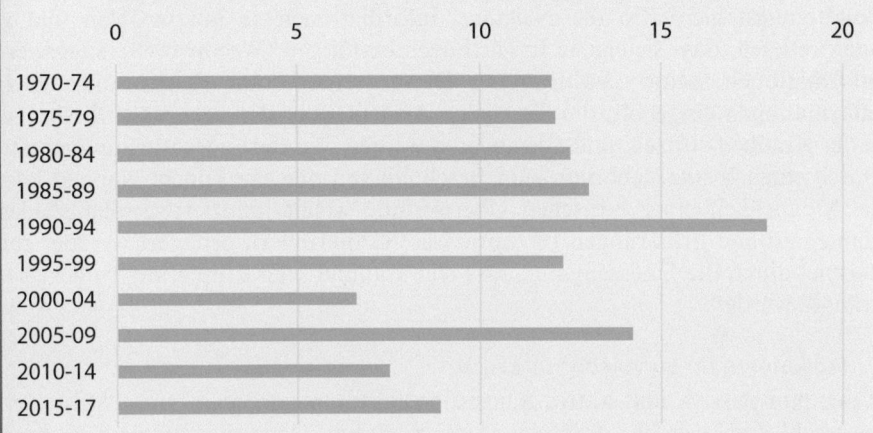

Abb. 1.6 Anteil an Personen, die innerhalb der genannten Zeit eine Therapie begonnen hatten und darin zu einer Erinnerung an Kindesmissbrauch gelangt waren (Patihis und Pendergrast 2019)

Anfang der 1990er Jahre häuften sich Berichte über „Wiedererinnerungen" von sexuellem Missbrauch in der Kindheit. Diese Erinnerungen erschienen im Laufe von Therapien; die Patienten hatten vorher keine Erinnerung daran gehabt (Patihis und Pendergrast 2019). Es zeigte sich, dass es in den Therapien immer ein ähnliches Muster gegeben hatte: Diese Menschen kamen ursprünglich mit einer Depressions- oder Angstsymptomatik in die Praxen. Im Laufe der Therapie wurde dann eine dissoziative Identitätsstörung diagnostiziert und es wurde auf Missbrauchserfahrungen geschlossen. In den Therapien wurden meist Techniken mit suggestivem Potenzial, wie Hypnose und geleitete Imaginationen, angewandt. Monate nach Therapiebeginn entwickelte sich schließlich in den Patienten die Überzeugung an den Missbrauch, zum Teil begleitet von heftigen Erinnerungsbildern und körperlichen Empfindungen (Shobe und Schooler 2001).

Nicht immer wirken nur äußerliche Reize, also fremdsuggestive Einflüsse, auf eine Person ein. Auch autosuggestive Einflüsse können eine wichtige Rolle spielen. Das Risiko, dass mentale Bilder entstehen, kann durch eine eigene intensive Beschäftigung mit der Thematik erhöht werden. Das kann einen Austausch in Internetforen und Selbsthilfegruppen umfassen, das Lesen von Büchern und Anschauen von Filmen oder auch eigeninitiierte Versuche, den kritischen Vorfall zu visualisieren (Volbert und Dahle 2010). Wenn sich eine Person über lange Zeit mit einer Thematik beschäftigt, führt das dazu, dass die

1

Repräsentation besonders schnell abgerufen werden kann. Und eine solche Abruffflüssigkeit ist gleichzeitig ein Kriterium dafür, eine Repräsentation für eine tatsächliche Erinnerung zu halten (Schacter et al. 1998).

Wenn bereits eine gewisse Idee oder Voreinstellung besteht, kann der sog. Bestätigungsfehler, also die Neigung, Informationen so auszuwählen und zu interpretieren, dass sie eigene Erwartungen bestätigen (Wason 1968), suggerierte Informationen weiter „kultivieren". Dann werden zum Beispiel nur solche Informationen eingeholt, die die eigene Ansicht über den sexuellen Missbrauch in der Kindheit stützen, und alle anderen werden ignoriert oder wegargumentiert. Durch einen Kontaktabbruch zum Beschuldigten oder zu seinem Nahfeld kann die Möglichkeit einer kritischen Überprüfung weiter reduziert werden. Zudem können ad-hoc Erklärungen für zeitweises Nichterinnern generiert werden, zum Beispiel durch die Überzeugung, dass eine traumatische Erinnerung früher „verdrängt" wurde.

- **Indikatoren für Suggestionsprozesse**

Wenn nun passive und aktive Suggestionsfaktoren vorliegen, kann nicht mehr ausgeschlossen werden, dass eine Aussage durch suggestive Prozesse zustande kam. Es lässt sich allerdings noch nicht schließen, dass die Aussage tatsächlich dadurch determiniert ist. Denn eine Person könnte zwar suggestiven Bedingungen ausgesetzt gewesen sein, aber dennoch keine Scheinerinnerungen entwickelt haben. Dass Suggestionseffekte nicht nur theoretisch möglich, sondern recht wahrscheinlich anzunehmen sind, kann durch bestimmte Indikatoren abgeleitet werden (Volbert 2018). Positive Indikatoren für Suggestionsprozesse können sich einerseits in der Entstehung und Entwicklung von Aussagen zeigen. Denn suggerierte Aussagen verändern sich im Laufe der Zeit mit den suggestiven Einflussnahmen. Sie entstehen in der Regel erst im Laufe wiederholter Erinnerungsbemühungen. Allerdings sei dazu angemerkt, dass speziell bei Borderline-Persönlichkeitsgestörten auch relativ zeitnah umdeutende Verzerrungen erscheinen können, insbesondere wenn eine Interaktion im Nachhinein nicht mehr mit dem Selbstbild in Einklang zu bringen ist oder dem ehemals idealisierten Partner negative Absichten unterstellt werden (Steller und Böhm 2008). Außerdem lassen sich Scheinerinnerungen nahezu grenzenlos ausweiten und verändern, wodurch sie einer höheren Inkonstanz unterliegen als Aussagen mit wahrem Erlebnishintergrund (Erdmann et al. 2004). Andererseits können sich Merkmale für Suggestionsprozesse im Aussageinhalt selbst zeigen. Darunter fallen irreale, bizarre Details, aber auch Inhalte, die nicht mit gedächtnispsychologischen oder entwicklungspsychologischen Erkenntnissen in Einklang zu bringen sind, zum Beispiel Erinnerungen an Ereignisse aus den ersten beiden Lebensjahren (Köhnken 2000).

1.4.3 Suggestive Prozesse bei Kindern

Suggestive Prozesse bei Kindern verlaufen nicht grundsätzlich anders als bei Erwachsenen. Suggestive Effekte werden ebenfalls wirksam, wenn passive und aktive Suggestionsfaktoren ineinandergreifen. Dabei ist der Faktor der passiven Suggestion eins zu eins zu übertragen. Bei der aktiven Suggestion liegt der Schwerpunkt meist auf fremdsuggestiven Einflussnahmen, die häufig einem bestimmten Muster folgen.

■ **Aktive Suggestionsfaktoren**

Ausgangspunkt fremdsuggestiver Prozesse bei Kindern bilden in der Regel Verdachtsmomente Erwachsener. In vielen Fällen werden unspezifische Verhaltensweisen wie Angst oder Einnässen einseitig in Richtung eines sexuellen Missbrauchs interpretiert. Befragungen mit hohem suggestivem Potenzial sind dann geprägt von der Voreinstellung, dass bestimmte Ereignisse passiert sind, und orientieren sich an der Bestätigung dieser Voreinstellung (sog. „Interviewer Bias"). Das heißt, der Befragende sammelt Informationen, die seine Voreinstellung bestätigen können, und ignoriert inkonsistente oder objektiv unmögliche Angaben (oder interpretiert diese um). Befragungen werden also nicht ergebnisoffen geführt, sondern mit dem Ziel einer „Aufdeckung".

Gibt es ein „Missbrauchssyndrom"?

Insbesondere in der populärwissenschaftlichen Literatur existieren Listen auffälliger kindlicher Verhaltensweisen, die als Indikatoren für sexuellen Missbrauch geeignet sein sollen. Darunter fallen z.B. bestimmte emotionale Reaktionen oder Auffälligkeiten im Sozialverhalten. Diese Auffälligkeiten sind jedoch unspezifisch, d. h. sie können auch als Folge einer Vielzahl anderer belastender Ereignisse (z. B. einer elterlichen Trennung) auftreten. Auch bei sog. altersunangemessenem sexualisierten Verhalten bei Kindern liegt eine erhebliche Überschätzung der empirischen Befunde vor: Altersinadäquates sexualisiertes Verhalten liegt keineswegs bei allen, nicht einmal bei der Mehrzahl der sexuell missbrauchten Kinder vor. Daneben ist fraglich, welches Verhalten für ein bestimmtes Alter unangemessen ist, bedenkt man, dass bei Kindern zwischen drei und sechs Jahren autoerotische Aktivitäten häufig zu beobachten sind. Auch vermeintlich auffälligen Kinderzeichnungen kommt kein diagnostischer Wert zu. Ein sog. „Missbrauchssyndrom" gibt es somit nicht (Köhnken 2006) (Abb. 1.7).

Abb. 1.7 Auch Kinderzeichnungen, die vermeintlich auffällig sind, kommt kein diagnostischer Wert für einen sexuellen Missbrauch zu. (© GrafX/▶ stock.adobe.com)

1

Suggestive Verhaltensweisen beinhalten zum einen direkte, suggestive Fragen. Solche umfassen geschlossene Fragen, die nur Einwortantworten erfordern, aber auch Erwartungsfragen und bestimmte Wendungen, die eine Erwartung implizieren. Auch wenn in einem Nebensatz etwas vorher Unklares als Fakt präsentiert wird, kann das suggestiv wirken. Denn dadurch besteht die Gefahr, dass Detailinformationen, die eigentlich vom Befragenden stammen, in die eigene Aussage aufgenommen und anschließend als selbst erlebt berichtet werden. Zum anderen können auch subtilere Verhaltensformen suggestiv wirken: Die Wiederholung von schon beantworteten Fragen in einer oder mehreren Befragungen hat suggestives Potenzial. Denn Kinder neigen dazu, ihre Antworten bei Wiederholungen von Fragen zu ändern, weil sie denken, dass ihre erste Antwort falsch gewesen sein muss. Auch selektive Verstärkungen wirken suggestionsfördernd. Das passiert zum Beispiel, wenn Äußerungen, die zur Voreinstellung des Befragenden passen, durch Nicken oder Lob verstärkt werden und unpassende Äußerungen ignoriert werden. Weiter kann Konformitätsdruck Kinder suggestiv beeinflussen. Das passiert, wenn Kindern die Aussage anderer Kinder über einen Missbrauch als positives Beispiel vorgehalten wird. Schließlich ist auch die Induzierung von Stereotypen suggestionsfördernd. Wenn einem Kind mitgeteilt wird, dass der Beschuldigte ein bösartiger Mensch ist, erhöht sich die Wahrscheinlichkeit, dass vom Kind skriptpassende Angaben gemacht werden (Niehaus et al. 2017). Insgesamt sei angemerkt, dass zwar keine besonders hohe suggestive Potenz vorliegt, wenn nur einzelne suggestive Techniken vorliegen; wenn allerdings eine Kombination von inhaltlichen Vorgaben und konfirmatorischem Verhalten angewandt wird, ist ein erhöhter suggestiver Einfluss anzunehmen.

Dass Kinder Angaben Erwachsener ohne eigene Erinnerung relativ leicht übernehmen, ergibt sich für sie häufig allein schon daraus, dass die Erwachsenen von der Sache zu überzeugt scheinen. Denn Kinder lernen recht früh, dass Erwachsene mehr wissen als sie selbst, insbesondere was Aspekte ihres Lebens angeht, an die sie sich selbst nicht erinnern können (Greuel et al. 1998).

Der Montessori-Prozess

Einen wesentlichen Anteil daran, dass der BGH im Jahre 1999 ein Urteil zu den Mindeststandards aussagepsychologischer Begutachtung fällte, hatte der sog. Montessori-Prozess. Dieser wurde nach zwei Kindergärten benannt, in denen einem Erzieher vorgeworfen wurde, über 60 Kinder sexuell missbraucht und physisch misshandelt zu haben. Dabei lagen teils umfangreiche Aussagen der Kinder vor.

Eine akribische Rekonstruktion der Aussageentstehung und -entwicklung der Kinder zeigte, dass die kindlichen Angaben Produkt massiver Suggestion waren. Viele der involvierten Erwachsenen, von Eltern über Polizeibeamte zu Psychologen, waren von der Richtigkeit der Vorwürfe überzeugt und zwar so sehr, dass Informationen, die nicht dazu passten, ignoriert wurden. Sie fragten so lange weiter, bis ihre Erwartungen durch passende Antworten bestätigt wurden. Nach einer zweieinhalbjährigen Prozessdauer wurde der Erzieher im Jahr 1995 freigesprochen.

- **Indikatoren für Suggestionsprozesse**

Wie auch bei erwachsenen Zeugen lassen sich Indikatoren für Suggestionsprozesse bei Kindern durch Spezifika in der Aussageentstehung und -ent-
wicklung ableiten. Wenn ein Kind zum vermeintlichen Sachverhalt zunächst
nichts bestätigt oder sogar explizit verneint und die erste Äußerung erst nach
mehreren Befragungen erfolgt, kann dies ein Hinweis auf eine suggestive Verzerrung sein. Denn dass Kinder einen Missbrauch bei expliziter Befragung
regelmäßig abstreiten würden, lässt sich empirisch nicht bestätigen; wissenschaftliche Befunde zeigen im Gegenteil, dass die meisten Kinder über einen sexuellen
Missbrauch sprechen, wenn ein entsprechendes Gesprächsangebot gegeben wird
(Volbert 2015). Auch Aussagen, die zunächst sehr vage und inkonsistent sind und
die erst im Laufe der Befragungen mit zunehmender Konstanz und Überzeugung
vorgebracht werden, können Hinweise für Suggestionsprozesse sein. Zudem
können Spezifika im Aussageinhalt Merkmale für Suggestionsprozesse sein, zum
Beispiel, wenn eine Aussage objektiv unmögliche Elemente enthält (Volbert und
Dahle 2010).

Fazit

Wenn bewertet werden soll, ob eine Aussage einer Person auf einem wahren Erlebnis beruht oder nicht, kann eine aussagepsychologische Begutachtung durchgeführt werden. Eine solche untersucht, ob die Aussage auf irgendeine andere
Art zustande gekommen sein könnte als dadurch, dass die Schilderung tatsächlich
erlebt wurde. Wenn sichergestellt ist, dass eine Person überhaupt zu einem fraglichen Sachverhalt eine angemessene Aussage machen kann, somit aussagetüchtig
ist, sind Gegenhypothesen zur Wahrannahme zu prüfen. Die aussagepsychologische Prüfung möchte im Großen und Ganzen eine Antwort auf folgenden
häufig in der Fachliteratur zitierten Satz finden: Könnte dieser Zeuge mit seinen
individuellen Voraussetzungen unter den *gegebenen Befragungsumständen* und unter
Berücksichtigung der *Einflüsse Dritter* diese *spezifische Aussage* machen, ohne dass
sie auf realem Erlebnishintergrund basiert (Volbert 1995)? Dieser Satz umschreibt
den kompletten aussagepsychologischen Prüfprozess, der in der Regel die Prüfung
der Hypothese der bewussten Falschaussage und der Suggestionshypothese
umfasst. Während bei der Überprüfung der ersteren Hypothese die Untersuchung
der Qualität einer Aussage in Relation zu den Kompetenzen einer Person im Fokus
steht, bildet bei der Überprüfung der letzteren Hypothese die Rekonstruktion
der Aussageentstehung und -entwicklung den Schwerpunkt. Lassen sich beide
Hypothesen zurückweisen und die genannte Frage somit verneinen, kann darauf
geschlossen werden, dass eine Aussage auf einem wahren Erlebnis beruht. Lassen
sich die beiden Hypothesen allerdings nicht zurückweisen, muss man zu dem
Schluss kommen, dass man nicht oder nicht mit hoher Wahrscheinlichkeit sagen
kann, dass eine Aussage auf tatsächlichem Erleben beruht.

Literatur

Arntzen, F. (1993). *Psychologie der Zeugenaussage* (3. Aufl.). Beck.

Arntzen, F. (2007). *Psychologie der Zeugenaussage* (4. Aufl.). Beck.

Bond, C. F., & DePaulo, B. M. (2006). Accuracy of deception judgments. *Personality and Social Psychology Review, 10*(3), 214–234.

Ceci, S. J., Huffman, M. L. C., Smith, E., & Loftus, E. F. (1994). Repeatedly thinking about a non-event: Source misattributions among preschoolers. *Consciousness and Cognition, 3*(3–4), 388–407.

DePaulo, B. M., Lindsay, J. J., Malone, B. E., Muhlenbruck, L., Charlton, K., & Cooper, H. (2003). Cues to deception. *Psychological Bulletin, 129*(1), 74–118.

Eisen, M. L., Winograd, E., & Quin, J. (2002). Individual differences in adults' suggestibility and memory performance. In M. L. Eisen (Hrsg.), *Memory and suggestibility in the forensic interview* (S. 205–233). Erlbaum.

Ekman, P., & Friesen, W. V. (1969). Nonverbal leakage and clues to deception. *Psychiatry, 32*(1), 88–105.

Erdfelder, E. (2003). Das Gedächtnis des Augenzeugen: Aktuelle Hypothesen und Befunde zur Genese fehlerhafter Aussagen. *Report Psychology, 7*(8), 434–445.

Erdmann, K., Volbert, R., & Böhm, C. (2004). Children report suggested events even when interviewed in a non-suggestive manner: What are its implications for credibility assessment? *Applied Cognitive Psychology, 18*(5), 589–611.

Freud, S. (1905 [1999]). Bruchstück einer Hysterie-Analyse. Gesammelte Werke (Bd. 5). Fischer.

Fivush, R., & Haden, C. A. (1997). Narrating and representing experience: Preschoolers' developing autobiographical recounts. In P. W. van den Broek, P. J. Bauer, & T. Bourg (Hrsg.), *Developmental spans in event comprehension and representation: Bridging fictional and actual events* (S. 169–198). Erlbaum.

Gheorghiu, V. A. (1989). The development of research on suggestibility: Critical considerations. In V. A. Gheorghiu, P.- Netter, H. J. Eysenck, & R. Rosenthal (Hrsg.), *Suggestion and suggestibility: Theory and research* (S. 3–55). Springer.

Greuel, L., Offe, S., Fabian, A., Wetzels, P., Fabian, T., Offe, H., & Stadler, M. (1998). *Glaubhaftigkeit der Zeugenaussage.* Theorie und Praxis der forensisch-psychologischen Begutachtung: Psychologie Verlags Union.

Hyman, I. E., & Loftus, E. F. (1998). Errors in autobiographical memory. *Clinical Psychology Review, 18*(8), 933–947.

Johnson, M. K. (2006). Memory and reality. *American Psychologist, 61*(8), 760–771.

Köhnken, G. (1990). *Glaubwürdigkeit: Untersuchungen zu einem psychologischen Konstrukt.* PVU.

Köhnken, G. (2000). Glaubwürdigkeitsbegutachtung nach Mainz und Montessori: Eine Zwischenbilanz. *Praxis der Rechtspsychologie, 10*(1), 4–8.

Köhnken, G. (2006). Verhaltensauffälligkeiten als Indikatoren für stattgefunden oder andauernden sexuellen Kindesmissbrauch? In T. Fabian & S. Nowara (Hrsg.), *Neue Wege und Konzepte in der Rechtspsychologie* (S. 89–101). Lit.

Kraus, U., Lindner, K., Gritzka, S., Pfundmair, M., Paelecke, M., & Hewig, J. S. (2016). Interrogative Suggestibilität im Kulturvergleich – Eine neue und alte Herausforderung? *Praxis der Rechtspsychologie, 26*(2), 93–111.

La Rooy, D. J., Malloy, L. C., & Lamb, M. E. (2011). The development of memory in childhood. In M. E. Lamb, D. J. La Rooy, L. C. Malloy, & C. Katz (Hrsg.), *Children's testimony: A handbook of psychological research and forensic practice* (S. 49–68). Wiley.

Lau, S., Böhm, C., & Volbert, R. (2008). Psychische Störung und Aussagetüchtigkeit. *Der Nervenarzt, 79*(1), 60–66.

Loftus, E. F., & Pickrell, J. E. (1995). The formation of false memories. *Psychiatric Annals, 25*(12), 720–725.

Mähler, C. (2005). Die Entwicklung des magischen Denkens. In T. Guldiman & B. Hauser (Hrsg.), *Bildung 4- bis 8-jähriger Kinder* (S. 29–40). Waxmann.

Mazzoni, G., Scoboria, A., & Harvey, L. (2010). Nonbelieved memories. *Psychological Science, 21*(9), 1334–1340.

McNally, R. J. (2017). False memories in the laboratory and in life: Commentary on Brewin and Andrews (2016). *Applied Cognitive Psychology, 31*(1), 40–41.

Multhaup, K., Johnson, M., & Tetirick, J. (2005). The wane of childhood amnesia for autobiographical and public event memories. *Memory, 13*(2), 161–173.

Nelson, K., & Fivush, R. (2004). The emergence of autobiographical memory: A social cultural developmental theory. Psychological Review, 111(2), 486–511.

Niehaus, S. (2008). Täuschungsstrategien von Kindern, Jugendlichen und Erwachsenen. *Forensische Psychiatrie, Psychologie, Kriminologie, 2*(1), 46–56.

Niehaus, S., Krause, A., & Schmidke, J. (2005). Täuschungsstrategien bei der Schilderung von Sexualstraftaten. *Zeitschrift für Sozialpsychologie, 36*(4), 175–187.

Niehaus, S., Volbert, R., & Fegert, J. M. (2017). *Entwicklungsgerechte Befragung von Kindern in Strafverfahren*. Springer.

Oberlader, V. A., Naefgen, C., Koppehele-Gossel, J., Quinten, L., Banse, R., & Schmidt, A. F. (2016). Validity of content-based techniques to distinguish true and fabricated statements: A meta-analysis. *Law and Human Behavior, 40*(4), 440–457.

Patihis, L., & Pendergrast, M. H. (2019). Reports of recovered memories of abuse in therapy in a large age-representative US national sample: Therapy type and decade comparisons. *Clinical Psychological Science, 7*(1), 3–21.

Peterson, C., & Parsons, B. (2005). Interviewing former 1-and 2-year olds about medical emergencies 5 years later. *Law and Human Behavior, 29*(6), 743–754.

Popper, K. R. (2005). *Logik der Forschung* (11. Aufl.). Mohr.

Porter, S., McCabe, S., Woodworth, M., & Peace, K. A. (2007). Genius is 1% inspiration and 99% perspiration… or is it? An investigation of the impact of motivation and feedback on deception detection. *Legal and Criminological Psychology, 12*(2), 297–309.

Principe, G. F., & Smith, E. (2008). The tooth, the whole tooth and nothing but the tooth: How belief in the tooth fairy can engender false memories. *Applied Cognitive Psychology, 22*(5), 625–642.

Schacter, D. L., Norman, K. A., & Koutstaal, W. (1998). The cognitive neuroscience of constructive memory. *Annual Review of Psychology, 49*(1), 289–318.

Scoboria, A., Mazzoni, G., & Boucher, C. (2017). Nonbelieved memories: A review of findings and theoretical implications. In R. A. Nash & J. Ost (Hrsg.), *False and distorted memories* (S. 115–129). Routledge/Taylor & Francis Group.

Shobe, K. K., & Schooler, J. W. (2001). Discovering fact and fiction: Case-based analyses of authentic and fabricated discovered memories of abuse. In G. M. Davies & T. Dalgleish (Hrsg.), *Recovered memories: Seeking the middle ground* (S. 95–151). Wiley.

Sporer, S. L., & Schwandt, B. (2006). Paraverbal indicators of deception: A meta-analytic synthesis. *Applied Cognitive Psychology, 20*(4), 421–446.

Sporer, S. L., & Schwandt, B. (2007). Moderators of nonverbal indicators of deception: A meta-analytic synthesis. *Psychology, Public Policy, and Law, 13*(1), 1–34.

Steller, M. (1989). Recent development in statement analysis. In J. C. Yuille (Hrsg.), *Credibility assessment* (S. 135–154). Kluwer.

Steller, M. (2008). Glaubhaftigkeitsbegutachtung. In R. Volbert & M. Steller (Hrsg.), *Handbuch der Rechtspsychologie* (S. 300–310). Hogrefe.

Steller, M., & Böhm, C. (2008). Glaubhaftigkeitsbegutachtung bei Persönlichkeitsstörungen. *Zeitschrift für Psychiatrie, Psychologie und Psychotherapie, 56*(2), 101–109.

Steller, M. & Köhnken, G. (1989). Criteria-based statement analysis. In D. C. Raskin (Hrsg.), *Psychological methods in criminal investigation and evidence* (S. 217–245). Springer.

Stoffels, H. (2004). Pseudoerinnerungen oder Pseudologien? Von der Sehnsucht, Traumaopfer zu sein. In W. Vollmoeller (Hrsg.), *Grenzwertige psychische Störungen. Diagnostik und Therapie in Schwellenbereichen* (S. 33–45). Thieme.

Undeutsch, U. (1967). Beurteilung der Glaubhaftigkeit von Zeugenaussagen. In U. Undeutsch (Hrsg.), *Handbuch der Psychologie* (Bd. 11, S. 26–181)., Forensische Psychologie Göttingen: Hogrefe.

Volbert, R. (1995). Glaubwürdigkeitsbegutachtung bei Verdacht auf sexuellen Mißbrauch. *Zeitschrift für Kinder- und Jugendpsychiatrie, 23*(1), 20–26.

Volbert, R. (2008). Suggestion. In R. Volbert & M. Steller (Hrsg.), *Handbuch der Rechtspsychologie* (S. 331–341). Hogrefe.

Volbert, R. (2014). Besonderheiten bei der aussagepsychologischen Begutachtung von Kindern. In F. L. Bliesener & G. Köhnken (Hrsg.), *Lehrbuch Rechtspsychologie* (S. 408–421). Huber.

Volbert, R. (2015). Gesprächsführung mit von sexuellem Missbrauch betroffenen Kindern und Jugendlichen. In J. M. Fegert, U. Hoffmann, E. König, J. Niehues, & H. Liebhardt (Hrsg.), *Sexueller Missbrauch von Kindern und Jugendlichen* (S. 185–194). Springer.

Volbert, R. (2018). Scheinerinnerungen von Erwachsenen an traumatische Erlebnisse und deren Prüfung im Rahmen der Glaubhaftigkeitsbegutachtung. *Praxis der Rechtspsychologie, 28*(1), 61–95.

Volbert, R., & Dahle, K.-P. (2010). *Forensisch-psychologische Diagnostik im Strafverfahren.* Hogrefe.

Volbert, R. & Rutta, Y. (2001). *Verbesserung der Inhaltsqualität von Falschaussagen durch Training?* [Vortrag]. 9. Arbeitstagung der Fachgruppe Rechtspsychologie der DGPs, Münster.

Volbert, R., & Steller, M. (2014). Glaubhaftigkeit. In T. Bliesener, F. Lösel, & G. Köhnken (Hrsg.), *Lehrbuch Rechtspsychologie* (S. 391–407). Huber.

Vrij, A. (2005). Criteria-based content analysis: A qualitative review of the first 37 studies. *Psychology, Public Policy, and Law, 11*(1), 3–41.

Vrij, A., Akehurst, L., Soukara, S., & Bull, R. (2002). Will the truth come out? The effect of deception, age, status, coaching, and social skills on CBCA scores. *Law and Human Behavior, 26*(3), 261–283.

Wason, P. C. (1968). Reasoning about a rule. *Quarterly Journal of Experimental Psychology, 20*(3), 273–281.

Familienrechtspsychologie

Wie bewertet werden kann, wer Sorgerecht und Umgang bei einem Kind erhält und was bei Kindeswohlgefährdung passiert

© Springer-Verlag GmbH Deutschland, ein Teil von Springer Nature 2020
M. Pfundmair, *Psychologie bei Gericht,* Die Wirtschaftspsychologie,
https://doi.org/10.1007/978-3-662-61796-0_2

2

Abb. 2.1 Der Fall Susanne. (© zimmytws/▶ stock.adobe.com)

Die 13-jährige Susanne war Halb-italienerin. Ihr Vater, ein Deutscher, hatte vor 15 Jahren ihre Mutter, eine Italienerin, in einem Urlaub in Sizilien kennengelernt. Kurze Zeit später hatten sie geheiratet. Die Eltern hatten einige Zeit in Italien gelebt und zwei Töchter bekommen. Nach mehreren Jahren war die Familie nach Deutschland gezogen. Als Susanne zehn Jahre alt war, wurde die Ehe ihrer Eltern geschieden. Sie lebte seitdem mit ihrer Schwester im Haushalt ihrer Mutter in Deutschland. Zum Vater bestand regelmäßiger Kontakt.

Wegen Konzentrationsschwierig-keiten und Aggressivität wurde Susanne bereits seit längerer Zeit therapeutisch behandelt. In einer SMS an ihre Therapeutin bat sie eines Tages um Hilfe. Sie schilderte, dass sie zu Hause von ihrer Mutter häufig mit dem Kochlöffel und der Hand geschlagen werde, und berichtete von blauen Flecken. Sie erzählte weiter, dass ihre Mutter dabei behaupte, sie sei vom Teufel besessen, und sie mit Weih-wasser einsprühe. Die kleine Schwester sei dagegen immer „die Heilige". Die Therapeutin gab diese Information in Form einer Gefährdungsmeldung an das Stadtjugendamt weiter. Das Stadt-jugendamt aktivierte das zuständige Familiengericht wegen einer mög-lichen Kindeswohlgefährdung. In einer Kindesanhörung bei Gericht äußerte Susanne schließlich, dass die Mutter sie zwar schon geschlagen habe, aber nur deshalb, wenn sie nicht gefolgt sei. Sie fügte hinzu, dass sie die Schläge ver-dient habe und dass Eltern in Italien das auch machen dürften, um ihre Kinder zu erziehen. Zur Prüfung, inwieweit Susannes Kindeswohl bei der Mutter beeinträchtigt war, wurde ein familienrechtspsychologischer Gut-achter beauftragt.

2.1 Rechtliche Grundlagen familienrechtspsychologischer Prüfungen

Wie Eltern mit ihren Kindern umzugehen haben, darüber gibt es in deutschen Gesetzestexten einen umfangreichen, fast unübersichtlichen Regelkatalog.

Wenn Eltern bei der Geburt eines Kindes miteinander verheiratet sind, haben beide Elternteile automatisch die elterliche Sorge inne. Wenn nicht, dann ist eine explizite Sorgererklärung notwendig. In bestimmten Fällen können Väter auch dann die elterliche Sorge einklagen, wenn die Mutter dagegen ist. Das Gesetz gibt Eltern auch gewisse Aufgaben vor. So sind sie nach § 1626 Abs. 2 BGB verpflichtet, die wachsenden Fähigkeiten und Bedürfnisse ihres Kindes nach einem selbstständigen und verantwortungsbewussten Handeln zu berücksichtigen. Zudem müssen sie Fragen der elterlichen Sorge mit ihrem Kind besprechen und auch mit dem Kind Einvernehmen anstreben. Nach § 1631 Abs. 2 BGB haben Kinder außerdem das Recht auf gewaltfreie Erziehung. Bei einem wiederholten Verstoß der Eltern wird nicht selten ein familienrechtspsychologischer Gutachter oder eine familienrechtspsychologische Gutachterin beigezogen. In der UN-Kinderkonvention, die auch in Deutschland in Kraft getreten ist, sind ebenfalls verschiedene Aufgaben der Eltern vorgegeben. Das umfasst vor allem die Rechte auf Familienzusammenführung und Kontakt zu beiden Elternteilen, die Rechte auf Gesundheit und einen angemessenen Lebensstandard sowie die Rechte auf Bildung, Schutz vor wirtschaftlicher Ausbeutung und Schutz vor sexuellem Missbrauch. Insgesamt zielen diese Aufgaben darauf ab, den Schutzanspruch von Kindern – zum Wohl des Kindes – zu verwirklichen.

Definition

Das **Kindeswohl** ist ein für die Persönlichkeitsentwicklung eines Kindes oder Jugendlichen günstiges Verhältnis zwischen Bedürfnislage und Lebensbedingungen. Anders ausgedrückt sollen die Lebensbedingungen eines Kindes oder Jugendlichen seine Bedürfnisse so befriedigen können, dass „Durchschnittserwartungen" an die körperliche, seelische und geistige Entwicklung erfüllt werden. Welche Bedürfnisse dominant sind, variiert mit dem Alter, aber auch mit Aspekten wie Erziehung und Kultur (Dettenborn und Walter 2016).

Bedürfnisse

Bedürfnisse sind angeborene Dispositionen, die dazu führen, dass bestimmte Zustände – physiologische und psychologische – als unangenehm erlebt werden. Sie sind im Prinzip eine Diskrepanz zwischen einem aktuellen Ist-Wert und einem angestrebten Soll-Wert (Scheffer und Heckhausen 2010).

Die psychologische Forschung hat verschiedene Theorien entwickelt, um Bedürfnisse zu definieren und zu clustern. Eine der ältesten dieser Theorien ist die sog. „Bedürfnishierachie" nach Maslow (1954). Maslow ging davon, dass Bedürfnisse hierarchisch aufeinander aufbauen, also immer erst die niedrigeren Bedürfnisse befriedigt werden müssen, bevor ein höheres Bedürfnis aktiviert wird. Er clusterte (1) physiologische Bedürfnisse (z. B. Hunger oder Durst), (2) Sicherheitsbedürfnisse (z. B. Schutz und Vorsorge), (3) soziale Bedürfnisse (z. B. Liebe und Zugehörigkeit), (4) Wachstumsbedürfnisse (z. B. Anerkennung und Lob) und 5) Selbstverwirklichungsbedürfnisse (z. B. individuelle Lebensziele) (Abb. 2.2).

2

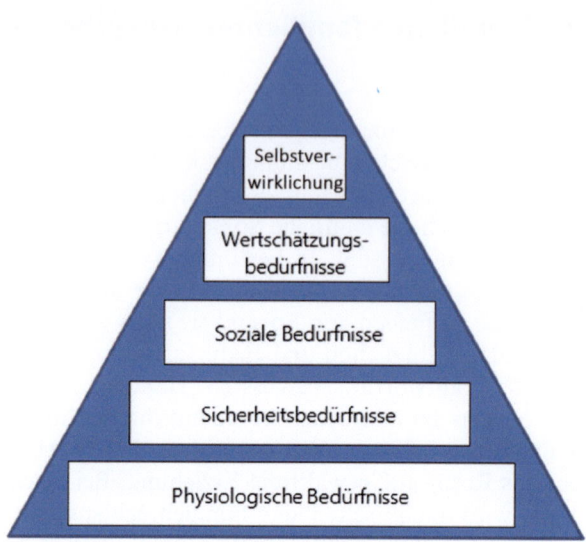

Abb. 2.2 Nach Maslow (1954) sind menschliche Bedürfnisse innerhalb einer aufsteigenden Pyramide angeordnet

Im Falle einer Trennung müssen Eltern die elterliche Sorge in eigener Verantwortung und in gegenseitigem Einvernehmen zum Wohl des Kindes ausüben. Das ist in § 1627 BGB so geregelt. Wenn die Eltern sich darüber einig sind, kann nach § 1671 BGB die Alleinsorge auf einen Elternteil übertragen werden. Wenn ein Kind über 14 Jahre alt ist und widerspricht, wird der Fall allerdings gerichtlich überprüft und es wird in der Regel ein Gutachter oder eine Gutachterin beigezogen. Wenn sich die Eltern nicht darüber einig sind, muss ein Gericht prüfen, ob die Aufhebung der gemeinsamen elterlichen Sorge dem Wohle des Kindes tatsächlich entspricht. Auch in diesem Fall wird häufig ein familienrechtspsychologisches Gutachten angefordert. Wenn noch eine grundsätzliche Verständigungsmöglichkeit zwischen den Eltern besteht, wird das Gericht das gemeinsame Sorgerecht in der Regel aufrechterhalten.

Scheidungen laut Statistik
Laut Angaben des Statistischen Bundesamts ist die Scheidungsrate seit einigen Jahren rückläufig: Während es 1991 noch 136.317 Scheidungen waren, erhöhte sich dieser Wert bis 2003 auf 213.975. 2016 wurden dann nur noch 162.397 Ehen geschieden. Über die Jahre hinweg waren in etwa 50 % aller Scheidungen Kinder mitbetroffen. So waren es im Jahr 1991 67.142, im Jahr 2003 107.888 und im Jahr 2016 81.936 geschiedene Ehen mit Kindern. Allerdings scheint sich über die Jahre hinweg die Anzahl der betroffenen Kinder zu erhöhen (die geschiedenen Paare scheinen somit mehr Kinder zu haben): Während 1991 nur 99.268 Kinder betroffen waren, waren 2003 170.256 Kinder betroffen und 2016 dann immerhin noch 131.955 (Destatis 2016) (Abb. 2.3).

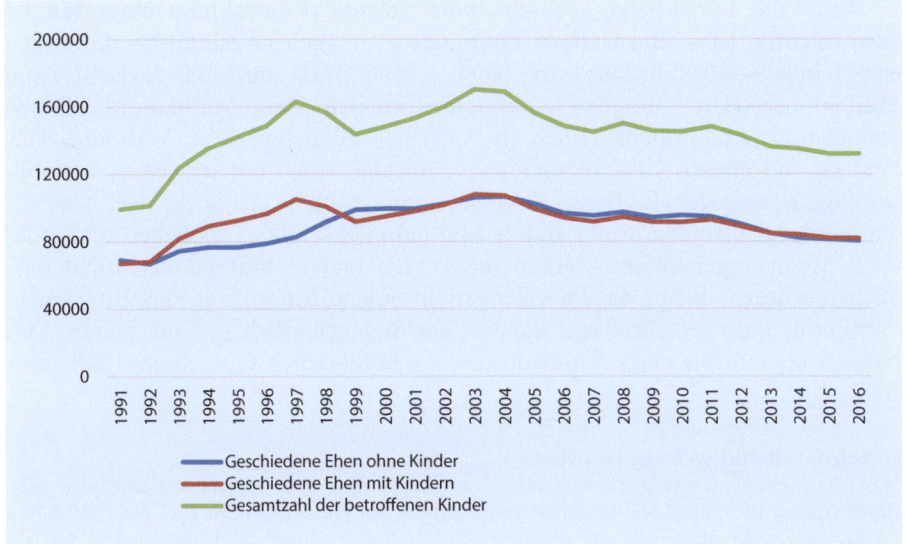

Abb. 2.3 Ehescheidungen in Deutschland von 1991 bis 2016 mit der Anzahl betroffener minderjähriger Kinder (Destatis 2016)

Nach § 1684 und § 1685 BGB hat ein Kind das Recht auf Umgang mit jedem Elternteil. Auch andere Bezugspersonen wie Großeltern und Geschwister haben nach § 1685 Abs. 1 BGB ein eigenes Umgangsrecht – aber nur, wenn dieser Umgang dem Kindeswohl dient. Diese Umgangsregelungen sind auch in der UN-Kinderkonvention verankert. Dabei ist ein interessantes Detail zu beachten: Mit diesem Gesetz liegt der Fokus ganz klar auf dem Kind und nicht auf den Eltern. Denn der Elternteil, der das Kind betreut, ist nicht die Person, die den Umgang einzuräumen hat, sondern das Kind selbst hat Recht auf Umgang. Es kann einen Umgang sogar ohne Zustimmung des Sorgeberechtigten gerichtlich geltend machen, wenn es über 14 Jahre alt ist. Wenn Eltern sich über den Umgang uneins sind, hat das Familiengericht mehrere Möglichkeiten: Es kann nach § 1684 Abs. 3 BGB über Umfang und Ausübung des Umgangsrechts entscheiden oder auch verschiedene Auflagen erteilen. Einen Umgang einzuschränken oder auszuschließen, wird in aller Regel nur als letzter Schritt auferlegt – nämlich nur dann, wenn das Wohl des Kindes sonst gefährdet wäre. Ein weniger drastischer Schritt wäre zum Beispiel, einen begleiteten Umgang anzuordnen, also Kontakte mit einem Umgangsbetreuer oder -begleiter durchzuführen. Das sollte aber keine Dauereinrichtung sein. Wenn ein Elternteil beharrlich und ohne Grund einen Umgangskontakt verweigert, kann ihm für die Zeit des Umgangs sogar die elterliche Sorge entzogen und auf einen Ergänzungspfleger übertragen werden.

2

Wenn die körperliche, seelische oder geistige Entwicklung eines Kindes beeinträchtigt ist – zum jetzigen Zeitpunkt oder auch in Zukunft – dann liegt eine Kindeswohlgefährdung vor. Nach § 1666 BGB muss das Gericht dann Maßnahmen treffen, um die Gefahren abzuwenden. Diese Maßnahmen können von Geboten, öffentliche Hilfen in Anspruch zu nehmen, zu Verboten, Verbindung mit einem Kind aufzunehmen, reichen. Auch der teilweise oder vollständige Entzug der elterlichen Sorge ist dann denkbar. Die Sorge darf aber nur dann entzogen werden, wenn andere Maßnahmen erfolglos geblieben sind, oder auch, wenn angenommen werden muss, dass andere Maßnahmen nicht ausreichen würden. Bevor ein Familiengericht solche Eingriffe in das Elternrecht vornimmt, muss es allerdings die Gefährdung gründlich geprüft haben. Das passiert oft mithilfe eines familienrechtspsychologischen Gutachtens (Salzgeber 2015).

Entzug der elterlichen Sorge laut Statistik

In den Daten des Statistischen Bundesamts wird deutlich, dass es in den letzten Jahrzehnten einen klaren Anstieg im Entzug der elterlichen Sorge gegeben hat. So wurde noch 1991 bei 8.759 Fällen ein solcher Entzug angeordnet; das waren sechs unter 10.000 Kindern und Jugendlichen. Im Jahr 2003 gab es hiervon 8.888 Fälle, was ebenso sechs Kindern und Jugendlichen unter 10.000 entsprach. 2011 waren es dann schon 15.924 Fälle. Das entspricht einer Verdoppelung in Relation: Denn damit waren unter 10.000 Kindern und Jugendlichen zwölf von einem Entzug der elterlichen Sorge betroffen (Destatis 2018a).

> **Beschleunigungsgebot**
>
> Im Jahr 2009 wurde festgelegt, dass bestimmte Konstellationen im Familienrecht vorrangig und beschleunigt behandelt werden müssen. Nach § 155 FamFG Abs. 1 sind das Angelegenheiten, „die den Aufenthalt des Kindes, das Umgangsrecht oder die Herausgabe des Kindes betreffen, sowie Verfahren wegen Gefährdung des Kindeswohls". In solchen Fällen muss auch ein familienrechtspsychologischer Gutachter besonders zeitnah vorgehen, um einem Kind keine weiteren Belastungen zuzumuten.

Zur Durchsetzung der Rechte von Kindern kann, wie schon angeschnitten, in verschiedensten Konstellationen ein psychologischer Gutachter beigezogen werden. Das ist in etwa 5–10 % aller Fälle, die vom Familiengericht behandelt werden, so. Solche Fälle umfassen meist Fragen nach Sorge und Umgang oder nach potenziellen Kindeswohlgefährdungen. Gutachter werden aber nicht einfach nur bei Streitigkeiten der Eltern bestellt. Ein Gutachter oder eine Gutachterin wird nur dann bestellt, wenn Eltern und Kindern vorher bereits außergerichtliche Hilfe angeboten wurde oder wenn eine Beratung ablehnt wurde oder erfolglos war. Er oder sie könnte auch beigezogen werden, wenn eine Kindeswohlgefährdung nicht auszuschließen oder bereits eingetreten ist oder wenn

Auffälligkeiten der Eltern das Wohl des Kindes gefährden. Weitere potenzielle Konstellationen, zu denen ein Familiengericht ein familienrechtspsychologisches Gutachten in aller Regel anordnet, sind, wenn das Kind gegen einen Elternteil eingestellt ist oder spezielle Besonderheiten wie eine Intelligenzminderung vorliegen.

Wie eine Sache begutachtet werden soll, wird durch verschiedene Fragen vom Gericht festgelegt – durch sog. Beweisfragen. Typische Beweisfragen umfassen beispielsweise, welche Sorgerechtsregelung und welche Regelung des Umgangs dem Wohl des Kindes am besten dient. Häufig umfassen Beweisfragen auch, ob das Kindeswohl durch die Eltern gefährdet ist und ob die Herausnahme des Kindes aus dem elterlichen Haushalt zur Abwendung der Gefahr erforderlich ist oder nicht (Balloff 2014).

2.2 Diagnostische Herangehensweisen bei familienrechtspsychologischen Prüfungen

Für familienrechtspsychologische Prüfungen gibt es verschiedene diagnostische Herangehensweisen (Balloff 2018):

- Statusdiagnostik: Hierbei wird der Ist-Zustand von Personen und Beziehungen beschrieben, meist wird auch eine Prognose gemacht.
- Selektionsorientierte Diagnostik: Hier geht es darum, geeignete Personen für bestimmte Anforderungen zu finden.
- Verlaufsdiagnostik: In dieser Herangehensweise werden Veränderungen beschrieben.
- Prozess-, lösungs- oder modifikationsorientierte Diagnostik: Der Gutachter orientiert sich an Grundlagen des Verstehens und Veränderns.

Welche Art der Diagnostik verwendet wird, darüber gibt es keine maßgeschneiderten Konzepte. Die Vorgehensweise hängt davon ab, wie weit die Parteien zerstritten sind, oder auch davon, wie sehr von einer Kindeswohlgefährdung auszugehen ist. Zum Beispiel wird eher die Status- und Selektionsdiagnostik angewandt werden, wenn es anhaltende Unvereinbarkeiten zwischen den Eltern oder sogar Gewalt und Feindseligkeit gibt. Bei nur wenig kooperationsgeneigten Eltern könnten alle vier Diagnostikformen zum Tragen kommen. Wenn die Eltern eher kooperationsgeneigt sind, wird der Gutachter wahrscheinlich eine prozess-, lösungs- oder modifikationsorientierte Diagnostik wählen.

Vorgeschaltet vor den diagnostischen Erkenntnisprozess ist in der Regel eine Datenerhebung. Hier sollte die Problem- und Konfliktlage der Familie umfassend in Erfahrung gebracht werden. Teilweise wird bereits hier versucht, Verhalten und Beziehungen zu beeinflussen oder familiäre Konflikte zu entschärfen. Das passiert insbesondere dann, wenn ein Gutachter oder eine Gutachterin beauftragt wurde, auf Einvernehmen hinzuwirken. Problematisch ist allerdings, wenn ein Gutachter beauftragt wird, zunächst auf Einvernehmen hinzuwirken und nur bei Misserfolg die juristische Beweisfrage zu beantworten. Dann könnte es nämlich

2

sein, dass Eltern den Kontakt mit dem Gutachter abbrechen, weil kein Einvernehmen herzustellen war, und der Gutachter würde über keine Daten verfügen, die er zur Beantwortung der Beweisfrage benötigt (Dettenborn 2008).

Fallbeispiel

In unserem Fallbeispiel wurde folgender richterlicher Beschluss angeordnet:

„Es soll Beweis erhoben werden durch Einholen eines familienrechtspsychologischen Sachverständigengutachtens darüber, ob ein Verbleib im mütterlichen Haushalt das Wohl Susannes gefährdet und ggfs. welche Erziehungshilfen und sonstige Maßnahmen aus sachverständiger Sicht erforderlich und ausreichend sind, eine Herausnahme Susannes aus dem mütterlichen Haushalt zu vermeiden. Der Gutachter wird um Entscheidungshilfe für das Gericht durch die Klärung folgender Fragen gebeten:

1. Ist eine konkrete, objektivierbare und akute Gefährdungslage Susannes im Falle eines Verbleibs im mütterlichen Milieu gegeben? Wenn ja, worauf begründet sich die Annahme einer Akutgefährdung?
2. Welche Art und Qualität kognitiver, emotionaler und sozialer Beeinträchtigungen ist bei Susanne bereits jetzt schon konkret feststellbar? Inwieweit können diese Entwicklungsbeeinträchtigungen Susannes ursächlich einem aktiven Fehlverhalten und damit dem primären Verantwortungsbereich der Mutter zugeordnet werden?
3. War die Mutter in der Vergangenheit gewillt und ist sie aktuell gewillt, unterstützende Hilfe zur Aufhebung der Gefährdungslage anzunehmen? Ist die Mutter grundsätzlich fähig, sozialpädagogische oder psychologisch-therapeutische Maßnahmen innerhalb eines verantwortbaren Zeitrahmens umzusetzen? Wenn nicht, woran scheitert die Umsetzung konkret?"

In diesem Fall war also der Gutachter angehalten, eine umfangreiche Statusdiagnostik durchzuführen.

2.2.1 Vorgehen bei der Datenerhebung

Um familiengerichtliche Fragestellungen beantworten zu können, werden in den meisten Fällen Daten zu den folgenden fünf psychologischen Kriterien eingeholt: Förderkompetenz, Beziehungen, Wille des Kindes, Bindungstoleranz, Kontinuität und Stabilität.

Die Förderkompetenz umfasst die Persönlichkeit der Bezugspersonen, ihre erzieherische Eignung, ihre innere Einstellung zum Kind und ihre Bereitschaft, für Versorgung, Erziehung und Beaufsichtigung des Kindes zu sorgen. Damit einher geht in aller Regel auch die Bindungsqualität des Kindes zu seinen Bezugspersonen. Ein desorganisierter Bindungsstil könnte beispielsweise ein Hinweis auf elterliche Defizite oder auch Kindeswohlgefährdung sein.

Bindungsstile

Mary Ainsworth und Kollegen (1978) postulierten, dass die Arten von Bindungen, die Menschen früh im Leben entwickeln, beeinflussen, welche Arten von Beziehungen Menschen später in ihrem Leben eingehen. Sie definierten drei Typen von Bindungen: den sicheren, den vermeidenden und den ängstlich/ambivalenten Bindungsstil. Der sichere Bindungsstil ist gekennzeichnet durch Vertrauen und die Sichtweise, dass man wertvoll ist und gemocht wird. Laut Forschern entwickelt er sich aus der Erfahrung, dass Bezugspersonen auf die eigenen Bedürfnisse reagieren und positive Emotionen zeigen. Der vermeidende Bindungsstil ist charakterisiert durch Unterdrückung von Bindungsbedürf-nissen und Schwierigkeiten, intime Beziehungen aufzubauen. Dieser entwickelt sich durch in sich gekehrte und distanzierte Bezugspersonen, die Intimität schroff abweisen. Der ängstlich/ambivalente Bindungsstil ist von Ängstlichkeit über die Zuneigung anderer gekennzeichnet. Er entwickelt sich aus unbeständigen Bezugspersonen, die manchmal auf Bedürfnisse reagieren, manchmal aber auch nicht. Im Rahmen der Untersuchung schwer vernachlässigter Kinder wurden diese drei Bindungsstile später durch den desorganisierten Stil ergänzt. In diesem sind Menschen unfähig, Bindungsverhalten aufzu-bauen. Zusammenhänge zwischen einem desorganisierten Stil und einem hohen Konfliktniveau der Eltern sowie geringer Kommunikation in der Familie wurden später empirisch nachgewiesen (George und Solomon 1999).

Neben der Förderkompetenz spielt auch der Beziehungsaspekt eine Rolle für das Kindeswohl, also wer Hauptbezugsperson ist und wer weitere relevante Bezugs-personen (z. B. Geschwister) darstellen. Die Hauptbezugsperson eines Kindes ist die, die sich hauptsächlich um das Kind kümmert, z. B. in der Form von Zubereitung von Mahlzeiten und dem Zubettbringen. Das muss nicht unbedingt mit bestimmten Bindungsqualitäten einhergehen. Der Wunsch oder Wille eines Kindes ist ebenfalls zu eruieren – auch wenn die Gefahr besteht, dass das Kind möglicherweise beeinflusst wurde oder fremde Einstellungen übernahm. Bindungstoleranz (oder auch Kooperationsbereitschaft) ist Verhalten, das die Bindungen eines Kindes zu verschiedenen Personen angemessen berücksichtigt. Aus familienrechtspsychologischer Sicht ist dabei relevant, welcher Elternteil am ehesten solche Kontakte zulassen und fördern kann. Für das Kindeswohl sind in aller Regel auch die Aspekte Kontinuität und Stabilität zu berücksichtigen. Kontinuität umfasst die Frage, ob das bestehende soziale Umfeld und die bestehenden Erziehungsverhältnisse momentan bewahrt werden. Stabilität ist prospektiv und eruiert, inwieweit diese Aspekte zukünftig aufrechterhalten werden. Relevant sind diese Punkte deshalb, weil zusätzliche Anpassungs-leistungen nach einer Trennung der Eltern eine Überforderung für Kinder dar-stellen können (Salzgeber und Fichtner 2012).

Um Erkenntnisse im Rahmen der familienrechtspsychologischen Begut-achtung zu erlangen, werden in der Regel die folgenden Schritte angewandt (Balloff 2014):

- Fragengenerierung: Zunächst werden psychologische Fragen aus der juristischen Ausgangsfrage (der „Beweisfrage") und dem Akteninhalt abgeleitet. Wenn es beispielsweise um die Regelung des Aufenthalts-bestimmungsrechts geht, wäre sinnvoll, nach der Erziehungskompetenz der Eltern, dem Willen des Kindes und der Qualität der Beziehungen des Kindes zu seinen Bezugspersonen zu fragen. Diese psychologischen Fragen sind nicht statisch. Sie können im Verlauf der Begutachtung modifiziert werden.
- Untersuchungsplan: Auf Basis der psychologischen Fragen muss ein hypo-thesengeleiteter Arbeitsplan aufgestellt werden.

2

- Explorationen: Es werden diagnostische Gespräche mit den Beteiligten geführt. In der Regel stehen dabei die Eltern und ihr Kind im Zentrum. Hilfreich können Leitfäden sein, die vorab die zentralen Themenbereiche und Fragen definieren, aber situationsspezifisch angepasst werden können.
- Interaktions- und Verhaltensbeobachtung: Der Gutachter oder die Gutachterin beobachtet Interaktionen zwischen Eltern und Kind an einem neutralen Ort (z. B. der Gutachterpraxis) oder im häuslichen Umfeld. Letzteres kann Hausbesuche, aber auch Besuche in weiteren Einrichtungen, die das Kind besucht, umfassen.
- Ggf. testpsychologische Untersuchungen: Falls notwendig, werden standardisierte psychologische Tests angewandt. Weitere Verfahren können, ohne einen expliziten Test zu verwenden, in standardisierter Form die Beziehung zwischen Eltern und Kind abbilden – zum Beispiel der „Familien-Identifikations-Test" (Remschmidt und Mattejat 1999).

Ähnlich wie in der Prognosepsychologie wurden für familienrechtspsychologische Gutachten Mindestanforderungen erstellt. Sie wurden zunächst 2007 und dann 2019, in zweiter Auflage, von einer Expertengruppe erarbeitet. Zum Untersuchungsverlauf wird zentral gefordert, die Konfliktsituation der Familie mit den Familienmitgliedern und/oder Dritten zu erheben. Wenn kindeswohlrelevante Bedenken vorgebracht werden, muss diesen in sinnvollem Maße nachgegangen werden. Zum Beispiel könnte bei dem Verdacht von sexuellem Missbrauch ein aussagepsychologischer Gutachter oder eine aussagepsychologische Gutachterin beigezogen werden. Zudem ist laut Mindestanforderungen ein multimodales Vorgehen notwendig, also dass verschiedene Datenquellen (z. B. verschiedene Verfahren oder die Angaben verschiedener Personen) zur Entwicklung und Begründung von gutachterlichen Empfehlungen herangezogen werden. Ein Gutachter nimmt zuletzt zu den aufgeworfenen Fragen im individuellen Fall Stellung. Dabei muss auch sein Bewertungssystem offengelegt werden. Inwiefern diese Bewertung rechtlich umgesetzt wird, das entscheidet letztlich das Gericht – der Gutachter schafft nur eine Grundlage für diese Entscheidung (Arbeitsgruppe Familienrechtliche Gutachten 2019).

2.2.2 Lösungsorientiertes Vorgehen

Eine familienrechtspsychologische Aufgabe kann nicht nur die reine Datenerhebung umfassen, sondern auch eine Intervention. So ist in § 163 Abs. 2 FamFG geregelt, dass das Gericht auch anordnen kann, „dass der Sachverständige bei der Erstellung des Gutachtenauftrags auch auf die Herstellung des Einvernehmens zwischen den Beteiligten hinwirken soll". Einvernehmen ist ein juristischer Begriff für Konfliktlösung. Damit ist aber nicht unbedingt Konfliktfreiheit gemeint. Ein möglichst friedliches Nebeneinander im Sinne einer parallelen Elternschaft dürfte ausreichend sein. Hintergrund dieser Aufgabenstellung ist, dass der Familienrichter sich nicht mehr damit begnügen soll, einfach nur Sachverhalte zur Kenntnis zu nehmen und dann zu entscheiden, sondern zum Wohl des Kindes selbst tätig zu werden. Somit wird auch dem Gutachter diese Aufgabenstellung übertragen. Hier soll ein Gutachter also explizit prozess-, lösungs- oder modifikationsorientiert vorgehen.

Konkret umfasst ein solches Vorgehen, dass Veränderungen, die dem Familiensystem neue Handlungsalternativen eröffnen könnten, mit dem Gutachter oder der Gutachterin besprochen und festgelegt werden. Solche Veränderungen können auch unter seiner Aufsicht geübt werden. Das könnte beispielsweise das Probewohnen des Kindes bei einem Elternteil sein. Diese lösungsorientierten Strategien sind Interventionen ganz eigener Art. Sie greifen zwar auf Methodiken der Mediation, Beratung oder Therapie zurück. Sie sind aber faktisch nicht solche Herangehensweisen – und auch explizit davon abzugrenzen (Balloff 2014; Salzgeber 2015).

Systemische Therapie

Wenn familienrechtspsychologische Gutachter lösungsorientierte Ansätze verfolgen, werden häufig Herangehensweisen der systemischen Therapie verwendet. Die systemische Therapie ist eine von vielen Therapieformen. Der Name „System" entstammt dem Altgriechischen und bedeutet „was zusammensteht". Demnach werden psychische Störungen und Strukturen in der Therapie nicht als Phänomen im Patienten betrachtet, sondern interaktionell, also als Phänomen, das innerhalb der Gemeinschaft (z. B. in Patient, Familie und Behandler) auftritt. Die systemische Therapie umfasst viele verschiedene Techniken. Eine Technik ist zum Beispiel die „Familienskulptur". Hier werden emotionale Bindungen und Strukturen in der Familie symbolisch-metaphorisch dargestellt. Das kann beispielsweise mit der Familie als „lebende Skulptur" oder auch mit Ersatzfiguren, der sog. „family placement techinque", geschehen (Schweitzer und Zwack 2010) (Abb. 2.4).

Abb. 2.4 In der systemischen Therapie kommen Techniken wie Familienaufstellungen eine wichtige Rolle zu. (© CMP/► stock.adobe.com)

Auch für familienrechtspsychologische Gutachten, die ein „Hinwirken auf Einvernehmen" umfassen, wurden Mindestanforderungen erarbeitet (Arbeitsgruppe Familienrechtliche Gutachten 2019). Demnach kommen in solchen Beauftragungen folgende Arbeitsweisen in Betracht:

2

- Die Rückmeldung diagnostischer Ergebnisse, die relevant sind, um Einvernehmen zu erzielen
- (Gemeinsame) Gespräche, um die elterliche Verantwortung zu stärken, trotz eines Konflikts auf Familien- oder Paarebene
- Erarbeiten von Vorschlägen, die ggf. in einer Erprobungsphase umgesetzt werden

Einvernehmen soll aber nicht um jeden Preis hergestellt werden. Wenn eine Konfliktlösung nicht in angemessener Zeit erreicht werden kann, müssen Gutachter die Begutachtung abschließen und die Beweisfragen beantworten.

2.3 Vorgehen bei spezifischen Anlässen

2.3.1 Elterliche Sorge

Es gibt keine allgemeingültigen Erkenntnisse darüber, mit welcher Regelung des Sorgerechts Eltern sich nach einer Trennung oder Scheidung optimal um ihre Kinder kümmern können. Daher ist in allen Fällen, in denen das Gericht über das Sorgerecht entscheidet, immer der Einzelfall zu prüfen. Eine solche Prüfung erfolgt in zwei aufeinanderfolgenden Stufen: Zunächst wird bewertet, ob die Aufhebung der gemeinsamen elterlichen Sorge dem Kindeswohl am besten dient, und sodann, ob die Übertragung des Sorgerechts auf den Antragsteller oder die Antragstellerin dem Kindeswohl am besten dient.

Auf der ersten Stufe muss ein Gutachter oder eine Gutachterin zunächst prüfen, ob Eltern grundsätzlich fähig und bereit sind, für ihr Kind förderliche Entscheidungen zu treffen. Hier kommen Aspekte zum Tragen, die auch bei der Prüfung auf Kindeswohlgefährdung relevant sind. Zentral auf dieser ersten Stufe der Prüfung ist in der Regel jedoch die Bewertung der Kooperationsfähigkeit und -bereitschaft der Eltern. Defizite auf der Ebene der Kooperationsfähigkeit finden sich häufig in mangelnder Frustrationstoleranz und affektiver Labilität, aber auch in fehlenden Kompetenzen der Selbstreflexion und Konfliktlösung. Defizite auf Ebene der Kooperationsbereitschaft sind eher kontextabhängig. Das ist zum Beispiel der Fall, wenn die Eltern stark im elterlichen Konflikt verstrickt sind, oder auch, wenn ihre Konfliktlösungsstrategien schon ein radikales Niveau erreicht haben. Nachdem Defizite in der Kooperationsbereitschaft potenziell veränderbar sind, kommen lösungsorientierten Verfahren eine wichtige Rolle zu.

Konflikt und Konfliktlösung
Konflikte sind Gegensätzlichkeiten von Interessen, Zielen, Handlungen, Meinungen oder Werten. Auf welcher Stufe der Eskalation sich Konfliktparteien befinden, kann anhand des folgenden Modells bestimmt werden. Auf der ersten Stufe dieses Modells können beide Parteien noch gewinnen („win-win"). Die Spannungen verhärten sich allmählich und nachdem versucht wurde, den Konflikt über ein Streitgespräch zu lösen, wird schließlich die Kommunikation abgebrochen. Auf der zweiten Stufe kann zwar eine Partei noch gewinnen, die andere aber nicht mehr („win-lose"). Hier verschärft sich der Konflikt weiterhin: Es werden andere gesucht, die die eigene Seite unterstützen, Aktionen

gestartet, die zu einem Gesichtsversverlust der anderen Partei führen, und schließlich gedroht. Auf der dritten Stufe können beide Parteien nur noch verlieren („lose-lose"). Dabei reichen die Konflikt- handlungen von begrenzten bis hin zu vollständigen „Vernichtungsschlägen". Schließlich wird auch in Kauf genommen, dass man selbst „vernichtet" wird, nur um die Gegenpartei zu besiegen (Glasl 2009) (Abb. 2.5).

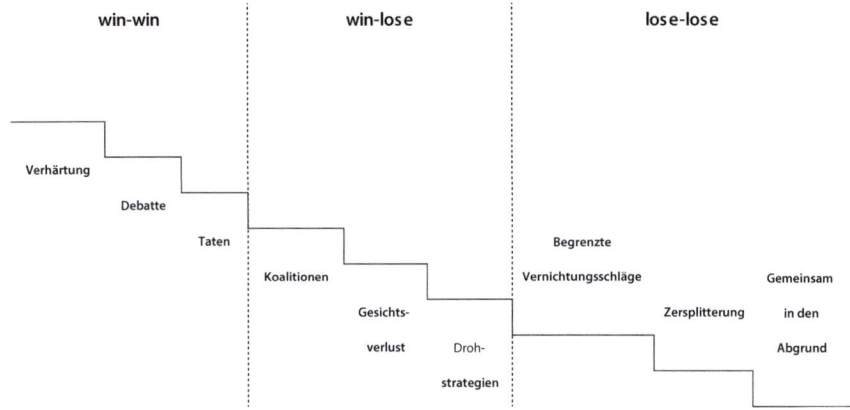

Abb. 2.5 Nach Glasl (2009) können Konflikte auf verschiedenen Eskalationsstufen angeordnet werden

   Wie können Konflikte nun gelöst werden? Eine Lösung kann Flucht, also die Entfernung der eigenen Person sein. Dies ist zwar eine schnelle, in der Regel aber nur kurzfristige Konflikt- lösung. Möglich ist auch „Vernichtung", also das symbolische oder soziale Entfernen des Konflikt- gegners. Im Familienkontext kann es sich hier um Scheidung handeln. Eine dritte Möglichkeit ist die Unterordnung. Das passiert meist, wenn ein negativer Ausgang der Geschehnisse erwartet wird. Zudem ist Delegation möglich, also dass die Verantwortung für die Konfliktlösung auf eine neutrale dritte Stelle übertragen wird – zum Beispiel das Gericht in Scheidungsfällen. Eine fünfte Möglich- keit von Konfliktlösung ist der Kompromiss. Hier wird ein Teil der Interessen beider Parteien erfüllt, der andere Teil bleibt unerfüllt. Schließlich ist auch Konsens möglich. Das ist die optimale Form der Konfliktlösung, denn hier werden alle Interessen erfüllt, indem sich die Konfliktparteien jeweils an den für sie wichtigen Punkten treffen. Dann ist auch eine „win-win"-Situation möglich (Schwarz 2014). Für solche integrativen Lösungen, also Lösungen, bei der beide Parteien bei den für sie unwichtigen Aspekten einlenken, die aber für die andere Partei wichtig sind, werden häufig Mediatoren eingesetzt. Denn als Nicht-Involvierte erkennen sie wichtige Aspekte besser.

Wenn die Kompetenzen der Eltern vom Gutachter als ungenügend bewertet werden, muss geprüft werden, ob Ressourcen vorhanden wären (z. B. Beratung), die diese Defizite beheben könnten. Zudem muss abgeschätzt werden, inwieweit ein Kind im konkreten Fall Schaden nehmen könnte. Wenn die Bewertungen des Gutachters für beide Elternteile insgesamt günstig ausfallen, wird die elter- liche Sorge in der Regel nicht aufgeteilt. Wenn die Bewertungen des Gutachters jedoch durchweg ungünstig ausfallen, wird dem Kindeswohl die Aufhebung der gemeinsamen elterlichen Sorge am besten dienen. Dann muss aber auch überlegt werden, ob nicht auch eine teilweise Aufhebung der elterlichen Sorge, zum Bei- spiel die Übertragung des Aufenthaltsbestimmungsrechts auf einen Elternteil, zu einer Lösung führen könnte.

2

Domizilmodell vs. Wechselmodell

Wenn die gemeinsame elterliche Sorge aufrechterhalten wird, sind Eltern grundsätzlich frei, die Betreuung ihres Kindes nach ihren eigenen Vorstellungen zu regeln. Häufig wird das Domizilmodell (oder auch Residenzmodell) gewählt, bei dem das Kind vor allem bei einem Elternteil lebt und die Beziehung zum anderen durch Besuche aufrechterhält. Das Wechselmodell ist ein anderer Ansatz: Hier wohnt das Kind möglichst gleich viel Zeit bei beiden getrennt lebenden Elternteilen. Wann ist ein solches Modell gangbar? Wenn die Betreuung des Kindes tatsächlich in beiden Haushalten gesichert ist und wichtige soziale Beziehungen des Kindes aufrechterhalten werden können. Wichtig für solch ein Modell ist aber vor allem, dass die Eltern gut kooperieren und sich im Alltag stark absprechen. Das Wechselmodell hat sich bislang nur in Einzelfällen über lange Zeit hinweg bewährt (Fichtner und Salzgeber 2006) (Abb. 6).

Abb. 2.6 Die Betreuung von Kindern nach einer Trennung der Eltern kann auf verschiedene Art und Weise geregelt werden. (© lucid_dream/▶ stock.adobe.com)

Die zweite Stufe der Prüfung wird nur angewandt, wenn die Aufhebung der gemeinsamen elterlichen Sorge dem Kindeswohl tatsächlich am besten entspricht. In solchen Fällen ist in der Regel zu prüfen, wer von beiden Elternteilen besser für die (volle oder partielle) Alleinsorge geeignet ist. Bezugspunkte sind wieder die Bereiche der ersten Prüfungsstufe: Es müssen sowohl die Kindeswohlkriterien als auch Kooperationsfähigkeit und -bereitschaft abgeschätzt werden, diesmal aber im Vergleich beider Elternteile. Diese beiden Bereiche sind im Allgemeinen verknüpft, denn die Fähigkeit und Bereitschaft, Beziehungen zu wichtigen Bezugspersonen des Kindes – vor allem zum anderen Elternteil – zuzulassen, sind verbunden mit der Erziehungsfähigkeit. Letztlich muss der Gutachter eine Regelung finden, die den elterlichen Konflikt vermindert und die möglichst dauerhaft ist. Zudem sollte die Regelung den Willen des Kindes respektieren (soweit möglich), dem Kind ausreichend Kontakte zu allen wichtigen Bezugspersonen erhalten und ihm die bestmöglichen Entwicklungsbedingungen schaffen. Welcher Elternteil das kann, dem sollte beim Sorgerecht der Vorzug gegeben werden. Sollte die Übertragung der Alleinsorge auf beide Elternteile ausscheiden, erfolgt in der Regel eine Prüfung auf Kindeswohlgefährdung.

Inwieweit bei familienrechtpsychologischen Fragestellungen ein lösungsorientierter Ansatz gewählt wird, das ist von verschiedenen Faktoren abhängig. Zum einen ist der konkrete gerichtliche Auftrag zu beachten. Nur wenn dieser explizit lösungsorientiert ist, darf ein Gutachter ein solches Verfahren erwägen. Zum anderen hängt es davon ab, wie weit der Streit zwischen den Eltern bereits verfestigt ist. Bei schwerwiegenden Vorwürfen, z. B. des sexuellen Missbrauchs, ist es häufig angebrachter, auf lösungsorientierte Verfahren zu verzichten. Dann steht nicht ein zeitaufwendiges Bemühen um selbstständige Konfliktlösung im Vordergrund, sondern eine selektionsorientierte Diagnostik (Dettenborn 2008).

2.3.2 Umgang

Ziel von Umgangskontakten ist es, dass ein Kind auch nach der Trennung seiner Eltern seine Bindungen aufrechterhalten kann. Dass Gerichte dem Umgangsrecht so hohen Wert beimessen, liegt an den positiven Effekten, die die Forschung hierzu gefunden hat.

Effekte von (fehlenden) Umgangskontakten

Die Forschung zeigt klar, dass Bindungsabbrüche zu psychischem Stress führen. Bindungsabbrüche bei elterlichen Trennungen können aufseiten des Kindes dazu führen, dass ein Elternteil idealisiert und ein anderer stark abgewertet wird. Hierdurch werden emotionale Verunsicherung und Verlustängste gefördert (Kelly und Lamb 2000). Umgang, auf der anderen Seite, kann ein wichtiger Schutz-, aber auch Förderfaktor für die kindliche Entwicklung sein (Friedrich et al. 2004). Positiv wirkt vor allem, wenn eine tragfähige emotionale Beziehung zwischen dem umgangssuchenden Elternteil und dem Kind existiert und wenn dieser Elternteil eine gewisse elterliche Autorität zeigt, z. B. durch Hilfe bei den Hausaufgaben oder das Setzen von Grenzen, somit nicht nur ein elterlicher „Gefährte" ist (Amato und Gilbreth 1999).

Wie auch bei Fragen der elterlichen Sorge gibt es bei umgangsrechtlichen Fragen keine pauschalen Antworten. Stattdessen müssen im Einzelfall Schadensrisiken gegeneinander aufgewogen werden. Denn einerseits kann durch Einschränkung oder Ausschluss des Umgangs Stress entstehen – aber eben auch durch stattfindenden Umgang. Diese Faktoren müssen außerdem den individuellen Ressourcen und Vulnerabilitäten des Kindes gegenübergestellt werden. Auch der Kindeswille muss beachtet werden. Will ein Kind Umgang und zeigt es das auch ausreichend vehement, sollte dem, so gut es geht, gefolgt werden. Will ein

2

Kind Umgang, ist aber davon schwer belastet, dann ist der Kindeswille selbst-gefährdend und es müsste erwägt werden, ob ein Umgang nicht einzuschränken oder sogar auszuschließen ist. Will ein Kind keinen Umgang, dann ist dem in der Regel auch zu folgen. Beruht diese Verweigerung auf einer negativen Beein-flussung durch die betreuende Bezugsperson, sollte aber zumindest versucht werden, die ablehnende Haltung durch reale Kontakte aufzulösen.

Definition

Der **Kindeswille** ist die stabile und autonome Ausrichtung des Kindes auf erstrebte oder persönlich bedeutsame Zielzustände. Kinder erwerben ihn schon mit drei bis vier Jahren. Er ist umso ausgeprägter, je zielorientierter, intensiver, stabiler und autonomer er zum Ausdruck gebracht wird. Der Wille des Kindes ist in aller Regel in gerichtlichen Verfahren zu berücksichtigen, außer, er ist mit dem Kindeswohl nicht vereinbar. Das heißt, Kindeswohl kann Kindeswillen gegebenenfalls aus-stechen (Dettenborn und Walter 2016).

Umgang kann in verschiedenen Konstellationen zu einem Risikofaktor werden: bei extremen Bezugspersonenkonflikten, bei der bewussten Vereitelung von Umgang, beim Verletzen der Umgangspflicht oder auch bei nachgewiesener Miss-handlung oder sexuellem Missbrauch.

Bei extremen Konflikten der Bezugspersonen steigt die Belastung eines Kindes: Kontakte zum getrennt lebenden Elternteil werden negativ wahr-genommen und die Beziehung wird als weniger tragfähig empfunden. Im schlimmsten Fall können die vom Kind beobachteten Konflikte zu Anpassungs-schwierigkeiten, emotionalen Störungen und sozialen Auffälligkeiten des Kindes führen. Häufig werden auffällige Reaktionen des Kindes vor und nach einem Umgangskontakt fehlinterpretiert: Sie werden als Fehlverhalten des Umgangs-suchenden verstanden und herangezogen, um Kontaktabbrüche zu fordern. Mit einem lösungsorientierten Vorgehen – zum Beispiel mithilfe einer Aufklärung über kindliche Trennungsreaktionen – kann versucht werden, ein solches Muster zu durchbrechen. Wenn ein Kind davor nicht bewahrt werden kann, dann muss ein eingeschränkter Umgang in Betracht gezogen werden.

Bewusste Versuche, einen Kontakt zu vereiteln – zum Beispiel, weil ein Kind in einen neuen Familienverband integriert werden soll –, stellen einen klaren Verstoß gegen das Umgangsgebot dar. Zwangsmittel (wie Strafzahlungen oder Haft) könnten dann zwar eingesetzt werden. Fraglich ist aber, inwieweit sie ein-gesetzt werden sollten. Denn auch solche Mittel können das Kind schädigen. Selbst wenn es sich bei den Sanktionen nur um Geldzahlungen handelt, könnten Kinder Nachteile in Form geringerer Ressourcen erleiden. Ein Konflikt könnte so auch verschärft werden.

Wenn über längere Zeit kein Kontakt zum Kind gesucht wird oder nur sporadisch, obwohl es Kontaktmöglichkeiten gibt, ist eine Entfremdung nicht auszuschließen. Enttäuschungen, die beim Kind daraus resultieren, können zu emotionalen Verunsicherungen führen und das Selbstwertgefühl des Kindes beeinträchtigen. In solchen Fällen kann Umgang ausgeschlossen werden.

Bei nachgewiesener Misshandlung oder sexuellem Missbrauch eines Kindes muss Umgang ausgeschlossen werden. Denn Umgangskontakte könnten sonst die psychische Gesundheit eines Kindes gefährden. Dies wird dann so klar gehandhabt, wenn ein Kind den Kontakt explizit verweigert. Wenn ein Kind dennoch Kontakt wünscht, muss vom Gutachter oder von der Gutachterin die Motivlage des Kindes geprüft werden. Bindungsbedürfnisse können ein valides Argument sein, Loyalitäts- oder Schuldgefühle nicht. Umgang kann dann gestattet werden, wenn ein Kind vor einer Wiederholungstat und auch Beeinflussungen – zum Beispiel in der Form, dass die Vorfälle heruntergespielt werden – geschützt werden kann. Außerdem muss sich der Umgangssuchende zur Tat bekennen und therapeutische Hilfe aufsuchen. Wenn nur Verdachtsmomente hinsichtlich einer Misshandlung oder hinsichtlich eines sexuellen Missbrauchs vorliegen, dann dürfen keine vorschnellen Entscheidungen in Bezug auf einen Umgangsausschluss getroffen werden. Ein solcher Verdacht muss abgeklärt werden, zum Beispiel durch einen beigezogenen aussagepsychologischen Gutachter, denn Fehldeutungen können in Trennungssituationen nicht ausgeschlossen werden. Möglich ist dann, in Abklärungsphasen einen Umgang mit einer Umgangsbegleitung anzubieten.

Verhaltensauffälligkeiten als Hinweis für einen Missbrauchsverdacht?

Vor allem in älterer und auch populärwissenschaftlicher Literatur werden Listen mit verschiedenen körperlichen Auffälligkeiten (z. B. Verletzungen im Genitalbereich oder Essstörungen) und Verhaltensauffälligkeiten (z. B. Schulschwierigkeiten oder Hyperaktivität) als Symptome für sexuellen Missbrauch geführt. Teils werden sie auch als „Früherkennungssignale" für einen andauernden Kindesmissbrauch behandelt. Problematisch an diesen Listen ist aber, dass sie nicht spezifisch sind. So können missbrauchte Kinder derartige Auffälligkeiten entwickeln. Das ist aber nicht zwangsläufig so. Zudem treten diese Auffälligkeiten auch bei anderen belastenden Ereignissen wie der Trennung der Eltern oder Überforderung in der Schule auf (Köhnken 2006). Daher sind sie kein expliziter Hinweis für einen Missbrauch.

Verschiedene weitere Konstellationen mögen kritisch erscheinen, bedingen aber nicht per se einen Ausschluss oder eine Einschränkung von Umgang. Das ist zum Beispiel bei nicht geleisteten Unterhaltszahlungen so, aber auch bei Straftaten oder Prostitution eines Elternteils. In solchen Fällen muss neben dem Kindeswillen individuell geprüft werden, ob das Kind hierdurch belastet wird oder nicht (Walter 2008).

2.3.3 Kindeswohlgefährdung

Wenn ein Gutachter beauftragt wird, eine Kindeswohlgefährdung zu prüfen, wendet er in der Regel drei Schritte an: (1) Er bewertet die Erziehungsfähigkeit der Eltern, (2) er bestimmt deren Auswirkungen auf das Kind und (3) er zeigte Maßnahmen auf, die Letztere abfedern könnten.

2

Definition

Erziehungsfähigkeit ist die grundlegende Fähigkeit eines Elternteils, die Versorgung des Kindes sicherzustellen. Das umfasst Bedürfnisse nach Nahrung, Hygiene, Gesundheitsfürsorge, Wohnung, Schutz vor Gefahren, Förderung, Schulbesuch, Bildung und Ausbildung. Außerdem müssen verschiedene psychologische Aspekte gewürdigt werden, nämlich das Bedürfnis nach emotionaler, sozialer und kognitiver Zuwendung sowie das Bedürfnis nach Erziehung, Förderung und Beaufsichtigung (Salzgeber 2014).

Zur Bewertung der Erziehungsfähigkeit muss der Gutachter oder die Gutachterin verschiedene Ebenen erfassen: die Ebene des Kindes, die Elternebene, die Ebene der Familie, die Ebene des sozialen Umfelds und ggf. auch eine kulturspezifische Ebene.

Auf Ebene des Kindes muss zunächst geprüft werden, ob mögliche Erkrankungen, Behinderungen oder auch Entwicklungsstörungen des Kindes das Stressniveau der Eltern so erhöhen, dass diese überfordert und dadurch in ihrer Erziehungsfähigkeit eingeschränkt sind. Beispielsweise könnten die Auswirkungen einer Frühgeburt dazu führen, dass Eltern ihrer Erziehungsfähigkeit nicht nachkommen können.

Auf Ebene der Eltern könnten Bezugspersonen wegen ihrer eigenen Sozialisation oder auch wegen Erkrankungen und psychischer Störungen nicht dazu imstande sein, ein Kind zu fördern. In der Praxis sind das in den meisten Fällen psychische Auffälligkeiten, häufig Persönlichkeitsstörungen oder Substanzmissbrauch. Der Gutachter oder die Gutachterin muss dann den psychischen Status der Eltern überprüfen. Das umfasst Antrieb, Affekt, interpersonales Kontaktverhalten, formales und inhaltliches Denken, Erinnerungsvermögen, Kritikfähigkeit und Verantwortung. Auch der Krankheitsverlauf und eine potenziell notwendige Medikation und Therapie sind zu erheben. Beispielsweise könnte eine Mutter mit Borderline-Syndrom Schwierigkeiten haben, in angemessener Weise interpersonale Kontakte aufrechtzuerhalten. Oder ein Vater mit Drogenmissbrauch könnte in seiner Fähigkeit, Verantwortung für sein Kind zu übernehmen, beeinträchtigt sein. Bei einem Lebensstil, der einfach nur von der Norm abweicht, z. B. aufgrund einer besonderen Religionszugehörigkeit oder Kleidungsnorm, ist nicht unbedingt auf eine mangelnde Erziehungskompetenz zu schließen. In solchen Fällen muss spezifisch überprüft werden, ob diese Abweichungen Auswirkungen auf das Kindeswohl haben oder nicht.

Persönlichkeitsstörungen

Persönlichkeitsstörungen sind sozial unflexible, wenig angepasste und manchmal auch normabweichende Auffälligkeiten im Verhalten. Solche Auffälligkeiten dürfen aber nur dann als psychische Störung diagnostiziert werden, wenn bei den betreffenden Personen ein überdauerndes Muster im Erleben und Verhalten vorliegt, das unflexibel und wenig angepasst scheint, wenn dieses wesentliche Beeinträchtigungen der Funktionsfähigkeit verursacht (z. B. im Privaten oder Beruflichen) und wenn die Betreffenden darunter leiden. Es gibt verschiedene Arten von Persönlichkeitsstörungen. Darunter zählen paranoide, schizoide und schizotypische Formen. Weiter gibt es dissoziale, emotional instabile, histrionische und narzisstische Persönlichkeitsstörungen. Schließlich sind auch ängstlich-vermeidende, abhängige und zwanghafte Formen bekannt.

Eine Persönlichkeitsstörung mit deutlichen Auswirkungen auf die Erziehungskompetenz ist das Borderline-Syndrom. Dieses Syndrom fällt unter die emotional instabile Persönlichkeitsstörung.

Zusätzlich zur emotionalen Instabilität zeigt sich bei diesem Typus, dass das eigene Selbstbild, Ziele und innere Präferenzen, auch sexuelle, unklar und gestört sind (Fiedler 2011).

Auf Ebene der Familie können gewisse Erziehungsmaßnahmen eine Gefährdung des Kindeswohls darstellen. Gewalt in der Erziehung stellt in der Regel eine Kindeswohlgefährdung dar. Jedoch ist zu eruieren, ob es sich um dauerhafte Gewalt oder nur um eine einmalige gewalttätige Auseinandersetzung gehandelt hat. Auch das Ausmaß und die Art von Misshandlungen ist zu prüfen. Denn es kann einen Unterschied machen, ob es sich um physische Misshandlung wie körperliche Bestrafungen oder um emotionale Misshandlung wie Verächtlichmachen handelt. Bei einem bestimmten Erziehungszweck können strafende körperliche Maßnahmen aber auch zulässig sein – zum Beispiel, wenn ein Kind bei einer roten Ampel über die Straße laufen möchte.

Erziehungsverhalten als Risikofaktor

Erziehungsverhalten ist verbales und nonverbales Handeln, das bewusst oder unbewusst positiv oder negativ auf die Entwicklung eines Kindes einwirkt. Zwischen elterlichem Erziehungsverhalten und kindlichen Verhaltensauffälligkeiten ist eine deutliche Interaktion nachweisbar. In einer Langzeitstudie mit jungen Müttern beispielsweise wurde das Elternverhalten beobachtet und in positives (51,5 %), strenges (25,0 %) und wenig engagiertes Verhalten (23,5 %) aufgeteilt. Es zeigte sich, dass Kinder, bei denen zwischen dem zweiten und fünften Lebensjahr Verhaltensauffälligkeiten sichtbar wurden, eher Eltern hatten, die sich der strengen oder wenig engagierten Gruppe zuordnen ließen (Keller et al. 2005). Weitere Studien zeigen, dass ein nicht-unterstützendes Erziehungsverhalten zu Depressionssymptomen im Schulalter führen kann (Luby et al. 2014) (Abb. 2.7).

Abb. 2.7 Wenn Erziehungsverhalten ungünstig ist, können Kinder Auffälligkeiten entwickeln. (© Oksana Kuzmina/▶ stock.adobe.com)

2

Auf Ebene des sozialen Umfelds sind ökonomische Faktoren, aber auch Religions- oder Weltanschauungslehren zu prüfen. Beispielsweise kann kindeswohlgefährdend sein, wenn ein Kind häufige Fehlzeiten in der Schule hat, weil es in der elterlichen Gastronomie eingespannt wird oder weil durch eine bestimmte Religion ein wahnhaftes Wirklichkeitsverständnis aufgebaut wird.

Auf kulturspezifischer Ebene geht es um Erziehungsformen einer anderen Kultur, die das Kindeswohl gefährden. Dabei ist es nicht so, dass nicht-deutsche Lebensformen per se das Kindeswohl einschränken. Einschränkungen müssen spezifisch überprüft werden. Beispielsweise kann das der Fall bei rituellen Verstümmelungen sein, aber auch, wenn soziale Kontakte und eine höhere Ausbildung verboten werden (Salzgeber 2014).

Erziehungsfähigkeit ist dann gegeben, wenn der Gutachter eine Mindestschwelle ausmachen kann, die nicht übertreten wird, sozusagen ein „gerade noch ausreichendes" Elternverhalten. Dafür müssen sowohl die Faktoren dargestellt werden, die aufseiten der Eltern die Entwicklung des Kindes gefährden, als auch Bewältigungsmechanismen aufseiten des Kindes. Wenn Kinder vulnerabler sind, ist entsprechend auch ein höherer Anspruch an die Erziehungskompetenz zu stellen (Kindler et al. 2006). Im Mittelpunkt einer familienrechtspsychologischen Bewertung darf aber nicht eine Defizitdiagnostik stehen. Stattdessen geht es um die Frage, ob die Eltern-Kind-Beziehung aufrechterhalten werden kann, auch mithilfe konkreter Unterstützungsmaßnahmen (z. B. durch Jugendhilfe).

Fallbeispiel

Bei der Prüfung der Kindeswohlgefährdung in unserem Fall Susanne analysierte der Gutachter zunächst die Akte in Bezug auf die vom Gericht festgelegten Beweisfragen. Danach wurden diagnostische Gespräche durchgeführt – zunächst mit der Mutter und Susanne, später auch mit den beteiligten Fachkräften des Jugendamts und der therapeutischen Praxis. Der Gutachter holte zudem diagnostische Informationen über Interaktionsbeobachtungen ein. Die Mutter wurde dafür zu Hause instruiert, mit Susanne innerhalb einer Spielsituation eine vorgegebene Aufgaben zu erledigen.

Hinsichtlich der Erziehungsfähigkeit stellte der Gutachter auf Ebene des Kindes fest, dass Susanne gegenüber ihrer Familie starke Wutausbrüche zeigte, die ihre Mutter regelmäßig überforderten. Die Mutter schien impulsiv zu sein, dennoch wurden keinen gravierenden Störungen auf Elternebene ersichtlich. Auf Ebene der Familie bzw. der kulturspezifischen Ebene zeigte sich jedoch, dass die Mutter, offenbar entsprechend sozialisiert, Schläge an ihrer Tochter anwandte, wenn sie sich selbst nicht mehr zu helfen wusste. Die Mutter schien im Kontakt mit dem Gutachter allerdings einsichtig und kooperativ. Auch Susanne war im Allgemeinen recht resilient. Eine Beeinträchtigung durch das Verhalten ihrer Mutter schien nicht gegeben.

> Der Gutachter schloss schließlich unter Abwägung aller Risiko- und Schutzfaktoren, dass intensive Erziehungsberatung und ambulante Unterstützung der Mutter erforderlich, aber auch ausreichend wären, um eine Herausnahme Susannes aus dem mütterlichen Haushalt zu vermeiden.

2.3.4 Weitere Anlässe

Neben der Frage nach Sorge und Umgang sowie der Abklärung von Kindeswohlgefährdung gibt es weitere Anlässe, aufgrund derer familienrechtspsychologische Gutachter tätig werden. Einer dieser Anlässe ist die Rückführung eines fremd untergebrachten Kindes zu seinen Eltern. Wenn ein Kind bei Pflegeeltern untergebracht wurde, dann soll das in der Regel nur solange sein, bis die leiblichen Eltern ihre elterliche Sorge ohne Gefährdung des Kindeswohls wieder übernehmen können.

> **Herausgabe eines Kindes**
>
> Leibliche Eltern können einen Antrag auf Herausgabe des Kindes stellen, wenn es sich in einer Pflegefamilie befindet. Das ist so nach § 1632 Abs. 1 BGB geregelt. Dem ist stattzugeben, wenn keine Gefahr für das Kindeswohl besteht oder wenn auszuschließen ist, dass die Trennung von den Pflegeeltern das Kind psychisch oder physisch schädigen könnte. Eine solche Herausgabe kann also nicht nur deshalb verhindert werden, weil die Pflegeeltern eine bessere Alternative als die leiblichen Eltern sind. Ist aber beispielsweise ein Kind, das bereits viele Beziehungsabbrüche erlebt hat, schon stark in der Pflegefamilie verwurzelt, könnte eine Herausnahme eine Kindeswohlgefährdung sein.

Ein familienrechtspsychologischer Gutachter muss in einem solchen Fall prüfen, wie vorbelastet das Kind ist und wie häufig ein Wechsel der Bezugspersonen stattfand. Zudem muss bewertet werden, wie hoch die Bindungsqualität der leiblichen und der Pflegeeltern ist, wie lange das Pflegeverhältnis mit Blick auf das Alter des Kindes anhielt und ob es bestehende stabile Beziehungsstrukturen gibt. Der Blick auf das Alter ist deswegen relevant, weil bei jüngeren Kindern intensivere Bindungen auch in kürzerer Zeit zu erwarten sind als bei älteren. Auch der Wille und die Ressourcen des Kindes müssen abgeschätzt werden. Zuletzt sind auch erneute Gefährdungsereignisse bei den leiblichen Eltern und Unterstützungsangebote zu eruieren (Kindler und Lillig 2004). Wie bei der Prüfung der Kindeswohlgefährdung ist auch hier miteinzubeziehen, wie vulnerabel ein Kind ist. War es schon belastenden Ereignissen ausgesetzt, muss die Erziehungskompetenz der Eltern umso höher sein. Ebenso gilt aber auch hier, dass schließlich nur eine

2

Mindestschwelle an Erziehungskompetenz, also „gerade noch ausreichende" Kompetenz, vorliegen muss, um das Kindeswohl nicht zu gefährden.

Ein weiterer Anlass, bei dem familienrechtspsychologische Gutachter tätig werden, stellen Adoptionen von Kindern durch Verwandte, Stief- oder Pflegeeltern dar. Die Einwilligung in die Adoption wird in solchen Fällen durch das Gericht ersetzt. Solche Fälle sind der schwerwiegendste Eingriff in das Elternrecht. Denn hier gehen die Elternrechte endgültig verloren.

Ersetzung der Einwilligung

Dass ein Gericht die Einwilligung in eine Adoption ersetzt, kann nur bei einer groben Pflichtverletzung (z. B. durch Entführung des Kindes) oder bei starken Einschränkungen beim Erziehen und Betreuen des Kindes (z. B. durch eine besonders schwere psychische Krankheit oder geistige Behinderung) passieren. Auch bei Gleichgültigkeit der Eltern, also einem fehlenden Interesse gegenüber dem Kind oder einer fehlenden Bereitschaft, es zu betreuen, ist das möglich. Letzteres ist auch der häufigste Grund für die Ersetzung der Einwilligung durch ein Gericht. Genau geregelt ist das in § 1748 BGB.

Statistik und Psychologie von Adoptionen

Adoptionen durch Stiefeltern stellen den größten Anteil in der bundesweiten Statistik dar. So wurden im Jahr 2018 insgesamt 3.733 Kinder und Jugendliche adoptiert. Von diesen waren vorher 2.257, also 60 %, bei ihrem leiblichen Elternteil mit Stiefelternteil oder Partner bzw. Partnerin untergebracht. Den zweitgrößten Anteil machen „klassische" Adoptionen aus: Im selben Jahr wurden 648 Kinder, also 17 %, direkt nach der Geburt adoptiert. 421 adoptierte Kinder und Jugendliche, also 11 %, waren vor ihrer Adoption bei einer Pflegefamilie untergebracht (Destatis 2018b).

Adoptierte sind häufig mit ihrer oftmals unbekannten Lebensgeschichte vor der Adoption und dem Nicht-gewollt-Sein befasst. Das beginnt bereits im Kindesalter und intensiviert sich im Jugendalter – meist während bedeutsamer Lebensereignisse wie der Loslösung von den Eltern oder dem Beginn einer Partnerschaft. Adoptierte, die tatsächlich Nachforschungen hinsichtlich ihrer leiblichen Eltern betreiben, machen allerdings weniger als 50 % aus (Textor 1990).

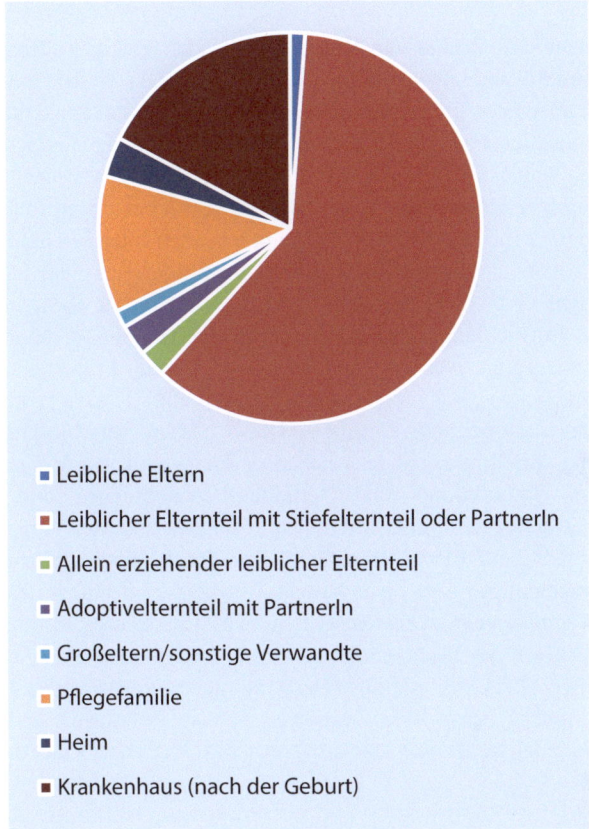

Abb. 2.8 Adoptierte Kinder und Jugendliche 2018 nach Art der Unterbringung vor Beginn der Adoption (Destatis 2018b).

Der familienrechtspsychologische Gutachter muss in solchen Fällen bewerten, ob die Schwellen, die im Gesetzestext für die Ersetzung der Einwilligung in Adoption skizziert sind, gegeben sind oder nicht. Eine Pflichtverletzung muss beispielsweise so gravierend sein, dass ausgeschlossen werden kann, dass das Kind der Person jemals zur Betreuung überlassen wird. Wenn sich das Kindeswohl durch andere Maßnahmen schützen lässt, ist die Schwelle nicht erreicht. Bei scheinbarer Gleichgültigkeit ist der Grund für unterbliebene Besuche genau zu eruieren. Unwissenheit oder länger anhaltende persönliche Probleme sind beispielsweise kein Ausschlusskriterium. Es muss letztlich immer abgewogen werden, ob nicht auch weniger drastische Maßnahmen als eine Adoption möglich sind (Salzgeber 2014).

2

> **Fazit**
>
> Im Gesetzestext sind Rechte von Kindern, z. B. über eine gewaltfreie Erziehung oder den Kontakt mit seinen Eltern, klar definiert. Um diesen nachzukommen, kann das Familienrecht in bestimmten Konstellationen einen familienrechtspsychologischen Gutachter oder eine familienrechtspsychologische Gutachterin zurate ziehen. In den häufigsten Fällen ist das in Sorge- und Umgangsfragen so, in denen sich die getrennten Eltern streiten, wer elterliche Entscheidungen treffen darf und wie das Kind weiterhin Kontakt zum getrennt lebenden Elternteil halten soll. Auch bei potenziellen Kindeswohlgefährdung wird häufig der Rat eines familienrechtspsychologischen Gutachters eingeholt, um zu eruieren, wie Sicherheit und eine ungefährdete Entwicklung eines Kindes gewährleistet werden können. Beweisfragen legen die Tätigkeiten des Gutachters fest. Je nach Fragestellung kann der Gutachter eine status-, selektions- oder verlaufsorientierte Diagnostik anwenden oder auch lösungsorientiert vorgehen. Dabei stehen verschiedene Methoden zur Verfügung. Im Rahmen datenerhebender Diagnostik werden in aller Regel Explorationen, Interaktions- und Verhaltensbeobachtungen und testpsychologische Untersuchungen durchgeführt. Ein lösungsorientiertes Vorgehen umfasst Interventionen, um auf Einvernehmen zwischen den Beteiligten hinzuwirken. Das können Rückmeldungen über diagnostische Ergebnisse bis hin zu dem Erarbeiten und Erproben adäquater Verhaltensweisen sein. Ein solches lösungsorientiertes Vorgehen ist jedoch nur bis zu einem gewissen Grad sinnvoll. Ein familienrechtspsychologischer Gutachter nimmt zuletzt zu den aufgeworfenen Beweisfragen Stellung. Er schafft damit eine Grundlage für die Entscheidung des Gerichts. Inwiefern dies in letzter Konsequenz umgesetzt wird, das entscheidet das Gericht.

Literatur

Ainsworth, M. D., Blehar, M. C., Waters, E., & Walls, S. (1978). *Patterns of attachment: A psychological study of the strange situation*. Erlbaum.

Amato, P. R., & Gilbreth, J. G. (1999). Nonresident fathers and children's well-being: A meta-analysis. *Journal of Marriage and the Family, 61*(3), 557–573.

Arbeitsgruppe Familienrechtliche Gutachten. (2019). *Mindestanforderungen an die Qualität von Sachverständigengutachten im Kindschaftsrecht* (2. Aufl.). Deutscher Psychologen Verlag.

Balloff, R. (2014). Familienrechtliche Begutachtung nach Trennung und Scheidung. In T. Bliesener, F. Lösel, & G. Köhnken (Hrsg.), *Lehrbuch Rechtspsychologie* (S. 288–309). Hans Huber.

Balloff, R. (2018). *Kinder vor dem Familiengericht: Praxishandbuch zum Schutz des Kindeswohls unter rechtlichen, psychologischen und pädagogischen Aspekten* (3. Aufl.). Nomos.

Destatis (2016). *Statistik der rechtskräftigen Beschlüsse in Eheauflösungssachen (Scheidungsstatistik) und Statistik der Aufhebung von Lebenspartnerschaften*. Statistisches Bundesamt. ► https://www.destatis.de/DE/Themen/Gesellschaft-Umwelt/Bevoelkerung/Eheschliessungen-Ehescheidungen-Lebenspartnerschaften/Publikationen/Downloads-Eheschliessungen/scheidungsstatistik-2010140167004.pdf?__blob=publicationFile

Destatis (2018a). *Statistiken der Kinder- und Jugendhilfe. Pflegschaften, Vormundschaften, Beistandschaften, Pflegeerlaubnis, Sorgerechtsentzug, Sorgeerklärungen*. Statistisches Bundesamt. ► https://www.destatis.de/DE/Themen/Gesellschaft-Umwelt/Soziales/Kinderhilfe-Jugendhilfe/Publikationen/Downloads-Kinder-und-Jugendhilfe/pflege-vormund-beistandschaft-pflegeerlaubnis-5225202187004.pdf?__blob=publicationFile

Destatis (2018b). *Statistiken der Kinder- und Jugendhilfe. Adoptionen.* Statistisches Bundesamt. ▶ https://www.destatis.de/DE/Themen/Gesellschaft-Umwelt/Soziales/Kinderhilfe-Jugendhilfe/Publikationen/Downloads-Kinder-und-Jugendhilfe/adoptionen-5225201187004.pdf?__blob=publicationFile

Dettenborn, H. (2008). Die Regelung der elterlichen Sorge nach Trennung und Scheidung. In R. Volbert & M. Steller (Hrsg.), *Handbuch der Rechtspsychologie* (S. 521–530). Hogrefe.

Dettenborn, H., & Walter, E. (2016). *Familienrechtspsychologie.* Reinhardt Verlag.

Fichtner, J., & Salzgeber, J. (2006). Gibt es den goldenen Mittelweg? Das Wechselmodell aus Sachverständigensicht. *Familie, Partnerschaft, Recht, 7,* 274–284.

Fiedler, P. (2011). Persönlichkeitsstörungen. In H.-U. Wittchen & J. Hoyer (Hrsg.), *Klinische Psychologie & Psychotherapie* (S. 1101–1124). Springer.

Friedrich, V., Reinhold, C., & Kindler, M. (2004). (Begleiteter) Umgang und Kindeswohl: Eine Forschungsübersicht. In M. Klinkhammer, U. Klotmann, & S. Prinz (Hrsg.), *Handbuch Begleiteter Umgang* (S. 13–39). Bundesanzeiger Verlag.

George, C., & Solomon, J. (1999). Attachment and caregiving: The caregiving behavioral system. In J. Cassidy & P. Shaver (Hrsg.), *Handbook of attachment: Theory, research, and clinical applications* (S. 649–670). Guilford Press.

Glasl, F. (2009). *Konfliktmanagement. Ein Handbuch für Führungskräfte.* Haupt.

Keller, T. E., Spieker, S. J., & Gilchrist, L. (2005). Patterns of risk and trajectories of preschool problem behaviors: A person-oriented analysis of attachment in context. *Development and Psychopathology, 17*(2), 349–384.

Kelly, J. B., & Lamb, M. E. (2000). Using child development research to make appropriate custody and access decisions for young children. *Family Court Review, 38*(3), 297–311.

Kindler, H., & Lillig, S. (2004). Psychologische Kriterien bei Entscheidungen über eine Rückführung von Pflegekindern nach einer Kindeswohlgefährdung. *Praxis der Rechtspsychologie, 14*(2), 368–397.

Kindler, H., Lillig, S., Blüml, H., Meysen, T. & Werner, A. (Hrsg.) (2006). *Handbuch Kindeswohlgefährdung nach § 1666 BGB und Allgemeiner Sozialer Dienst (ASD), DJI, Abteilung Familie.* Deutsches Jugendinstitut.

Köhnken, G. (2006). Verhaltensauffälligkeiten als Indikatoren für stattgefundenen oder andauernden sexuellen Kindesmissbrauch? In T. Fabian & S. Nowara (Hrsg.), *Neue Wege und Konzepte in der Rechtspsychologie* (S. 89–101). Lit Verlag.

Luby, J. L., Gaffrey, M. S., Tillman, R., April, L. M., & Belden, A. C. (2014). Trajectories of preschool disorders to full DSM depression at school age and early adolescence: Continuity of preschool depression. *American Journal of Psychiatry, 171*(7), 768–776.

Maslow, A. H. (1954). *Motivation and personality.* Harper & Row.

Remschmidt, H., & Mattejat, F. (1999). *Familien-Identifikations-Test (FIT).* Hogrefe.

Salzgeber, J. (2014). Familienpsychologische Begutachtung im Familienrecht aus anderen Anlässen. In T. Bliesener, F. Lösel, & G. Köhnken (Hrsg.), *Lehrbuch Rechtspsychologie* (S. 310–330). Hans Huber.

Salzgeber, J. (2015). *Familienpsychologische Gutachten. Rechtliche Vorgaben und sachverständiges Vorgehen* (6. Aufl.). C. H. Beck.

Salzgeber, J., & Fichtner, J. (2012). Der psychologische Sachverständige im Familienrecht. In H. Kury & J. Obergfell-Fuchs (Hrsg.), *Rechtspsychologie. Forensische Grundlagen und Begutachtung* (S. 207–239). Kohlhammer.

Scheffer, D., & Heckhausen, H. (2010). Eigenschaftstheorien der Motivation. In H. Heckhausen & J. Heckhausen (Hrsg.), *Motivation und Handeln* (4. Aufl., S. 43–72). Springer.

Schwarz, G. (2014). *Konfliktmanagement: Konflikte erkennen, analysieren, lösen* (9. Aufl.). Springer.

Schweitzer, J., & Zwack, J. (2010). Grundlagen der systemischen Therapie. In V. Arolt & A. Kersting (Hrsg.), *Psychotherapie in der Psychiatrie.* Springer.

Textor, M. R. (1990). Die unbekannten Eltern. Adoptierte auf der Suche nach ihren Wurzeln. *Zentralblatt für Jugendrecht, 77,* 10–14.

Walter, E. (2008). Regelung des Umgangs. In R. Volbert & M. Steller (Hrsg.), *Handbuch der Rechtspsychologie* (S. 531–541). Hogrefe.

Psychologie der Kriminalprognose

Wie abgeschätzt werden kann, ob ein Rechtsbrecher rückfällig wird

© Springer-Verlag GmbH Deutschland, ein Teil von Springer Nature 2020
M. Pfundmair, *Psychologie bei Gericht,* Die Wirtschaftspsychologie,
https://doi.org/10.1007/978-3-662-61796-0_3

3

Abb. 3.1 Der Fall Matthias (© zimmytws/▶ stock.adobe.com)

Matthias wurde direkt nach seiner Tat festgenommen. Er wurde noch am Tatort gefasst, wo er einen Auftragsmord an einer jungen Frau und deren Baby begangen hatte. Er hatte sie und das Baby mit der kompletten Magazinfüllung seiner Waffe getötet. Es war dazu gekommen, weil er vor einem Monat in einer Kneipe zwei Männer kennengelernt hatte. Im Laufe des feuchtfröhlichen Abends, in dem die Männer über frühere Straftaten geprahlt hatten, hatten sie ihn zur Durchführung dieser Tat überzeugt. Sie hatten ihm im Anschluss die Waffe besorgt und Tatort und -zeit empfohlen.

Matthias wurde früh Waise und verbrachte eine rebellische Jugend. Als junger Mann suchte er vergeblich nach einer passenden Arbeit. Letztlich hielt er sich mit Gelegenheitsjobs über Wasser. Einige Jahre vor der Tat an der Frau und ihrem Baby fiel er den Behörden erstmals wegen Diebstahls einer Packung Zigaretten auf. Mit 34 Jahren dann lernte er die beiden Männer kennen.

Matthias wurde nach der Tat zu elf Jahren Haft verurteilt. Zum Ende seiner Haftzeit beauftragte ein Gericht ein Gutachten, um zu prüfen, ob Matthias' Gefährlichkeit, die in seiner Tat zutage getreten war, fortbestand oder nicht.

3.1 Grundlagen kriminalprognostischer Prüfungen

In den meisten Fällen treffen Richter nach eigener Sachkunde kriminalprognostische Einschätzungen über das Risiko einer erneuten Straftat. Nur wenn es um Rechtsentscheidungen von erheblicher Tragweite geht, wird ein Gutachter oder eine Gutachterin beigezogen. Das geschieht in Hauptverfahren zum Beispiel, wenn ein psychisch gestörter oder suchtmittelabhängiger Täter in eine psychiatrische Einrichtung untergebracht oder auch wenn Sicherheitsverwahrung

angeordnet werden soll. In Vollstreckungsverfahren werden Gutachter beigezogen, wenn die Bewährung einer lebenslangen oder zeitlich befristeten, aber
mit einem schweren Anlassdelikt verbundenen Freiheitsstrafe ausgesetzt werden
soll. Am häufigsten werden sog. Entlassungsprognosen in Auftrag gegeben. Dabei
geht es darum, freiheitsentziehende Maßregeln der Besserung und Sicherung
auszusetzen. Letztere drehen sich konkret um die juristische Frage, ob bei dem
Verurteilten keine Gefahr mehr besteht, dass seine Gefährlichkeit fortbesteht
(Volbert und Dahle 2010). Bei Prognosebegutachtungen geht es in den meisten
Fällen um schwere Delikte, meist Gewalt- oder Sexualdelikte. Weil Gesetze Täter
mit solchen Taten als gefährlich definieren, werden Prognosen in diesem Kontext
auch Gefährlichkeitsprognosen genannt (Dahle und Schneider-Njepel 2014).

Nach welchem Prinzip geht ein psychologischer Gutachter nun vor, der
einen solchen Auftrag erhält? Bei der Gefährlichkeitsprognose soll eine wissenschaftlich fundierte und gleichzeitig individuelle Wahrscheinlichkeitsaussage
darüber getroffen werden, ob eine Person, die schon mit erheblichen Taten in
Erscheinung getreten ist, zukünftige Rechtsbrüche mit erheblichem Schweregrad
vollziehen wird (Volbert und Dahle 2010). Zu beachten sind drei Aspekte dieser
Definition: (1) Gefährlichkeits- oder Kriminalprognosen lassen sich, wie alle Einschätzungen zukünftigen Verhaltens, nur mit einer gewissen Wahrscheinlichkeit,
nicht aber mit Sicherheit treffen. „Man sollte sich grundsätzlich bei allen Überlegungen zur Prognose klarmachen, dass man bei keinem Menschen, also auch
nicht bei den sozial unauffälligen Persönlichkeiten, eine sichere Sozialprognose
oder eine sichere Prognose über zukünftige psychische Reaktionen stellen kann"
(Göppinger 1980, S. 333). Ein Prognoseirrtum – sowohl im Hinblick auf eine
falsch positive Prognose (eine irrtümliche Einschätzung über eine erneute Straffälligkeit) als auch im Hinblick auf eine falsch negative Prognose (eine irrtümliche Einschätzung über die Ungefährlichkeit einer Person) – ist also niemals
auszuschließen. Ein solcher liegt vielmehr in der Natur der Sache. (Ein Prognoseirrtum sollte aber nicht mit Prognosefehlern verwechselt werden, die durch eine
fehlerhafte Anwendung der Prognosemethoden entstehen und vermeidbar
wären; Dahle und Schneider-Njepel 2014.) (2) Der Beurteilungsprozess muss
auf empirischer Evidenz basieren. Das heißt, Rückfallwahrscheinlichkeiten, die
systematisch erforscht wurden, müssen miteinbezogen werden. Dieses Vorgehen
wird auch aktuarische Prognosemethode genannt.

Definition

Der Begriff **„aktuarisch"** bezieht sich auf alle Aspekte, in denen Zahlen und Wahrscheinlichkeiten eine Rolle spielen. Aktuarische Wissenschaften beispielsweise
nutzen mathematische und statistische Methoden, um Risiken in verschiedenen
Bereichen zu bewerten.

Der dritte Aspekt, der sich aus der Definition ergibt, ist Folgender: (3) Eine
Prognose, die sich nur auf statistische Wahrscheinlichkeiten stützt, ist unvollständig. Stattdessen muss die Rückfallwahrscheinlichkeit zusätzlich im konkreten

3

Einzelfall erarbeitet werden, und zwar durch die Rekonstruktion der Entwicklung der Person und ihrer Anlasstat, also der Straftat, die Anlass für die Verhängung von Maßregeln der Besserung und Sicherung ist. Ziel dieses Beurteilungsprozesses ist konkret, rückblickend ein Erklärungsmodell für das delinquente Verhalten der Person zu finden und mit dem Finden von Gesetzmäßigkeiten zu einer Prognose zu gelangen. Dies wird auch idiografische Prognosemethode genannt.

> **Definition**
>
> Der Begriff **„idiografisch"** bezieht sich auf Einzelfallbeschreibungen. Idiografische Wissenschaftsansätze beispielsweise wollen aus allgemeinem (psychologischen) Wissen individuumsspezifische Zusammenhänge ableiten.

Insgesamt sollte ein Prognosegutachter oder eine Prognosegutachterin also sowohl die aktuarische als auch die idiografische Methode nutzen und deren Erkenntnisse integrieren, um zu seiner Wahrscheinlichkeitsaussage zu gelangen (Volbert und Dahle 2010).

> **Die intuitive Prognose**
>
> Neben der aktuarischen und der idiografischen Methode kann man auch von einer intuitiven Methode sprechen. Diese basiert auf allgemeinen Überlegungen und subjektiven theoretischen Vorstellungen, ist also im besten Fall eine „Vorform" einer wissenschaftlichen Herangehensweise. Bei einer solchen intuitiven Prognose können verschiedene Einzelfaktoren berücksichtigt werden, zum Beispiel die Anzahl an Vorstrafen einer zu beurteilenden Person oder ihr Verhalten im Strafvollzug. Allerdings werden diese Einzelfaktoren subjektiv ausgewählt und gewichtet. Folgt man der Einschätzung von Endres (2000), ist eine solche Prognose nicht zu differenzieren von einer „bloßen Prophezeiung allenfalls durch den akademischen Grad des Urhebers" (S. 76). Eine solche Herangehensweise scheint in der strafrechtlichen Alltagspraxis allerdings recht üblich, denn häufig verwenden Richter oder Staatsanwälte einen solchen Ansatz, wenn sie nach eigener Sachkunde kriminalprognostische Einschätzungen treffen.

Das Vorgehen von Prognosegutachtern ist teilweise gesetzlich festgelegt: In § 57 StGB ist beispielsweise bestimmt, dass bei der Prognose „die Persönlichkeit der verurteilten Person, ihr Vorleben, die Umstände ihrer Tat, das Gewicht des bei einem Rückfall bedrohten Rechtsguts, das Verhalten der verurteilten Person im Vollzug, ihre Lebensverhältnisse und die Wirkungen […], die von der Aussetzung für sie zu erwarten sind," zu berücksichtigen sind. Im Gegensatz zu Glaubhaftigkeitsbegutachtungen gibt es allerdings keine Vorgaben in der Gesetzgebung, die die Methodik eines Gutachters vorschreibt (Dahle und Schneider-Njepel 2004). Es wurden jedoch durch eine interdisziplinäre Arbeitsgruppe Mindestanforderungen für Prognosegutachten erarbeitet. Nach diesen muss sich eine prognostische Einschätzung mindestens an den folgenden vier Fragen orientieren (Boetticher et al. 2007):

— Wie groß ist die Wahrscheinlichkeit, dass die Person wieder Straftaten begehen wird?
— Welche Straftaten werden dies sein und in welcher Häufigkeit und welchem Schweregrad werden sie stattfinden?
— Mit welchen Maßnahmen kann das Risiko zukünftiger Straftaten eingedämmt werden?
— Welche Bedingungen können das Risiko zukünftiger Straftaten erhöhen?

Die Auswirkung der Mindestanforderungen

Im Jahr 2018 wurde erstmals überprüft, inwieweit die Mindestanforderungen in der Praxis der Prognosegutachten überhaupt übernommen wurden. Dafür wurden insgesamt über 500 Prognosegutachten untersucht. Daneben codierten die Forscher mithilfe von Auszügen aus dem Bundeszentralregister, ob die Begutachteten im Anschluss rückfällig geworden waren oder nicht. Sichtbar wurde, dass die Mindestanforderungen zwar an universitären Institutionen genutzt werden, in der externen gutachterlichen Praxis aber nur bruchstückhaft. Gleichzeitig zeigte sich, dass sich Gutachten, die sich an die Mindestanforderungen hielten, eine bessere prognostische Trefferquote hatten. Die Einhaltung der Mindestanforderungen reduzierte somit unzutreffende Vorhersagen, eliminierte sie aber nicht vollständig (Wertz et al. 2018).

3.2 Prognose anhand aktuarischer Verfahren

3.2.1 Grundlagen standardisierter Instrumente

Wie häufig verurteilte Täter rückfällig werden, darüber existieren viele Statistiken. Beispielsweise nimmt man an, dass die Rückfallwahrscheinlichkeit für Exhibitionismus bei 35–50 % liegt, für Raubdelikte bei 15–25 % und für Inzestdelikte bei 3–10 %. Warum sollte man also nicht einfach solche Basisraten verwenden, um einen potenziellen Rückfall abzuschätzen? Allein bei den aufgeführten Beispielen wird deutlich, dass zwischen den Ergebnissen einzelner Studien eine recht hohe Spannbreite besteht. Damit ist es schwer möglich, die Rückfallwahrscheinlichkeit für eine Person auf Basis einer bloßen Basisrate zu bestimmen. Darüber hinaus werden Kriminalprognosen insbesondere dann eingeholt, wenn die Delikte schwerwiegend sind – und solche weisen in der Regel nur geringe Basisraten auf (z. B. 0–3 % für Mord und Totschlagdelikte). Außerdem gibt es verschiedene Subgruppen, die ein höheres Risiko für einen Rückfall tragen, zum Beispiel Täter mit sadistischen Motiven. Für solche Gruppen lassen

3

sich fundierte Aussagen zu Rückfallwahrscheinlichkeiten aber mangels Daten gar nicht treffen. Eine weitere Schwierigkeit, wenn man bloße Basisraten für Rückfallwahrscheinlichkeiten verwenden wollte, wäre, dass einige Täter ein sehr breites Deliktspektrum haben. Verschiedene Delikte gehen aber mit unterschiedlichen Basisraten einher, wodurch unterschiedliche Rückfallquoten vermischt würden. Schließlich sagt eine Basisrate nichts über den Einzelfall aus. Sie kann einen Einzelfall nur in einen kriminologischen Erfahrungsraum einordnen, also eine erste Größenordnung über einen potenziellen Rückfall vermitteln. Alle modernen Prognoseinstrumente sind stattdessen stärker am Einzelfall orientiert (Habermeyer et al. 2010).

Neben bloßen Basisraten existiert eine recht umfangreiche empirische Befundlage über die Umstände von Rückfällen. Über viele empirische Arbeiten hinweg haben sich zum Beispiel die folgenden vier Merkmale als relevant für potenzielle Rückfälle erwiesen: eine dissoziale Persönlichkeit, eine Vorgeschichte antisozialen und delinquenten Verhaltens, ein antisoziales Mindset und ein antisoziales Umfeld. Sie werden in der Literatur auch „Big Four" genannt. Weitere vier Merkmale erscheinen ebenfalls bei vielen Tätergruppen als hochrelevant: vielfache familiäre Probleme, Probleme in Schule und Beruf, ein unstrukturiertes Verhalten in der Freizeit und Probleme im Umgang mit Suchtmitteln. Zusammen mit den ersteren vier Merkmalsbereichen werden diese auch „Central Eight" genannt (Andrews und Bonta 2010). Einer der am besten erforschten Befunde ist, dass die Wahrscheinlichkeit für ein Kriminaldelikt mit dem Lebensalter zusammenhängt. Die sog. „Alters-Kriminalitätskurve" zeigt an, dass kriminelle Handlungen im Jugendalter steil zunehmen und unter Heranwachsenden gipfelt. Danach nimmt die Delinquenz rasch ab und ab dem 35. Lebensjahr fällt die Kurve dann flacher ab. Insgesamt sind kriminelle Karrieren, die das 30. Lebensjahr überdauern, äußerst selten (Kerner 1989).

Differenzierende Alterseffekte

Es gibt umfangreiche Forschungen zum Alterseffekt bei Rückfällen. Diese deuten an, dass die Alters-Kriminalitätskurve zwar generell bei unterschiedlichsten kriminellen Ereignissen sichtbar ist, sie aber in verschiedenen Delikten einen leicht unterschiedlichen Verlauf nimmt. Zum Beispiel unterscheiden sich Täter mit sexuellen Missbrauchsdelikten von Tätern mit sexuellen Gewalttaten. Während die Rückfallquote von Vergewaltigern bei den über 60-Jährigen stetig abnimmt, bis hin zu 0 %, bleiben die Rückfallraten bei Missbrauchstätern (speziell solchen, die ihre Opfer außerhalb der eigenen Familie suchen) bis zu einem Alter von 50 Jahren deutlich stabiler. Demgegenüber setzt der Rückfallhöhepunkt von Missbrauchstätern in Relation zu Vergewaltigern etwas später an (Hanson 2002). Die Alters-Kriminalitätskurve ist also auch hier zu beobachten, aber eben mit leicht unterschiedlichen Zeitmustern (Abb. 3.2).

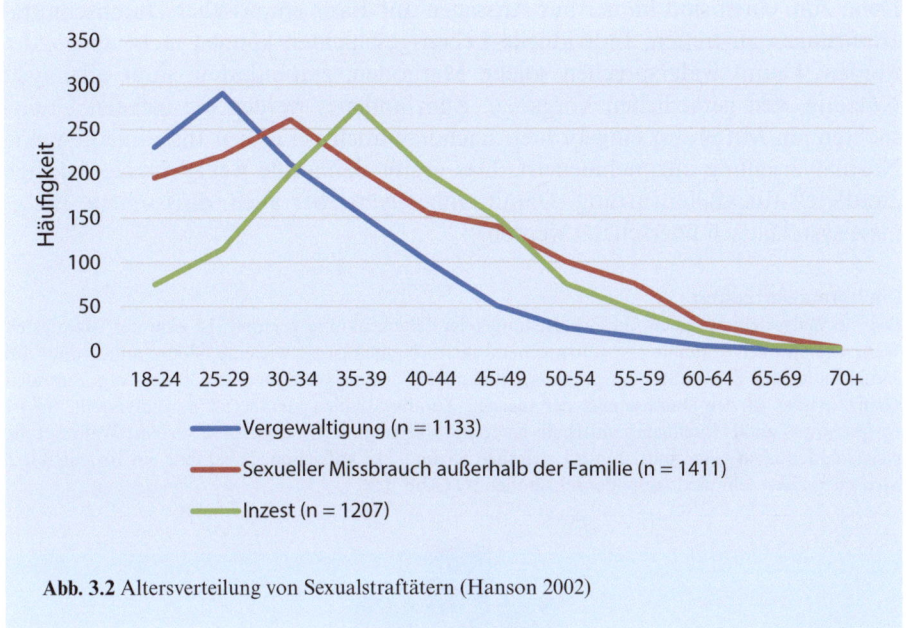

Abb. 3.2 Altersverteilung von Sexualstraftätern (Hanson 2002)

Die standardisierten Instrumente, die zur Berechnung von Rückfallrisiken entwickelt wurden, machen sich solches empirisches Erfahrungswissen zunutze. Sie lassen sich zwei verschiedenen Ansätzen zuordnen: statistischen Verfahren oder auch Instrumenten der „zweiten Generation", und Instrumenten der „dritten Generation". Statistische Verfahren umfassen nur wenige und einfach erfassbare Merkmale, wie das Alter und die Anzahl der Vorverurteilungen der zu begutachtenden Person. Prognoseinstrumente der dritten Generation berücksichtigen zusätzlich dynamische Faktoren, die potenziell veränderbar sind, beispielsweise Einstellungsmuster oder psychopathologische Phänomene. Während erstere Verfahren einfacher zu bedienen sind und einer weniger breiten diagnostischen Untersuchung bedürfen, generieren Letztere eine größere Informationsbasis für den Gutachter oder die Gutachterin. Denn mit ihnen können einzelne Risikobereiche identifiziert werden, die auch Ansatzpunkte für potenzielle Behandlungen liefern können.

Aktuarische Verfahren haben in ihrer Anwendung als Prognoseinstrumente Vor- und Nachteile. Ein Vorteil ist deren Wissenschaftlichkeit: Empirische Evidenz wird systematisch genutzt. Außerdem wird eine Prognosebeurteilung rational und nachvollziehbar und unabhängige Beurteiler können zu einer hohen Übereinstimmung gelangen. Zudem sind sie recht zuverlässig: Ihre prognostische Validität wurde in vielen Studien belegt. Aktuarische Verfahren sind aber auch mit gewissen Nachteilen verbunden. Insbesondere deren empirische Grundlage – die zwar auch gewisse Vorteile mit sich bringt – kann Schwächen produzieren.

Denn zum einen sind immer nur Aussagen auf Basis empirischer Durchschnitts-erfahrungen zu treffen. Individuelle Lebensgeschichten können nicht abgebildet werden. Damit widersprechen solche Methoden, zumindest in ihrer alleinigen Nutzung, den gesetzlichen Vorgaben. Zum anderen werden die meisten Unter-suchten am Mittelwert eingeordnet, nachdem auch bei diesen Instrumenten eine Normalverteilung anzunehmen ist. Das ergibt dann eine wenig aussagekräftige „mittlere" Rückfallerwartung. Damit einher geht aber auch, dass seltene Ereig-nisse systematisch überschätzt werden.

Die Normalverteilung
Die Normalverteilung, auch Gauß-Verteilung oder Glockenkurve genannt, ist eine der wichtigsten Wahrscheinlichkeitsverteilungen. Entsprechend ihrem Namen ist sie wie eine Glocke angeordnet: Im Mittel findet sich die stärkste Ausprägung, an den Rändern die geringste. Gemäß dem sog. zentralen Grenzwertsatz ist der Durchschnitt der meisten Zufallsvariablen annähernd normalverteilt. So ist beispielsweise auch Intelligenz innerhalb einer Bevölkerung als Glockenkurve verteilt: Während die meisten Menschen einen mittleren IQ zwischen 85 und 115 aufweisen, haben nur ein Bruchteil der Menschen einen sehr niedrigen oder sehr hohen IQ (Abb. 3.3).

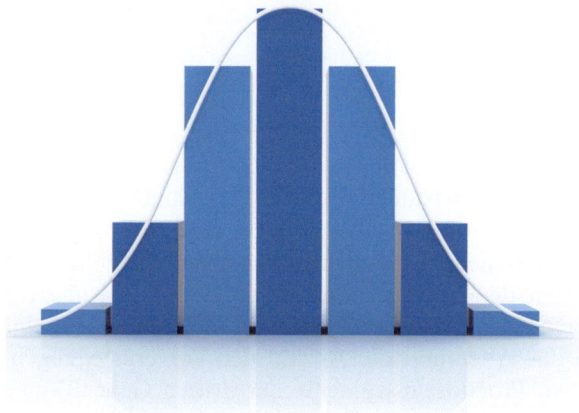

Abb. 3.3 Die Normalverteilung ist die wahrscheinlich am häufigsten zugrunde gelegte stetige Ver-teilung. (© Ersin Kurtdal/▶ stock.adobe.com)

Da die Vorgeschichte eines Untersuchten ein starker empirischer Prädiktor ist, fokussieren aktuarische Verfahren zudem stark auf die strafrechtliche Vor-geschichte. Was dabei aber unterschätzt wird, selbst bei Instrumenten der dritten Generation, sind aktuelle Veränderungen im Leben eines Untersuchten (Volbert und Dahle 2010).

3.2.2 Etablierte Prognoseinstrumente

Erste Instrumente zur Einschätzung von Rückfallrisiken wurden als „Prognose-tafeln" bereits in den 1920er Jahren entwickelt (z. B. Hart 1923). Glueck und Glueck stellten 1950 mithilfe großer Datenerhebungen bei jungen Straftäter

Prognosetabellen zur Vorhersage krimineller Gefährdungen auf. Insbesondere in den vergangenen Jahren – und vornehmlich im angloamerikanischen Raum – erwuchs mit der Zeit eine neue Generation von Prognoseinstrumenten. Solche Instrumente können in verschiedene Klassen eingeteilt werden. So gibt es einerseits Verfahren, die allgemein Risiken einschätzen; andererseits können Instrumente eingesetzt werden, die spezifisch sind und beispielsweise gewalttätige Rückfallrisiken oder Rückfallrisiken bei Sexualdelinquenz einschätzen.

Die Offender Group Reoffending Scale (OGRS-3, National Offender Management Service 2008) ist ein Instrument zur Einschätzung allgemeiner Rückfallrisiken. Sie wurde auf Basis einer ausgesprochen hohen Datenmenge Strafgefangener entwickelt und zeigte sich für verschiedene, auch deutsche, Stichproben valide, um erneute Verurteilungen vorherzusagen (Dahle et al. 2008; Howard et al. 2009). Insgesamt erfasst sie lediglich sechs Variablen, die einfach und explizit zu erfassen sind:

- Das Geschlecht
- Das Alter bei der Anlasstat
- Das aktuelle Alter
- Die Anzahl früherer Verurteilungen
- Das Alter bei der ersten Verurteilung
- Und die Art der Anlasstat

Rückfallwahrscheinlichkeiten innerhalb von einem oder zwei Jahren können durch eine Formel, die diese sechs Daten transformiert, berechnet werden. Die OGRS-3 ist ein klassisches statistisches Verfahren.

Ein Beispiel für ein Instrument der dritten Generation, das auch dynamische Faktoren erfasst, ist das sog. HCR-20-Schema (Webster et al. 1997). Es wird als Instrument für die Bewertung von Gewaltstraftätern angewandt und zeigte sich recht valide darin, Rückfälle im Bereich von Gewaltdelikten vorherzusehen (Dahle 2006; Douglas et al. 2008). Entsprechend seinem Namen besteht das HCR-20-Schema aus 20 Items, die sich in Variablen zur Vorgeschichte des Untersuchten („historical"-Items), in Variablen der Gegenwart („clinical"-Items) und in Variablen teilen, die möglicherweise zukünftig destabilisierend wirken könnten („risk"-Items):

- „Historical"-Items: frühere Gewaltanwendung, geringes Alter bei erster Gewalttat, instabile Beziehungen, Probleme im Arbeitsbereich, Substanzmissbrauch, psychische Störung, Psychopathy, frühe Fehlanpassung, Persönlichkeitsstörung und frühere Verstöße gegen Auflagen
- „Clinical"-Items: Mangel an Einsicht, negative Einstellung, aktive Symptome, Impulsivität und fehlender Behandlungserfolg
- „Risk"-Items: Mangel an realistischen Plänen, destabilisierende Einflüsse, Mangel an sozialer Unterstützung, Mangel an Compliance und Stressoren

Untersucher erfassen alle 20 Items durch eine dreistufige Skala – von $0 = $ Merkmal liegt nicht vor über $1 = $ Merkmal liegt moderat vor zu $2 = $ Merkmal liegt stark vor. Schließlich werden die Ergebnisse aller Items aufsummiert. Betrachtet man die Items genauer, wird klar, dass das Instrument ohne eine umfassende Datengrundlage nicht angewandt werden kann. Ganz im Gegenteil: Um die Items zuverlässig beantworten zu können, muss der Gutachter oder die Gutachterin eine sorgfältige Anamnese vornehmen.

Ein weiteres Instrument der dritten Generation ist das SVR-20, das sog. Sexual-Violence-Risk-20-Schema (Boer et al. 1997). Es ähnelt dem HCR-20 und ist auch in der Auswertung analog anzuwenden, untersucht aber nicht die Rückfallrisiken bei Gewalttaten, sondern die Rückfallrisiken bei Sexualdelinquenz. Es zeigte sich in der Vergangenheit ebenfalls als valide zur Vorhersage weiterer Sexualdelikte (Hanson und Morton-Bourgon 2004). Insgesamt teilt es sich in drei Kategorien, nämlich Items zur psychosozialen Anpassung, Items zur Sexualdelinquenz und Items zu Zukunftsplänen, die mögliche destabilisierende Einflüsse in der Zukunft abbilden:

— Psychosoziale Anpassung: sexuelle Deviation, Opfer von Kindesmissbrauch, Psychopathy, psychische Störung, Substanzmissbrauch, suizidale oder homizide Gedanken, Beziehungsprobleme, Beschäftigungsprobleme, nicht-sexuelle gewalttätige Vordelikte, gewaltfreie Vordelikte und frühere Bewährungsversagen
— Sexualdelinquenz: hohe Frequenz der Delikte, multiple Formen der Delikte, physische Verletzung des Opfers, Waffengebrauch oder Todesdrohung und Zunahme der Deliktfrequenz oder Deliktschwere, extremes Bagatellisieren oder Leugnen und deliktfördernde Einstellungen
— Zukunftspläne: Mangel an realistischen Plänen und Ablehnung weiterer Unterstützung

In den beispielhaft aufgeführten Instrumenten der dritten Generation wiederholt sich ein besonderes Konstrukt: „Psychopathy". Dieses Persönlichkeitskonstrukt ist im Zusammenhang mit Kriminalprognosen äußerst relevant. Denn eine hohe Ausprägung auf diesem Konstrukt ist ein Hochrisikofaktor für fortbestehende Delinquenz und Gewaltneigung. Konkret sind Menschen mit einem hohen Level an Psychopathy früher und auch länger strafrechtlich auffällig, sie sind im Mittel für schwerere und gewalttätigere Delikte verantwortlich und – entsprechend – auch durchschnittlich länger in Haft als andere Täter (Hare 1999).

Psychopathy

Beschreibungen des Konstrukts Psychopathy finden sich – ohne den expliziten Begriff dafür zu verwenden – bereits in historischen Werken. So skizzierte schon Theophrastus, ein Student von Aristoteles, den sog. „Skrupellosen" als speziellen Menschentypen: „Erst geht er zu einem, den er um das Seine gebracht hat, hin und borgt von ihm... Auch erinnert er, wenn er zum Essen einkauft, den Fleischhändler daran, wenn er ihm irgendwie von Nutzen gewesen ist, und während er bei der Waage steht, wirft er dazu am liebsten ein Stück Fleisch, sonst einen Knochen für die Suppe; bekommt er's, ist es gut, wo nicht, entrafft er vom Tische einen Darm und macht sich unter Lachen davon." (Dutton 2012) Der Psychiater Hervey Cleckley beschrieb 1941 erstmals explizit das Konstrukt Psychopathy als spezifische Persönlichkeitsstörung. Er charakterisierte damit Personen – sowohl kriminelle als auch nicht-kriminelle –, die Regeln und Normen ohne Gewissensbisse überschritten und auch nicht von den negativen Konsequenzen solcher Handlungen zu beeindrucken waren.

Heute wird Psychopathy als Persönlichkeitskonstrukt definiert, das bestimmt ist durch spezifische affektive Auffälligkeiten (z. B. Unfähigkeit, Schuld- und Reuegefühle zu empfinden), durch spezifische zwischenmenschliche Verhaltensweisen (z. B. betrügerisch-manipulativ), durch spezifische Verhaltensauffälligkeiten (z. B. spontan-impulsiv) und durch Antisozialität (Hare 2003). Der deutsche Begriff „Psychopathie" ist davon abzugrenzen. Denn im Gegensatz zu dem spezifisch umrissenen

Konzept der Psychopathy umfasst die Psychopathie verschiedenste Normabweichungen der Persönlichkeit. Obwohl Psychopathy offenbar über verschiedene Zeiten und Kulturen hinweg konsistent zu beobachten ist, ist es insgesamt eher selten. In nicht-forensischen Populationen schätzt man eine Auftretenshäufigkeit von etwa 5 % (Dahle und Haase 2008) (Abb. 3.4).

Abb. 3.4 Psychopathy ist ein Persönlichkeitskonstrukt, das durch die Kombination verschiedener psychologischer Auffälligkeiten (z. B. der Unfähigkeit, Schuldgefühle zu empfinden, und eines betrügerisch-manipulativen Verhaltens) definiert wird. (© kai/► stock.adobe.com)

Wie schon Cleckley mutmaßte, existiert das Phänomen Psychopathy nicht nur bei strafrechtlich definierten Personen, sondern auch unter Menschen mit hoher Affinität zu Macht und Geld, z. B. unter Managern. Diese Gruppe wird in der Forschung auch „erfolgreiche Psychopathen" genannt (Babiak 2000). Arbeiten über diese beruhen aber in der Regel auf Fallbeschreibungen und theoretischen Überlegungen und weniger auf empirischem Erfahrungswissen.

Das Psychopathy-Konstrukt zu erfassen, erscheint vor dem Hintergrund von dessen Struktur – ein skrupelloser Umgang mit Wahrheit und Lüge, ein betrügerisch-manipulatives Verhalten – schwierig. Verschiedenste Instrumente, speziell solche, die Selbstbeschreibungen umfassen, haben sich daher in der Vergangenheit als unzuverlässig erwiesen. Das heute etablierteste und erfolgreichste Instrument ist die sog. Psychopathy Checklist – Revised (PCL-R, Hare 2003). Es zeigte sich recht valide zur Vorhersage von Rückfallereignissen, hat aber auch hohe falsch-positiv Quoten für besonders gravierende Gewalttaten (Dahle 2006). Die PCL-R ist ebenfalls ein Verfahren der dritten Generation und besteht insgesamt aus 20 Items. Das sind beispielsweise folgende:

- Erheblich übersteigertes, grandioses Selbstwertgefühl
- Pathologisches Lügen
- Mangel an Empathie und Gefühlskälte

Analog zu den beiden letzteren Verfahren werden die Items auf einer dreistufigen Skala vom Untersucher erfasst und schließlich aufsummiert. Ab einem Wert von 20 Punkten kann die Verdachtsdiagnose Psychopathology gestellt werden, ab einem Wert von 30 eine sichere Diagnose. Die PCL-R kann in verschiedene Facetten aufgeteilt werden. Eine hohe Ausprägung auf allen Facetten – und somit über alle Items hinweg – stellt jedoch das stärkste Risiko dar.

3

3.2.3 Zusammenführung der Ergebnisse der standardisierten Instrumente für eine Prognose

Welche der Instrumente sollten nun letztlich für eine Abschätzung einer Rückfall-wahrscheinlichkeit herangezogen werden? Sinnvoll erscheint, mit einer ersten all-gemeinen Einschätzung für einen Rückfall zu beginnen. Eine solche könnte über ein klassisches Instrument wie die OGRS-3 erfolgen. Möglich wäre aber auch, sich in diesem Schritt auf allgemeine Basisraten zu beziehen. In einem zweiten Schritt könnten dann auf den Einzelfall stärker zugeschnittene Einschätzungen erfolgen. Konkret könnten über Verfahren der dritten Generation Risiko- und Schutzfaktoren abgeschätzt werden. Mehrere solcher Verfahren anzuwenden, ist allerdings nicht unbedingt zielführend. Denn Verfahren mit gleicher Zielsetzung – sowohl Instrumente der zweiten als auch der dritten Generation – korrelieren in der Regel untereinander so hoch, dass durch eine Mehrfachmessung kaum Mehr-wert entstehen kann. Sollte eine Hochrisikokonstellation vorliegen, zum Beispiel aufgrund gravierender Gewaltdelikte oder wegen eines dissozialen Lebensstils, der sich kontinuierlich durch die Biografie des Untersuchten zieht, wäre es sinnvoll, das Konstrukt der Psychopathy zu erfassen. Sollte eine Niedrigrisikokonstellation vorliegen – das wäre beispielsweise ein Täter ohne strafrechtliche Historie oder ohne dissoziale Tendenzen – wäre auch dies zu prüfen. In einem letzten Schritt ist schließlich miteinzubeziehen, ob eine Straftäterbehandlung – wenn eine solche überhaupt vorliegt – positive Effekte nach sich gezogen haben könnte (Volbert und Dahle 2010). Bei Tätern mit einem mittleren Risiko können durch solche Behandlungen Rückfälle bis zu 30 % reduziert werden (Lösel 2003). Das gilt aber nur für beendete Behandlungen. Außerdem sind solche Einschätzungen bei Hoch- und Niedrigrisikogruppen wenig zielführend: Personen mit einer Hoch-risikokonstellation sind in der Regel schwer zu behandeln, Personen mit einer Niedrigrisikokonstellation haben ohnehin ein geringes Rückfallrisiko.

Straftäterbehandlung

Über verschiedene Studien hinweg zeigte sich, dass Behandlungsprogramme bei Straftätern unterschiedlich wirksam sind. Generell sind solche Programme besser, die theoretisch gut fundiert sind, an verschiedenen Problembereichen ansetzen und konkrete Fähigkeiten vermitteln. Bei jugendlichen Tätern ist darüber hinaus der Einbezug sozialer Netzwerke hilfreich, bei Sexualstraftätern eine ergänzende anti-hormonelle Therapie. Ein fundiertes Behandlungskonzept ist aber mindestens so relevant für seinen Erfolg wie Merkmale auf Straftäterseite. Beispielsweise zeigten sich Programme bei jugendlichen Tätern mit vielfältigen und gravierenden Delikten erfolgreicher als bei jugendlichen Tätern mit seltenen und weniger gravierenden Delikten wie Diebstahl. Auch die Behandlungsmotivation spielt eine wichtige

Rolle: So zeigte sich zum Beispiel, dass für Sexualtäter, die sich freiwillig für eine Behandlung meldeten, bessere Ergebnisse erzielt wurden. Wenn allerdings psychologische Fähigkeiten unzureichend sind, hilft auch eine vorhandene Behandlungsmotivation dem Erfolg einer Behandlung wenig (Lösel und Schmucker 2008) (Abb. 3.5).

Abb. 3.5 Die Behandlung von Straftätern ist je nach Ausgangssituation und Programm unterschiedlich erfolgreich. (© lettas/▶ stock.adobe.com)

Eine Beurteilung auf Basis von aktuarischen Verfahren sollte letztlich vor allem deutlich machen, ob eine mögliche Prognose stark nach oben oder unten abweicht. Denn das Ergebnis eines „mittleren" Rückfallrisikos ist wenig aussagekräftig. Bei der Interpretation der Ergebnisse muss außerdem beachtet werden, dass Begutachtete mit besonderen oder seltenen Merkmalen – das kann allein schon ein sehr hohes oder ein sehr niedriges Alter sein – in der Empirie in der Regel nicht abgebildet werden. Eine Einschätzung auf Basis statistischer Verfahren muss dann nicht unbedingt zuverlässig sein. Außerdem sind aktuarische Verfahren für Täter mit einer ehemals hohen Gefährlichkeit nahezu unüberbrückbar streng – während sie für Ersttäter mit schwerer Anlasstat zu lax sein können. Immer dann muss das idiografische Einzelfallverfahren noch stärker zurate gezogen werden (Volbert und Dahle 2010).

Fallbeispiel

Wenn wir auf unser Fallbeispiel Matthias zurückblicken, war für die Prognose einer potenziellen Rückfälligkeit zunächst ein aktuarisches Verfahren heranzuziehen. Mit der OGRS-3 wurden zunächst allgemeine Rückfallrisiken abgesteckt. Obwohl Matthias mit keinen schwerwiegenden früheren

3

Verurteilungen in Verbindung gebracht wurde, wirkten sich sein Geschlecht, sein Alter bei der Anlasstat und insbesondere der Delikttyp – der Doppelmord mitsamt „Overkill" – negativ auf die Rückfallwahrscheinlichkeit aus. Um in Matthias' Fall auch Risiko- und Schutzfaktoren in den Fokus zu nehmen, wurde zusätzlich ein Verfahren der dritten Generation eingesetzt, das HCR-20-Schema. Bei Matthias fand der Gutachter bei sorgfältiger Anamnese diverse psychische Probleme in seiner Historie vor – u. a. eine selbstunsichere Persönlichkeitsstörung und

eine dissoziale Vorprägung – und somit erhöhte Werte auf den „Historical"-Items. Gleichzeitig zeigten sich die „Clinical"- und „Risk"-Items weniger ausgeprägt: Matthias hatte während seines Gefängnisaufenthalts eine hohe Einsicht in seine Tat erlangt, er hatte gewisse Kompetenzen, sein Leben sinnhaft zu strukturieren, sowie Möglichkeiten und eine hohe Motivation für einen Berufswiedereinstieg. Insgesamt zeigte sich für Matthias somit mithilfe der aktuarischen Verfahren ein Risiko am unteren Durchschnitt mit positiver Tendenz.

3.3   Prognose anhand idiografischer Verfahren

3.3.1   Grundlagen des individuellen Ansatzes

Die Idee hinter dem individuellen Ansatz ist, einerseits wiederkehrende Erlebens- und Verhaltensmuster in einer untersuchten Person zu ergründen und andererseits deren Zusammenhänge mit der spezifischen Straffälligkeit zu identifizieren. Im Kern des individuellen Ansatzes steht, die Delinquenz einer untersuchten Person retrospektiv zu erklären. Hierfür müssen neben kriminologischen Erkenntnissen auch allgemeine psychologische Theorien angewandt werden, zum Beispiel die Feldtheorie von Kurt Lewin.

Feldtheorie und Prognose
Nach Kurt Lewin (1951) lässt sich jedes menschliches Verhalten anhand einer einfachen Formel erklären: Verhalten ist eine „Funktion" von Person- und Umwelteinflüssen ($V = f(P,U)$). Die Umwelt ist dabei nicht als faktisches Abbild der Realität zu verstehen, sondern als subjektive Wahrnehmung, also so, wie die Person die Welt sieht (Abb. 3.6).

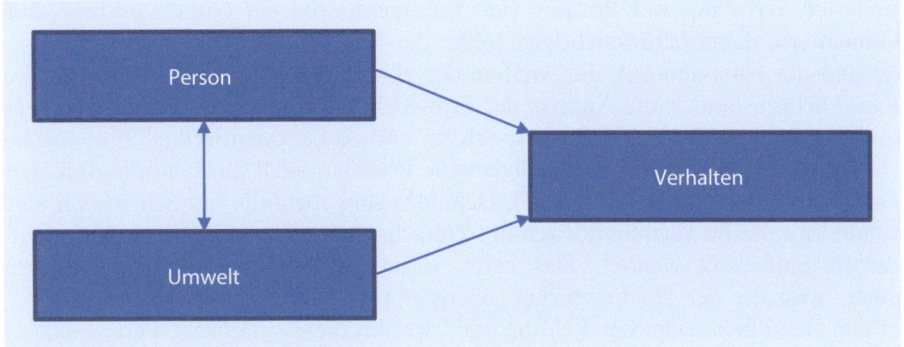

Abb. 3.6 Nach Lewin ergibt sich jegliches Verhalten des Menschen aus Einflüssen der Person und der Umwelt

Für eine Kriminalprognose stellen extreme Personeinflüsse oder extreme Umwelteinflüsse auf die Anlasstat in aller Regel eine günstige Konstellation dar, weil sie treffsicherere Erwartungen erlauben. Wenn ein Täter beispielsweise ein stabil pädophil orientierter Mann ist, der bereits vor der Tat immer wieder potenzielle Opfer in Kinderforen im Internet ansprach, wird seine Prognose wahrscheinlich recht ungünstig ausfallen. Wenn dagegen eine Person in einer hochspezifischen Ausnahmesituation mit ungewöhnlichem Anforderungsgehalt – beispielsweise ein Mensch in einer Hochkonfliktsituation – ein Delikt begeht, wird die Prognose aller Voraussicht nach günstiger ausfallen. Wenn sich Person- und Umwelteinflüsse dagegen die Waage halten, sind Rückfälle nur mehr mit Einschränkungen vorhersehbar (Dahle und Schneider-Njepel 2014).

Eine solche retrospektive Einschätzung innerhalb des idiografischen Ansatzes soll nicht unbedingt intuitiv erfolgen, sondern kann durch sogenannte Prognosechecklisten unterstützt werden. Diese benennen potenziell relevante Bereiche, die geprüft werden sollten. Sie ähneln daher Prognoseinstrumenten der aktuarischen Verfahren, sind aber faktisch keine Prognoseinstrumente.

Die Vorteile idiografischer Verfahren liegen in der Abwesenheit der Schwächen standardisierter Verfahren. Dadurch haben sie weder Mittelfeldprobleme noch Schwierigkeiten in der (un-)angemessenen Gewichtung seltener Faktoren. Ganz im Gegenteil: Sie bilden optimal die gesetzliche Vorgabe ab, individualisiert die Lebensgeschichte eines Untersuchten in den Fokus zu nehmen. Und das wird auch in den Mindestanforderungen für Prognosegutachten (Boetticher et al. 2007) gefordert. Das wiederum kann jedoch auch problematisch sein: Die starke Individualisierung und hohe Komplexität stehen einem standardisierten Vorgehen entgegen. Trotz Kontrollinstanzen wie Prognosechecklisten hat der Gutachter hohe Freiheitsgrade in seiner Beurteilung (Volbert und Dahle 2010).

3.3.2 Vorgehensweise beim individuellen Ansatz

Um eine umfassende Einzelfallbewertung vorzunehmen, ist es notwendig, verschiedene Inhaltsbereiche zu beleuchten. Das sog. „Modell der Dimensionen der klinischen Prognose kriminellen Verhaltens" (Rasch 1986), das früher am

3

weitesten verbreitet war, fordert vier Teilaspekte, die ein Gutachter bzw. eine Gutachterin dabei berücksichtigen sollte: die Analyse der bekannten Kriminalität und der Anlasstat(en), die Analyse der aktuellen Persönlichkeit und ggf. des Krankheitszustandes, die Analyse der Entwicklung während des Freiheitsentzugs und die Analyse der Zukunftsperspektiven und Außenorientierung. Eine neuere Herangehensweise ist das sog. „allgemeine Prozessmodell klinisch-idiografischer Urteilsbildung" (Dahle 1997, 2005). Demnach sind ebenfalls vier Schritte für eine valide Einzelfallbewertung notwendig: Zunächst muss eine individuelle Kriminaltheorie entwickelt werden. Das heißt, dass der Gutachter sichtbar machen muss, weshalb der Rechtsbrecher überhaupt straffällig geworden ist oder – in den Begrifflichkeiten der Feldtheorie – warum diese spezifische Person sich in dieser spezifischen Situation dergestalt verhalten hat. In einem zweiten Schritt muss abgeschätzt werden, inwieweit im Begutachteten Entwicklungen seit der Anlasstat stattgefunden haben. In einem dritten und vierten Schritt schließlich ist zu beurteilen, was der gegenwärtige Stand der Risiko- und Schutzfaktoren ist und wie sich diese in Zukunft weiterentwickeln könnten. Das Prozessmodell erfüllt sowohl die rechtlichen Vorgaben als auch die Mindestanforderungen für Prognosegutachten. In seiner empirischen Überprüfung zeigte es gute prognostische Gütewerte, insgesamt auch bessere als bloße aktuarische Verfahren (Dahle et al. 2008). Es erscheint daher aktuell anderen idiografischen Verfahren überlegen.

Der erste Schritt des Prozessmodells – die Entwicklung einer individuellen Kriminaltheorie – ist der relevanteste, aber auch komplexeste Beurteilungsschritt. Das Vorgehen ist rekonstruktiv. Es muss zunächst skizziert werden, wie sich die Persönlichkeit des Untersuchten entwickelte. Das kann die Entwicklung familiärer und sozialer Bindungen umfassen, aber auch Entwicklungen in akademischen und Freizeitbelangen, und ebenso Entwicklungen im Hinblick auf psychische Störungen. Dabei spielen dissoziale und kriminelle Aspekte, die sich in der Biografie identifizieren lassen, eine besondere Rolle. Denn durch diese kann abgeschätzt werden, ob normabweichendes Verhalten an bestimmte situative Ursachen geknüpft war, ob der Untersuchte sich bezüglich Normübertritten desensibilisierte oder auch ob er sich ein solches Verhalten als Strategie zu eigen machte. Erstes Ziel ist also, überdauernde Erlebens- und Verhaltensmuster der Person herauszukristallisieren. Zum Zweiten muss eine sog. Tathergangsanalyse erfolgen. Der Gutachter oder die Gutachterin muss genau nachvollziehen, weshalb die Anlasstat überhaupt so geschah, wie sie geschah – oder anders ausgedrückt: auf welche Situation die Person mit ihren spezifischen Dispositionen treffen musste, um die Tat zu begehen. Das umfasst die Analyse des Vorgeschehens (inklusive eigener Kognitionen und Affekte, z. B. Planungen oder dem Umgang mit Zweifeln), die Rekonstruktion der Tatdynamik und die Analyse des Nachgeschehens. Eine Tathergangsanalyse muss die Anlasstat (Verhalten) in situative Faktoren (Umwelt) und personale Faktoren (Person) zerlegen – ganz gemäß Lewins Feldtheorie.

Fallbeispiel

Im Fallbeispiel von Matthias war nach der aktuarischen Einschätzung ebenfalls ein idiografisches Verfahren heranzuziehen. Mithilfe einer Aktenanalyse und einer umfassenden Exploration von Matthias durch den Gutachter wurde deutlich, dass er früh als Waise in verschiedenen Heimen aufgewachsen war, wo er häufig über die Stränge geschlagen hatte. Durch den Diebstahl einer Packung Zigaretten war er erstmals den Behörden aufgefallen. Der Ärger mit der Justiz überforderte ihn stark, zumal er kaum über soziale Unterstützung verfügte. Er arbeitete in verschiedenen Jobs und hatte zuletzt eine Arbeit als Verkäufer in einer Tankstelle inne, in welcher er ausgebeutet wurde. Als er dann die beiden Berufskriminellen kennenlernte, ließ er sich auf sie ein. Das insbesondere, weil er den Männern, die ihn zu mögen und

respektieren schienen, imponieren wollte. Die Männer leiteten ihn einen Monat vor der Tat immer wieder an. Der „Overkill" – der Mord der Frau und ihres Babys durch die komplette Magazinfüllung seiner Waffe – fand schließlich in einer Situation vollständiger Überforderung statt.

In Matthias' Fall wurde somit folgende Kriminaltheorie aufgestellt: Durch seine selbstunsichere Persönlichkeit und dissoziale Vorprägung, die sich über seine Kindheit und Jugend entwickelt hatten, sowie seine soziale Isolation hatte sich Matthias in einer Lage befunden, die ihn für sozialen Einfluss vulnerabel gemacht hatte. Seine Gefährlichkeit trat dann in einer Situation zutage, in der er auf eine Umwelt traf, die ihn scheinbar Zugehörigkeit und Anleitung zu vermitteln mochte – Bedürfnisse, nach denen er sich in dieser Zeit sehnte.

Um den ersten Schritt des idiografischen Ansatzes in dieser Form durchführen zu können, ist eine reiche Datenbasis notwendig. Diese kann sich zum einen aus Akteninformationen speisen (z. B. Ermittlungsunterlagen oder Klinikberichten). Eine Exploration mit dem Untersuchten ist jedoch für eine ausführliche Datenbasis, insbesondere zum Tathergang, nahezu unumgänglich, auch wenn solche Daten verzerrt sein können. Um keine Daten zu übersehen, können die standardisierten Instrumente herangezogen werden. Es können aber auch sog. Prognosechecklisten wie die „Dittmanns-Liste" zurate gezogen werden.

Die Entwicklung des Dittmann-Katalogs

In den Jahren 1993 und 1994 erstarrte die Schweiz im Angesicht zweier Morde. Speziell war an diesen Fällen der Täter: Beide Morde wurden von einem Sexualstraftäter im Freigang begangen. Nachdem die Fälle

in der Öffentlichkeit lautstark diskutiert worden waren, wurden bessere Beurteilungskriterien für „besonders gefährliche Straftäter" gefordert. Die daraufhin eingesetzte Untersuchungskommission hatte das Ziel,

3

Vollzugsverantwortlichen methodische Empfehlungen für Lockerungs- und Entlassentscheide von Gewalt- und Sexualstraftätern an die Hand zu geben. Der Kriterienkatalog, der daraus erwuchs, basierte schließlich auf einer Zusammenstellung bewährter Kriterien der Praxis und Erkenntnissen der Prognoseforschung. Dieser Katalog – die „Dittmann-Liste" oder der „Basler Kriterienkatalog" – zeigte sich recht erfolgreich und wurde zur Beurteilung von Gemeingefährlichkeit etabliert (Schmitt und Nitsche 2013).

Der Dittmann-Katalog fordert die Analyse der folgenden Problembereiche (Dittmann 2000):

1. Analyse der Anlasstat(en)
2. Bisherige Kriminalitätsentwicklung bis zu der (den) Anlasstat(en)
3. Persönlichkeit und vorhandene psychische Störungen
4. Einsicht des zu Beurteilenden in seine Persönlichkeit oder vorhandene psychische Störung
5. Soziale Kompetenz
6. Persönlichkeitsspezifisches und situatives Kontaktverhalten
7. Auseinandersetzung mit der Tat
8. Allgemeine Therapiemöglichkeiten
9. Reale Therapiemöglichkeiten
10. Therapiebereitschaft
11. Sozialer Empfangsraum bei Lockerung, Urlaub, Entlassung
12. Bisheriger Verlauf nach der (den) Anlasstat(en)

Für jeden Problembereich skizziert die Dittmann-Liste günstige und ungünstige Bedingungen. Günstige Bedingungen für die Anlasstat wären zum Beispiel ein Einzeldelikt ohne übermäßige Gewaltanwendung oder wenn das Opfer nicht austauschbar ist. Ungünstige Bedingungen dagegen wären eine grausame Tat mit übermäßiger Gewalt (sog. „Overkill") oder eine zufällige Opferauswahl. Der Dittmann-Katalog beansprucht keine Vollständigkeit, sondern soll Prognostikern helfen, keine relevanten Faktoren zu übersehen.

Der zweite Schritt des Prozessmodells – die Analyse individueller Entwicklungen seit der Anlasstat – ist ebenfalls rekonstruktiv. Hierbei wird abgeschätzt, ob der Untersuchte seit der Tat Erleben und Verhalten gezeigt hat, aus dem eine Verringerung des Risikopotenzials oder eine Erhöhung von Schutzfaktoren deutlich wird. Das könnte zum Beispiel sein, wenn er gelernt hat, mit Belastungen erfolgreicher umzugehen. Relevant ist dabei auch, warum diese Entwicklung stattgefunden hat, und vor allem, ob sie auch persistent ist. Solche Daten sind, wie in Schritt 1, durch Akteninformationen und eine umfassende Exploration des Untersuchten zu erfassen. Auch eine Exploration von Drittpersonen ist denkbar. Auch hier können standardisierte Instrumente oder Checklisten wie die Dittmann-Liste helfen, zu einer vollständigen Datenbasis zu gelangen.

Im dritten Schritt des Prozessmodells wird der aktuelle Status quo von Risiko- und Schutzfaktoren bewertet. Außerdem sollen Wenn-Dann-Szenarios skizziert werden, die anzeigen, unter welchen Bedingungen eine Wiederholungstat eventuell geschehen könnte. Eine Datenbasis für diesen Analyseschritt können testpsychologische Methoden sein. Aber auch hier wird letztlich eine umfassende Exploration des Untersuchten im Zentrum stehen.

Der letzte Schritt des Prozessmodells umfasst eine Einschätzung zukünftiger Risikofaktoren. Dazu müssen die Perspektiven des zukünftigen Lebens des Untersuchten bewertet werden – von seiner wahrscheinlichen sozialen und beruflichen Einbettung bis hin zu persönlichen Wünschen und zukünftigen Entfaltungsmöglichkeiten. Außerdem muss abgeschätzt werden, ob und, wenn ja, welche Mittel gangbar sind, eventuellen Gefährdungen vorzubeugen. Das könnten beispielsweise Restriktionen oder Kontrollen sein, aber auch konkrete Hilfsangebote wie Selbsthilfegruppen oder Partnerberatung. Bei Letzteren muss natürlich argumentiert werden, weshalb genau solche Hilfsangebote Gefährdungen des Untersuchten konkret vorbeugen können. Für eine gute Datenbasis bieten sich Explorationen an – sowohl des Begutachteten als auch von Drittpersonen aus dem zukünftigen Nahbereich. Auch standardisierte Instrumente und Checklisten können zur Vollständigkeit herangezogen werden (Volbert und Dahle 2010).

3.4 Das Urteil in der Kriminalprognose

Hält man sich die Vor- und Nachteile der beiden Verfahren, die in der Kriminalprognose angewandt werden können, vor Augen, so wird deutlich, dass nicht nur der aktuarische oder der idiografische Ansatz alleine verwendet werden sollten. Stattdessen scheint eine optimale Begutachtung eines Rechtsbrechers in der Nutzung beider Ansätze zu liegen. Sinnvoll ist es, mit aktuarischen Verfahren zu starten. So kann der Gutachter oder die Gutachterin Risikobereiche identifizieren und sich auf ein realistisches Ausgangsniveau einstellen. Außerdem kann so ein frühes Festlegen auf eine Hypothese vermieden werden. Nach Durchführung des idiografischen Verfahrens sollten die Erkenntnisse aus beiden Ansätzen schließlich integriert werden. Wie aber kann eine solche abschließende integrative Beurteilung im konkreten Fall aussehen (Abb. 3.7)?

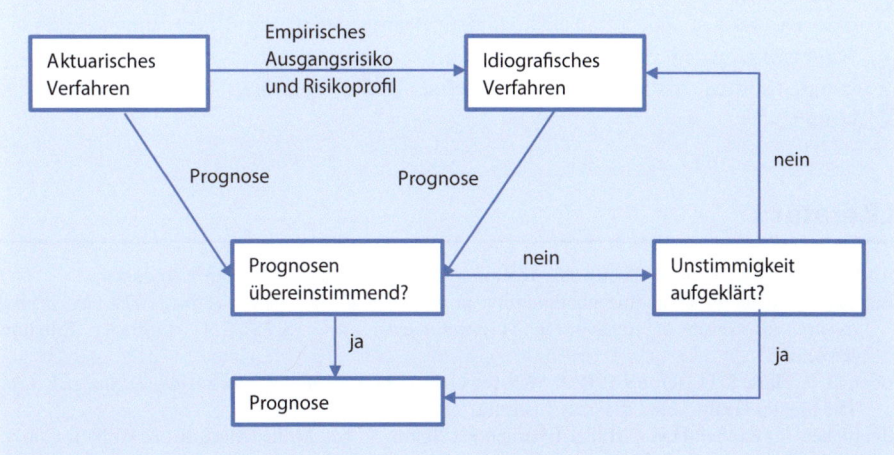

Abb. 3.7 Abschließende integrative Beurteilung einer Kriminalprognose nach Volbert und Dahle (2010)

Wenn die beiden Verfahren zu ähnlichen Ergebnissen geführt haben, ist eine Prognose eindeutig. Wenn die Ergebnisse der Verfahren aber unterschiedlich sind, muss geprüft werden, warum das so ist. Wenn das Risiko des Untersuchten laut aktuarischem Verfahren im Mittelfeld einzuordnen ist, ist durchaus möglich, dass diese Person von den standardisierten Methoden nur unzureichend erfasst werden konnte. Bei klareren Ausgangsrisiken stellt sich die Frage nach der Ursache der fehlenden Übereinstimmung stärker. Möglich könnte sein, dass eine Person nachhaltige Änderungen in ihrem Leben getroffen hat – sog. „turning points" – die aber nicht von den standardisierten Verfahren erfasst wurden. So oder so müssen bei der integrativen Beurteilung am Ende immer die Ursachen für fehlende Übereinstimmungen diskutiert werden (Volbert und Dahle 2010).

Fazit

Wenn bewertet werden soll, ob ein Rechtsbrecher potenziell rückfällig wird oder nicht, können grundsätzlich zwei Mittel angewandt werden: aktuarische und idiografische Verfahren. Aktuarische Verfahren sind standardisierte Instrumente, die auf Basis von empirischen Daten über Rechtsbrecher entwickelt wurden. Sie unterteilen sich in statistische Verfahren mit wenigen und einfach erfassbaren Merkmalen und Instrumenten der dritten Generation, die auch potenziell veränderbare, dynamische Faktoren miteinbeziehen. Sinnvoll erscheint, für eine Einschätzung über ein Rückfallrisiko verschiedene Instrumente mit unterschiedlichen Zielsetzungen einzusetzen. Bei der Interpretation der Ergebnisse solcher Instrumente müssen aber immer auch deren Schwächen und Einschränkungen bedacht werden. Idiografische Verfahren sind spezifisch auf den Einzelfall zugeschnitten und identifizieren Erlebens- und Verhaltensmuster im Untersuchten – sowohl solche, die zur Anlasstat geführt haben, als auch solche, die sich seitdem entwickelt haben und zukünftig Risiko oder Schutz darstellen könnten. Um eine gute idiografische Einschätzung zu generieren, können die Ergebnisse der standardisierten Instrumente, aber auch allgemeine Prognosechecklisten zurate gezogen werden. Zur möglichst validen Beantwortung der Frage, mit welcher Wahrscheinlichkeit der untersuchte Rechtsbrecher potenziell rückfällig werden könnte, sollten schließlich die Ergebnisse beider Verfahren zusammengeführt werden.

Literatur

Andrews, D. A., & Bonta, J. (2010). *The psychology of criminal conduct* (5. Aufl.). Anderson.

Babiak, P. (2000). Psychopathic manipulation at work. In C. B. Gacono (Hrsg.), *The clinical and forensic assessment of psychopathy: A practitioner's guide* (S. 287–311). Lawrence Erlbaum Associates.

Boer, D. P., Hart, S. D., Kropp, P. R. & Webster, C. D. (1997). *Manual for the sexual violence risk – 20.* The Mental Health, Law, & Policy Institute.

Boetticher, A., Kröber, H.-L., Müller-Isberner, R., Böhm, K. M., Müller-Metz, R., & Wolf, T. (2007). Mindestanforderungen für Prognosegutachten. *Forensische Psychiatrie, Psychologie, Kriminologie, 1*(2), 90–100.

Cleckley, H. (1941). *The mask of sanity.* Mosby, St. Louis.

Dahle, K.-P. (1997). Kriminalprognosen im Strafrecht. Psychologische Aspekte individueller Verhaltensvorhersagen. In M. Steller & R. Volbert (Hrsg.), *Psychologie im Strafverfahren* (S. 118–139). Huber.

Dahle, K.-P. (2005). *Psychologische Kriminalprognose: Wege zu einer integrativen Methodik für die Beurteilung der Rückfallwahrscheinlichkeit von Strafgefangenen.* Centaurus-Verlag.

Dahle, K.-P. (2006). Strengths and limitations of actuarial prediction of criminal reoffence in a German prison sample: A comparative study of LSI-R, HCR-20 and PCL-R. *International Journal of Law and Psychiatry, 29*(5), 431–442.

Dahle, K.-P., & Haase, N. (2008). Psychopathie. In M. Steller & R. Volbert (Hrsg.), *Handbuch der Rechtspsychologie* (S. 68–77). Hogrefe.

Dahle, K.-P., Schneider, V. & Ziethen, F. (2008). *Integrative Methoden der Rückfallprognose bei Strafgefangenen mit gravierenden Gewaltdelikten.* Unveröffentlichter Endbericht für die DFG.

Dahle, K.-P., & Schneider-Njepel, V. (2014). Rückfall- und Gefährlichkeitsprognose bei Rechtsprechern. In T. Bliesener, F. Lösel, & G. Köhnken (Hrsg.), *Lehrbuch Rechtspsychologie* (S. 422–445). Hans Huber.

Dittmann, V. (2000). Was kann die Kriminalprognose heute leisten? In S. B. Bauhofer, P.-H. Bolle, & V. Dittmann (Hrsg.), *Gemeingefährliche Straftäter* (S. 67–95). Rüegger.

Douglas, K. S., Guy, L. S. & Reeves, K. A. (2008). *HCR-20 Violence Risk Assessment Scheme: Overview and annotated bibliography.* Implementation Science and Practice Advances Research Center Publications. ▶ https://escholarship.umassmed.edu/psych_cmhsr/335

Dutton, K. (2012). *Psychopathen.* Deutscher Taschenbuch Verlag.

Endres, J. (2000). Die Kriminalprognose im Strafvollzug: Grundlagen, Methoden und Probleme der Vorhersage von Straftaten. *Zeitschrift für Strafvollzug und Straffälligenhilfe, 49*(2), 67–83.

Glueck, S., & Glueck, E. (1950). *Unraveling juvenile delinquency.* Harvard University Press.

Göppinger, H. (1980). *Kriminologie.* C. H. Beck.

Habermeyer, E., Gairing, S., & Lau, S. (2010). Begutachtung der Kriminalprognose. *Forensische Psychiatrie, Psychologie, Kriminologie, 4*(4), 258–263.

Hanson, R. K. (2002). Recidivism and age: Follow-up data from 4,673 sexual offenders. *Journal of Interpersonal Violence, 17*(10), 1046–1062.

Hanson, R. K. & Morton-Bourgon, K. (2004). *Predictors of sexual recidivism: An updated meta-analysis.* Public Works and Government Services.

Hare, R. D. (1999). Psychopathy as a risk factor for violence. *Psychiatric Quaterly, 70*(3), 181–197.

Hare, R. D. (2003). *Hare Psychopathy Checklist-Revised* (2. Aufl.). Multi Health Systems.

Hart, H. (1923). Predicting parole success. *Journal of Criminal Law and Criminology, 14,* 405–413.

Howard, P., Francis, B., Soothill, K. & Humphreys, L. (2009). *OGRS 3: The revised Offender Group Reconviction Scale.* Research Summary 7/09, Ministry of Justice.

Kerner, H.-J. (1989). Jugendkriminalität. *Mehrfachtäterschaft und Verlauf. Bewährungshilfe, 36*(3), 202–220.

Lewin, K. (1951). *Field theory in social science: Selected theoretical papers.* Harper.

Lösel, F. (2003). Meta-analytische Beiträge zur wiederbelebten Diskussion des Behandlungsgedankens. In M. Steller, K.-P. Dahle, & M. Basqué (Hrsg.), *Straftäterbehandlung – Argumente für eine Revitalisierung in Forschung und Praxis* (2. Aufl., S. 13–34). Centaurus.

Lösel, F., & Schmucker, M. (2008). Evaluation der Straftäterbehandlung. In R. Volbert & M. Steller (Hrsg.), *Handbuch der Rechtspsychologie* (S. 160–171). Hogrefe.

National Offender Management Service (2008). *Offender Group Reconviction Scale – Version 3: Guidance.* Ministry of Justice.

Rasch, W. (1986). *Forensische Psychiatrie.* Kohlhammer.

Schmitt, C. & Nitsche, T. (2013). Dittmann-Liste oder Basler-Prognose-Instrument – Kriterienliste der Fachkommissionen des Strafvollzugskonkordats der Nordwest- und Innerschweiz. In M. Rettenberger & F. von Franqué (Hrsg.), *Handbuch kriminalprognostischer Verfahren* (S. 324–334). Hogrefe.

Volbert, R., & Dahle, K.-P. (2010). *Forensisch-psychologische Diagnostik im Strafverfahren*. Hogrefe.

Webster, C. D., Douglas, K. S., Eaves, D. & Hart, S. D. (1997). *HCR-20: Assessing risk of violence (Version 2)*. Mental Health Law & Policy Institute, Simon Fraser University.

Wertz, M., Kury, H., & Rettenberger, M. (2018). Umsetzung von Mindestanforderungen für Prognosegutachten in der Praxis. *Forensische Psychiatrie, Psychologie, Kriminologie, 12*(1), 51–60.

3

Psychologie der Schuldfähigkeit- seinschätzung

Wie geprüft werden kann, ob ein Rechtsbrecher schuld- fähig oder strafmündig ist

© Springer-Verlag GmbH Deutschland, ein Teil von Springer Nature 2020
M. Pfundmair, *Psychologie bei Gericht*, Die Wirtschaftspsychologie,
https://doi.org/10.1007/978-3-662-61796-0_4

4

Der Fall Felix

Abb. 4.1 Der Fall Felix. (© zimmytws/▶ stock.adobe.com)

Der 10-jährige Adam bemerkte nachmittags im Supermarkt einen beleibten Mann, den er aus der Einrichtung kannte, die er regelmäßig in den Sommerferien besuchte. Er bezahlte an der Kasse und machte sich auf den Weg nach draußen. Nachdem er den Supermarkt verlassen hatte, wurde er von dem Mann mit dem Fahrrad verfolgt. Er versperrte Adam den Weg, forderte ihn auf mitzukommen und zog ihn am Arm zu den Garagen des Supermarkts. Dort zog ihm der Mann die Hose herunter, drückte ihn mit dem Bauch auf den Boden und rieb sein Geschlechtsteil an seinem Gesäß. Danach ließ der Mann von ihm ab. Adam begab sich daraufhin nach Hause und erzählte seiner Mutter eher beiläufig von dem Vorfall, den er selbst bloß als Überfall bezeichnete. Er wurde von seiner Mutter rasch zur Polizei gebracht, wo auch ein DNA-Test an seiner Kleidung durchgeführt wurde.

Der Täter wurde schnell gefunden: Es handelte sich um einen 23-jährigen Mann namens Felix S. mit Intelligenzminderung und einer Autismuserkrankung. Seine betreuenden Eltern berichteten von einem Schwerbehinderungsgrad von 50 %. Er war mehrfach in der Vergangenheit polizeilich auffällig geworden: So hatte er Notrufanlagen missbraucht, den Bruder eines Freundes mit Steinen beschmissen und die Busfahrerin seiner Schule am Kiefer verletzt, als es um einen Streit um sein Handy ging. Ein Gericht forderte schließlich vor dem Hintergrund der psychischen Auffälligkeiten des Mannes ein Gutachten darüber an, ob Felix des sexuellen Kindesmissbrauchs strafbar war oder nicht.

4.1 Grundlagen von Prüfungen strafrechtlicher Verantwortlichkeit

Ob ein Mensch für eine begangene Tat verantwortlich gemacht werden kann oder nicht, das entscheidet ein Gericht in Ausnahmefällen ganz spezifisch. Zum einen handelt es sich dabei um Fälle, in denen ein Täter oder eine Täterin psychopathologische Besonderheiten aufweist. Zum anderen geht es um Fälle, in denen der Täter oder die Täterin zwischen 14 und 18 bzw. 21 Jahren alt ist. Die Schuldfähigkeit muss in solchen Fällen individuell überprüft werden.

Laut § 20 StGB handelt ohne Schuld, „wer bei Begehung der Tat wegen einer krankhaften seelischen Störung, wegen einer tief greifenden Bewusstseinsstörung oder wegen Schwachsinns oder einer anderen seelischen Abartigkeit unfähig ist, das Unrecht der Tat einzusehen und nach dieser Einsicht zu handeln". Wenn das bejaht werden kann, dann ist ein Angeklagter freizusprechen. Auch wenn die Schuldunfähigkeit nicht vollständig ausgeschlossen werden kann, sprechen Gerichte einen Täter in der Regel frei – ganz im Sinne des Grundsatzes „in dubio pro reo" (im Zweifel für den Angeklagten). Die Einschätzung einer verminderten Schuldfähigkeit kann zu einem milderen Strafrahmen führen. Zum Beispiel könnte dann anstelle einer lebenslangen Freiheitsstrafe nur eine Freiheitsstrafe von drei Jahren angeordnet werden. Das ist in § 21 StGB geregelt. Entscheidend ist hier die Schwere einer Störung.

Wie bei prognosepsychologischen Begutachtungen liegen für Schuldfähigkeitsfragen Mindestanforderungen für ein valides Vorgehen vor (Boetticher et al. 2007). Kernpunkte sind dabei die folgenden Aspekte:

- Es muss eine vollständige Exploration zu delikt- und diagnosespezifischen Bereichen (z. B. detaillierte Darlegung der Tatbegehung, ausführliche Sexualanamnese bei sexueller Abweichung) durchgeführt werden.
- Es müssen unter Einbezug von Diagnosesystemen (z. B. ICD-10 oder DSM-5) Diagnosen und differenzialdiagnostische Überlegungen dargelegt werden. Außerdem müssen die Diagnosen den gesetzlichen Eingangsmerkmalen zugeordnet werden.
- Es müssen relevante Funktionsbeeinträchtigungen dargelegt und es muss überprüft werden, ob und in welchem Ausmaß diese bei der Tat vorlagen.
- Es müssen relevante Funktionsbeeinträchtigungen unter Differenzierung zwischen Einsichts- und Steuerungsfähigkeiten dargelegt werden.

Definition

Um (psychische) Störungen zu klassifizieren, wurden sie in verschiedene Systeme eingeordnet. Die beiden wichtigsten international gebräuchlichen **Diagnosesysteme** sind das „International Classification of Diseases, Injuries and Causes of Death" (ICD) und das „Diagnostic and Statistical Manual of Mental Disorders" (DSM). Da immer wieder Neuauflagen von beiden Klassifikationssystem erscheinen, wird den Abkürzungen die Auflage in Form einer Zahl hinzugefügt (z. B. ICD-10). Eine Diagnose kann man anhand eines der bestehenden Diagnosesysteme vornehmen. Eine **Differenzialdiagnose** wird gestellt, wenn neben der primären Diagnose eine weitere Diagnose genannt wird, weil die Symptomatik auch für diese sprechen könnte. Je spezifischer ein Symptom, desto weniger Differenzialdiagnosen sollte es geben.

Für das Strafrecht gilt eine gewisse Altersgrenze: So sind Kinder bis zu 14 Jahren generell schuldunfähig und damit strafunmündig. Das bedeutet aber nicht, dass Kinder bei schweren Delikten nicht bestraft werden können. Es können immer auch Maßnahmen wie die Unterbringung in ein geschlossenes Heim erfolgen. Bis 18 Jahren ist ein Jugendlicher laut § 3 JGG nur dann strafrechtlich verantwortlich, „wenn er zur Zeit der Tat nach seiner sittlichen und geistigen Entwicklung reif genug ist, das Unrecht der Tat einzusehen und nach dieser Einsicht zu handeln". Wenn dem nicht so ist, ist ein Jugendlicher oder eine Jugendliche weiterhin schuldunfähig. Wenn dem aber so ist, wird ein Jugendlicher oder eine Jugendliche nach dem Jugendstrafrecht sanktioniert. Bis zu einem Alter von 21 Jahren, bei sog. Heranwachsenden, können wesentliche Teile des Jugendstrafrechts ebenso Anwendung finden. Nach § 105 JGG wendet der Richter die Vorschriften dann an, „wenn die Gesamtwürdigung der Persönlichkeit des Täters bei Berücksichtigung auch der Umweltbedingungen ergibt, dass er zur Zeit der Tat nach seiner sittlichen und geistigen Entwicklung noch einem Jugendlichen gleichstand, oder wenn es sich nach der Art, den Umständen oder den Beweggründen der Tat um eine Jugendverfehlung handelt". Sanktionen im Jugendstrafrecht können von Erziehungsmaßregeln (z. B. Weisungen oder Erziehungshilfen) über „Zuchtmittel" (z. B. Verwarnung oder Auflagen) bis hin zu Jugendstrafen reichen. Diese milden Bestimmungen gibt es deshalb, damit ein junger Täter „Erziehungsmaßnahmen" erhält, nicht unbedingt, damit Verfehlungen entsprechend ihrer Art und Schwere bestraft werden. Außerdem können so schädigende und stigmatisierende Konsequenzen der Strafverfolgung bei jungen Tätern umgangen werden (Dölling 2007).

„Weniger schuldig" aufgrund von Adoleszenz

Dass Kinder und Jugendliche eine Sonderstellung im Gesetzestext einnehmen, erscheint aus entwicklungspsychologischer Sicht sinnvoll. Drei Gründe sprechen insbesondere dafür: (1) Kognitive und psychosoziale Entwicklungsprozesse sind bei ihnen noch nicht ausgereift. Aufgrund dessen sind sie weniger in der Lage, kompetente Entscheidungen zu treffen, als Erwachsene. Konsistent dazu liegen viele Studien vor, die zeigen, dass Jugendliche anfälliger für Gruppendruck sind, kurzfristiger denken, riskantere Entscheidungen treffen und impulsiver sind. Auch neuronale Studien zeigen, dass relevante Gehirnstrukturen wie das limbische System oder der präfrontale Cortex noch nicht ausgereift sind. (2) Weil ihre Kapazitäten zur Entscheidungsfindung weniger ausgereift sind, sind Jugendliche in bestimmten Umständen verletzlicher, z. B. unter Provokation, Zwang oder auch Drohungen. (3) Da Jugendliche dabei sind, ihre Identität zu entwickeln, reflektiert kriminelles Verhalten weniger wahrscheinlich einen schlechten Charakter. Studien zeigen entsprechend, dass nur ein relativ kleiner Anteil an Jugendlichen, die sich kriminell verhalten, ein ebensolches Verhalten als Erwachsene zeigen. Jugendliche scheinen somit allein schon aufgrund dieser Übergangszeit in der Entwicklung weniger schuldfähig zu sein als Erwachsene (Steinberg und Scott 2003) (Abb. 4.2).

Abb. 4.2 Aus entwicklungspsychologischer Sicht nehmen Jugendliche eine Sonderstellung ein. (© oneinchpunch/▶ stock.adobe.com)

Im Gegensatz zu anderen rechtspsychologischen Bereichen liegen keine Mindeststandards oder -anforderungen für die Begutachtung von Strafmündigkeit vor. Entsprechende Einschätzungen werden auch meist durch das Gericht in eigener Sachkompetenz vorgenommen. Wenn Gutachter beigezogen werden, dann insbesondere, wenn eine besonders auffällige Fallkonstellation vorliegt.

4.2 Überprüfung der Schuldfähigkeit

Wenn eine Person im juristischen Sinne schuldig ist, dann müssen die folgenden Merkmale vorliegen: Die Tat muss „vorwerfbar" sein, eine Person muss also gegen ein bestehendes Gesetz gehandelt haben. Ein normentsprechendes Verhalten muss zumutbar gewesen sein, d. h. eine Person muss fähig gewesen sein, sich nach dem Gesetz zu verhalten. Und die Person hätte wissen können, dass sie sich rechtswidrig verhält, und hat eine eigene Entscheidung getroffen, sich dennoch ebenso zu verhalten (Krümpelmann 1991).

Um die Schuldfähigkeit zu prüfen, wird gemäß Gesetzestext ein Verfahren mit zwei Stufen verfolgt: (1) Zunächst wird das Vorliegen einer psychischen Störung geprüft. (2) Anschließend wird bewertet, ob die psychische Störung die Einsichtsfähigkeit und die Steuerungsfähigkeit des Täters beeinträchtigt haben könnte. Dieses Verfahren wird auch „psychisch-normative Methode" (Jeschek und Weigend 1996) genannt, weil es auf der ersten Stufe um psychische Befunde und auf der zweiten Stufe um normative Fähigkeiten geht.

4.2.1 Überprüfung psychischer Befunde

Stufe 1 der psychisch-normativen Methode umfasst also die Prüfung, ob eine psychische Störung vorliegt. Dabei stehen diese Störungsbilder im Zentrum, die einem der vier Begriffe aus dem Gesetzestext zuzuordnen sind: krankhafte seelische Störung, Schwachsinn, schwere andere seelische Abartigkeit und tief greifende Bewusstseinsstörung.

Die „krankhafte seelische Störung" umfasst solche Störungen, die auf körperlichen Ursachen beruhen oder wahrscheinlich beruhen. Das sind vor allem psychotische Störungen (schizophrene und manisch-depressive Formen) und hirnorganische Störungen, auch solche, die nur akut sind, wie ein zeitlich eingeschränkter Rausch. Auch epileptische Störungen und genetisch bedingte Erkrankungen wie das Down-Syndrom zählen darunter. Unter dem Begriff „Schwachsinn" werden Intelligenzdefizite gefasst, die keine körperliche Ursache haben. Nicht darunter zählen beispielsweise Demenz oder genetisch bedingte Minderbegabungen, die jedoch, aufgrund ihrer eindeutigen organischen Ursachen, als krankhafte seelische Störung aufgefasst werden können. Die „schweren anderen seelischen Abartigen" sind schwere Persönlichkeitsstörungen, sexuelle Abweichungen, sog. Paraphilien, und länger andauernde Anpassungsstörungen (Kröber 2007).

> **Definition**
>
> **Paraphilien** bezeichnen psychische Störungen, in denen es darum geht, dass Personen sexuelle Verhaltensweisen zeigen, die von der gesellschaftlichen Norm abweichen. Die Sexualität kann auf unbelebte Gegenstände fokussieren, aber auch auf nicht einverständnisfähige Personen wie Kinder, oder sie ist mit Schmerz bzw. Demütigung verbunden.

Begutachtung von Persönlichkeitsstörungen und sexuellen Abweichungen

Weil es im Rahmen von Schuldfähigkeitsfragen in der Begutachtung von Menschen mit Persönlichkeitsstörungen und Paraphilien häufig Probleme gibt, hat sich eine Arbeitsgruppe aus Juristen, forensischen Psychiatern und Psychologen sowie Sexualmedizinern um Axel Boetticher et al. (2007) damit beschäftigt, wie diese konkret von anderen Störungen abgegrenzt werden können. Es wurden Anhaltspunkte entwickelt, die in solchen Fällen zurate gezogen werden sollten.

Bezüglich der Persönlichkeitsstörungen stellte die Arbeitsgruppe zum einen fest, dass nur dann von einer „schweren seelischen Abartigkeit" gesprochen werden kann, wenn die psychosozialen Leistungseinbußen vergleichbar sind mit Konsequenzen, die nach krankhaften seelischen Verfassungen auftreten. Zum anderen wurden verschiedene Punkte skizziert, die einen Gutachter zu dem Ergebnis einer „schweren seelischen Abartigkeit" führen lassen können: eine erhebliche Auffälligkeit der affektiven

Ansprechbarkeit bzw. Affektregulation, eine Einengung der Lebensführung bzw. Stereotypisierung des Verhaltens, eine durchgängige oder wiederholte Beeinträchtigung der Beziehungsgestaltung und psychosozialen Leistungsfähigkeit durch affektive Auffälligkeiten, Verhaltensprobleme und unflexible, unangepasste Denkstile, eine durchgehende Störung des Selbstwertgefühls sowie deutliche Schwächen von Abwehr- und Realitätsprüfungsmechanismen. Die Arbeitsgruppe legte auch fest, welche Punkte gegen eine schwere seelische Abartigkeit sprechen: Auffälligkeiten der affektiven Ansprechbarkeit ohne schwerwiegende Beeinträchtigung der Beziehungsgestaltung und psychosozialen Leistungsfähigkeit, weitgehend erhaltene Verhaltensspielräume, Selbst-wertproblematik ohne durchgängige Auswirkungen auf die Beziehungsgestaltung und psychosoziale Leistungsfähigkeit, intakte Realitätskontrolle und reife Abwehrmechanismen sowie eine altersentsprechende biografische Entwicklung.

Um eine Paraphilie als „schwere andere seelische Abartigkeit" zu klassifizieren, sind folgende Gründe möglich: Die Sexualstruktur ist weitgehend durch die paraphile Neigung bestimmt; eine ich-fremde Verarbeitung führt zur Ausblendung der Paraphilie, eine Zunahme und „Überflutung" durch dranghafte paraphile Impulse mit ausbleibender Sanktion beherrschen das Erleben und Verhalten, andere Formen soziosexueller Befriedigung stehen nicht zur Verfügung.

Unter die „tiefgreifenden Bewusstseinsstörungen" zählen Einengungen des Bewusstseins, die tagtäglich vorkommen können – aber eben schwerwiegend sind. Das können Zustände schwerer Übermüdung oder Erschöpfung sein, aber auch sog. hochgradige Affekte. Affektdelikte entspringen nicht aus einem vorab gebildeten Plan, sondern aus einer außergewöhnlich hohen Erregungssituation. Im Gegensatz zu den anderen drei Begriffen umfasst der Begriff der „tiefgreifenden Bewusstseinsstörungen" im Prinzip psychisch gesunde Menschen, die sich aber in einer Ausnahmesituation befunden haben (Volbert und Dahle 2010).

Affekttaten und Tötungsdelikte

In der Literatur werden unter Affekttaten meist Tötungsdelikte behandelt, die im Zusammenhang mit einem Konflikt in einer Partner- bzw. Intimbeziehung geschehen. Tötungsdelikte sind Straftaten, die nur äußerst selten passieren. In Deutschland werden jährlich etwa 900 vollendete Fälle registriert – wobei die Zahlen seit den 1990er Jahren rückläufig sind. Die meisten Tötungen sind spontan, geschehen im Verlauf von Streitigkeiten, und das Opfer spielte eine gewisse ursächliche Rolle. Die meisten Täter sind männlich, jünger als 30 Jahre, kennen das Opfer und gehören zur selben Ethnie wie das Opfer (Barlow 1996). Es ist davon auszugehen, dass ein Fünftel bis ein Drittel aller Tötungsdelikte der Affekttat zuzuordnen ist. Die folgenden drei Tötungssituationen werden typischerweise als Affekttaten diskutiert: die „Geliebtentötung" durch den verlassenen Partner wegen unerwiderter Liebe, die „Gattentötung" durch den verlassenen Partner aus Verzweiflung über das Scheitern des Lebensplans und die „Elimination" des ehestörenden Partners in Form einer Tötung des Familien-

4

tyrannen (Rasch 1964). Diesen Taten gemeinsam ist, dass sie sich aus einem Beziehungskonflikt entwickeln, dass der spätere Täter oder die spätere Täterin durch erfolglose Konfliktlösungsversuche immer mehr destabilisiert und dass er oder sie schließlich aus einem weniger schwerwiegenden Anlass, häufig einer letzten Aussprache, einen Mord begeht (Abb. 4.3).

Abb. **4.3** In der Literatur sind typische Affekttaten solche, die sich aus einem Konflikt in der Beziehung entwickeln. (© junce11/▶ stock.adobe.com)

Neuere Ansätze stehen der klassischen Affekttat allerdings kritisch gegenüber. Denn eine Affekttat, bei der dem Täter vor der Tat Gewalttätigkeit fremd war und er allein durch die Dynamik des Konflikts so dekompensiert, dass es zu einem Affektdurchbruch kommt und er einen Gewaltexzess verübt, ist möglicherweise ein Mythos. Studien deuten an, dass Täter, die wegen einer Tötung im Affekt inhaftiert sind, in der Regel auch dissozial-delinquente Auffälligkeiten in ihrer Persönlichkeit vereinen. Szenen einer klassischen Affekttat werden außerdem vor allem bei Tötungsdelikten beschrieben, bei denen das Opfer seine Sichtweise nicht mehr erzählen kann. Der Begriff Affekttat scheint zudem ein deutsches Spezifikum zu sein, da er offenbar in keiner anderen europäischen Sprache eine Entsprechung findet. Aus wissenschaftlicher Sicht müsste er möglicherweise überdacht werden (Endres und Breuer 2014).

In der Literatur und vor Gericht wird die Beurteilung der „tiefgreifenden Bewusstseinsstörung" kontrovers diskutiert – einige Autoren schreiben sogar, dass kein anderer forensischer Bereich dermaßen umstritten ist. Jedes Symptom, das ein Autor in der Vergangenheit als typisch für eine „tiefgreifende Bewusstseinsstörung" beschrieb, wurde von anderen als unzutreffend oder nicht erhebbar bezeichnet. Auch in der Rechtsprechung zeigt sich Uneinigkeit über das Konzept: So wurden früher Erinnerungsstörungen als signifikantes Kriterium behandelt – heute gelten sie als nicht beweisbar.

Zuletzt sollte bedacht werden, dass die Zuordnung der klinischen Diagnosen zu den rechtlichen Begrifflichkeiten nicht mehr dem heutigen wissenschaftlichen Erkenntnisstand entspricht. Stattdessen entspringt sie dem Kenntnisstand bei Schaffung des Gesetzes in den 1970er Jahren. So war man damals darauf bedacht, solchen Krankheiten, bei denen man früher auf hirnorganische Ursachen schloss, den Vorzug zu geben. Heute weiß man, dass solche Störungen auch von persönlichen und sozialen Umständen modelliert werden. Auch ist heute bekannt, dass viele psychische Störungen, bei denen man früher keine organische Ursache annahm, organische Korrelate haben (Nedopil 2014).

4.2.2 Überprüfung normativer Fähigkeiten

Auf der zweiten Stufe der psychisch-normativen Methode wird geprüft, ob und wie stark sich der psychische Zustand auf die Fähigkeit zur Einsicht des Unrechts und zur Steuerung des eigenen Verhaltens zum Tatzeitpunkt ausgewirkt hat. Natürlich wird diese Überprüfung nur dann vorgenommen, wenn auch auf der ersten Stufe eine der vier Kategorien (siehe vorangegangenes Kapitel) bejaht wurde.

Unter Einsichtsfähigkeit wird verstanden, ob der Täter oder die Täterin fähig war, das Unrecht der begangenen Tat einzusehen. Eine mangelnde Einsicht ist beispielsweise häufig bei schweren intellektuellen Einbußen oder psychotischen Realitätsverkennungen gegeben. Wenn der Täter oder die Täterin das Unrecht während der Tat eingesehen hat (oder auch, wenn er oder sie es prinzipiell hätte einsehen können), dann wird die Steuerungsfähigkeit überprüft. Darunter wird die Fähigkeit verstanden, ob die Person, die die Tat begangen hat, Anreize zur Tat und Hemmmechanismen gegeneinander abwägen konnte und dann zu einem Entschluss hätte kommen können, die Tat nicht zu begehen. Eine aufgehobene Steuerungsfähigkeit besteht also, wenn der Täter oder die Täterin selbst bei Aufbieten aller vorhandenen Hemmmechanismen nicht dazu in der Lage gewesen wäre, die Tat zu stoppen (Schöch 2007). Im Gegensatz zur Überprüfung der psychischen Befunde ist die Überprüfung der normativen Fähigkeiten – Einsicht und Steuerungsfähigkeit – nur dann möglich, wenn die Tatumstände detailliert analysiert wurden (Volbert und Dahle 2010).

Inhibition

Hemmmechanismen werden auch Inhibition oder inhibitorische Kontrolle genannt. Dabei geht es darum, automatische Reaktionen zu kontrollieren oder zu unterdrücken. Nach Russell Barkley (1997) besteht Inhibition aus drei Prozessen: (1) der Unterdrückung einer dominanten Reaktion, (2) dem Anhalten einer laufenden Reaktion und (3) der Störungskontrolle (oder auch Ablenkbarkeit). Inhibitionskontrolle zählt zu den sog. exekutiven Funktionen. Exekutive Funktionen sind verschiedene Fähigkeiten, die dem Zweck dienen, Strategien zum Erreichen eines zukünftigen Ziels zur Verfügung zu stellen. Dabei geht es u. a. um Fähigkeiten der Planung, der mentalen Flexibilität oder des Arbeitsgedächtnisses. Exekutive Funktionen werden in einem bestimmten Bereich des Gehirns gebildet: dem präfrontalen Cortex (Pennington et al. 1996). Interessanterweise ist dieser Bereich des Gehirns während der Kindheit noch recht unausgereift; er wächst bis in die frühe Adoleszenz an. Man nimmt an, dass Inhibition als Grundlage für alle restlichen exekutiven Funktionen zu verstehen ist – ohne sie sind gezielte Verhaltensweisen nicht zu bewältigen.

Inhibitionskontrolle ist ein Forschungsgebiet, das in der Vergangenheit anhand mannigfaltiger Aufgaben wissenschaftlich getestet wurde. Eine dieser Aufgaben nennt sich das „Go/No-go-Paradigma" (Trommer et al. 1988). Probanden sollen auf bestimmte Art und Weise auf Stimuli reagieren, die auf einem Computerbildschirm gezeigt werden und häufig vorkommen (z. B. die Leertaste drücken, wenn ein roter Kreis erscheint). Sie sollen aber auch ihre Antwort unterdrücken, wenn ein anderer Stimulus gezeigt wird, der seltener erscheint (z. B. ein blauer Kreis). Eine andere Aufgabe ist der sog. „Stroop Task" (Stroop 1935). Bei dieser Aufgabe geht es darum, dass Probanden die Farbe verschiedener geschriebener Worte benennen sollen. Diese Wörter beschreiben jedoch selbst Farben – zum Beispiel ist das Wort blau in roter Schrift gedruckt. Die Krux ist nun, nicht die Wörter zu lesen, sondern deren Farben zu benennen. Auch hier müssen die Probanden also eine automatische Reaktion hemmen (Abb. 4.4).

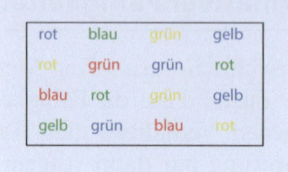

Abb. 4.4 Mögliche Anforderungen eines Stroop-Tasks

4

Bei einer „krankhaften seelischen Störung" wie einer akuten Schizophrenie während der Tat ist beispielsweise von einer aufgehobenen Einsichtsfähigkeit auszugehen. Aber auch wenn anzunehmen ist, dass das Unrecht teilweise dennoch eingesehen werden konnte, führen Denkstörungen und Wahndynamik häufig dazu, dass die Steuerungsfähigkeit verneint werden muss (Müller-Isberner und Venzlaff 2009). Bei akuter Alkoholisierung während der Tat ist zu beurteilen, welches psychische, körperliche und sozial-kommunikative Funktionsniveau der Täter oder die Täterin innehatte. In der Praxis hat sich die Daumenregel eingebürgert, dass bei trinkungewohnten Personen ein Wert von 3 Promille eine aufgehobene Steuerungsfähigkeit nahelegt und ein Wert zwischen 2 und 3 Promille zumindest eine verminderte Steuerungsfähigkeit. Dennoch sollte man nicht einen bloßen Blutalkoholkonzentrationswert heranziehen, denn ein gleicher Wert kann sich für verschiedene Menschen unterschiedlich auswirken. Wenn aber beispielsweise Motorik und Reflexe zur Tatzeit deutlich beeinträchtigt waren oder eine Person impulsiv und kognitiv klar beeinträchtigt war, ist von einer erheblich eingeschränkten Steuerungsfähigkeit auszugehen (Foerster 2009). Bei Intelligenzminderungen, die der Kategorie „Schwachsinn" zuzuordnen wären, sollte ebenfalls nicht nur der IQ herangezogen werden. Stattdessen sollten auch lebenspraktische Fertigkeiten erfasst werden. Bei Menschen mit einer ausgeprägten Beeinträchtigung ist anzunehmen, dass Fähigkeiten zur Einsicht in das Unrecht von Straftaten nicht anzunehmen sind. Bei leichten oder mittelgradigen Beeinträchtigungen besteht häufig Einsichtsfähigkeit; in vielen Fällen ist aber die Steuerungsfähigkeit erheblich beeinträchtigt (Günter 2009). Die Abschätzung von Einsicht und Steuerungsfähigkeit in der Kategorie der „schweren anderen seelische Abartigkeiten" ist viel diskutiert und hat ganze Arbeitsgruppen auf den Plan gerufen.

Zur Beurteilung von Affekttaten, die der Kategorie der „tiefgreifenden Bewusstseinsstörung" zuzuordnen wären, wurden verschiedene Kataloge entwickelt. Gemäß dem Merkmalskatalog für Affekttaten (Saß 1985) sprechen beispielsweise für eine Beeinträchtigung der Steuerungsfähigkeit, wenn es eine spezifische Vorgeschichte mit Anlaufzeit und eine affektive Ausgangssituation gegeben hat, wenn ein enger Zusammenhang zwischen Provokation, Erregung und Tat bestand oder wenn das Wahrnehmungsfeld und seelische Abläufe eingeengt wurden. Gegen eine beeinträchtigte Steuerungsfähigkeit spräche zum Beispiel, wenn es Vorbereitungshandlungen für die Tat gab, wenn der Handlungsablauf komplex war oder sich das Tatgeschehen länger hinzog. Solche Listen sollten jedoch nicht als Checklisten herangezogen werden, sondern lediglich als Hilfestellung, woran bei der Begutachtung potenziell gedacht werden könnte.

Einsicht und Steuerung bei Persönlichkeitsstörungen und sexuellen Abweichungen

Bei Persönlichkeitsstörungen und Paraphilien ist in der Regel nicht davon auszugehen, dass die Fähigkeit zur Einsicht in das Unrecht einer Tat zu verneinen ist. Auch eine Steuerungsfähigkeit wird in den meisten Fällen nicht vollständig aufgehoben sein. Daher geht es in der Kategorie der „schweren anderen seelischen Abartigen" meist darum, ob eine Steuerungsfähigkeit zumindest erheblich beeinträchtigt war oder nicht. Die Arbeitsgruppe um Axel Boetticher et al. (2007) stellte auch zu dieser kniffligen Frage Anhaltspunkte für den Gutachter bzw. die Gutachterin auf.

Bei schweren Persönlichkeitsstörungen ist die Steuerungsfähigkeit dann beeinträchtigt, wenn eine konflikthafte Zuspitzung und emotionale Labilisierung vor dem Delikt stattfand, wenn der Tatablauf abrupt impulshaft ist, wenn ein enger Zusammenhang zwischen den Persönlichkeitsproblemen und der Tat besteht und wenn weitere relevante Konstellationen (z. B. Alkoholintoxikation) vorlagen. Gegen eine erhebliche Beeinträchtigung der Steuerungsfähigkeit spricht, wenn eine Tat vorbereitet wurde, sie aus dissozialen Verhaltensbereitschaften hervorging, wenn bei der Tat nach einem gewissen Plan vorgegangen wurde, dabei eine Fähigkeit zu warten sichtbar wurde, wenn ein Handlungsablauf komplex ist, Vorsorge getroffen wurde, nicht entdeckt zu werden, und wenn anderes Verhalten prinzipiell in der Situation möglich gewesen wäre.

Bei Paraphilien ist von einer erheblich verminderten Steuerungsfähigkeit auszugehen, wenn folgende Punkte vorliegen: konflikthafte Zuspitzung und emotionale Labilisierung vor dem Delikt mit bestehender und längerfristiger Ausweglosigkeit aus dem sexuellen Trieb, Tatdurchführung auch in sozial stark kontrollierter Situation, abrupter, impulshafter Tatablauf, archaischdestruktiver Stil, Ablauf mit ritualisiert wirkendem Tatablauf und Ausblendung von Außenreizen und weitere relevante Konstellationen (z. B. Alkoholintoxikation, eingeschränkte Intelligenz).

Letztlich muss ein Gutachter oder eine Gutachterin beschreiben, warum und inwieweit Einsichts- und Steuerungsfähigkeit durch die festgestellte Störung beeinträchtigt war – das normative Urteil, ob dem Täter ein alternatives Verhalten zumutbar gewesen wäre, trifft dann das Gericht (Volbert und Dahle 2010).

4

In unserem Fallbeispiel wurde bei Felix ein IQ von 50 und somit, laut dem Klassifikationssystem ICD-10, eine leichte Intelligenzminderung festgestellt, die an der Schwelle zur mittelgradigen Beeinträchtigung war. Es zeigte sich zudem in der Exploration mit dem Gutachter, dass Felix mit 23 Jahren noch bei seinen Eltern lebte und nicht selbst für sich sorgen konnte. Er hatte zwar eine Förderschule abgeschlossen, verweigerte aber regelmäßig, mit fremden Personen zu sprechen. Felix arbeitete in einem Lebenshilfeverein und bestritt seine Freizeit vor allem damit, dass er mit seinem Fahrrad in der Innenstadt mehr oder weniger ziellos herumfuhr. Als er auf die Tat an dem 10-jährigen Adam angesprochen wurde, reagierte er verwundert und fragte nach, ob das ein Junge gewesen sein solle. Die Vorfälle aus der Vergangenheit, insbesondere das Steineschmeißen und der körperliche Angriff auf die Busfahrerin, waren ihm erinnerlich und ihm war bewusst, dass er hierbei ein Unrecht begangen hatte. Deutlich wurde jedoch ebenso, dass er generell große Schwierigkeiten in der Inhibition von Handlungen zeigte, speziell dann, wenn er unter Stress stand. Der beauftragte Gutachter schloss, dass Felix schuldunfähig war: Er handelte während der Tat aufgrund seines durch die Intelligenzminderung bedingten „Schwachsinns" zwar in Bewusstsein des Unrechts der Tat, aber ohne ausreichende Fähigkeiten, sein Verhalten zu steuern.

4.3 Überprüfung der Strafmündigkeit Jugendlicher

Strafmündigkeit in der Geschichte

Heinrich von Kleist gab 1810 die folgende Geschichte wieder, die er aus Georg Wickrams „Rollwagenbüchlein" (1556) entnommen hatte: „In einer Stadt, Franecker genannt, gelegen in Westfriesland, da ist es geschehen, dass junge Kinder, fünf, sechsjährige, Mägdlein und Knaben mit einander spielten. Und sie ordneten ein Büblein an, das solle der Metzger sein, ein anderes Büblein, das solle Koch sein, und ein drittes Büblein, das solle eine Sau sein. […] Der Metzger gerieth nun verabredetermaßen an das Büblein, das die Sau sollte sein, riß es nieder und schnitt ihm mit einem Messerlein die Gurgel auf. […] Ein Ratsherr, der von ungefähr vorübergeht, sieht das Elend; er nimmt von Stund' an den Metzger mit sich, und führt ihn in des Obersten Haus, welcher sogleich den ganzen Rath versammeln ließ. Sie saßen all über diesen Handel, und wussten nicht, wie sie ihm thun sollten, denn sie sahen wohl, daß es kindlicher Weise geschehen war. Einer unter ihnen, ein alter weiser Mann, gab den Rath, der oberste Richter solle einen schönen rothen Apfel in die Hand nehmen, in die andere einen rheinischen Gulden, solle das Kind zu sich rufen, und beide Hände gleich gegen dasselbe ausstrecken; nehme es den Apfel, so solle es ledig erkannt werden, nehme es aber den Gulden, so solle man es auch tödten. Dem wird gefolgt; das Kind aber ergreift den Apfel lachend, wird also aller Strafe ledig erkannt."

Deutlich wird, dass bereits vor fast 500 Jahren die Strafmündigkeit von Kindern diskutiert und – damit einhergehend – die Frage nach der Fähigkeit des Erkennens von abstrakten Regeln gestellt wurde. In den angelsächsischen Ländern gab es bereits im 19. Jahrhundert Überlegungen über eine Sonderbehandlung junger Straftäter. Ein Sonderstrafrecht für junge Täter wurde in Deutschland erst 1923 eingeführt. Seit 1953 findet man Regelungen zur Strafmündigkeit im Jugendgerichtsgesetz (Abb. 4.5).

Abb. 4.5 Überlegungen über Strafmündigkeit finden sich schon früh in der Literaturgeschichte. (© tomertu/▶ stock.adobe.com)

Blickt man auf den Gesetzestext in § 3 JGG, so wird deutlich, dass es bei der Überprüfung der Strafmündigkeit von Jugendlichen prinzipiell Parallelen zum methodischen Vorgehen bei der Überprüfung von Schuldfähigkeit gibt. In beiden klingt ein zweistufiges Verfahren an: Zunächst sollen gewisse Fähigkeiten geprüft werden, dann, ob Einsicht in Unrecht und Steuerungsfähigkeiten gegeben sind. Während es allerdings bei der Schuldfähigkeit darum geht, zu untersuchen, ob fehlende (oder mindestens erheblich eingeschränkte) Fähigkeiten vorliegen, wird bei der Strafmündigkeit entgegengesetzt geprüft, ob entsprechende Fähigkeiten – im Sinne einer „Entwicklungsreife" – existieren. Da es keine definierte Schwelle von Entwicklungsreife gibt, muss hier geprüft werden, ob rechtmäßiges Handeln in der konkreten Situation zumutbar war. Das schließt explizit entwicklungsunabhängige Gründe wie Fehlentwicklungen, die nicht mehr kompensiert werden, psychopathologische Defizite oder Irrtümer aus (Volbert und Dahle 2010).

4.3.1 Überprüfung der Entwicklungsreife

Um die Entwicklungsreife eines Jugendlichen zu überprüfen, werden je nach Kontext der Tat unterschiedliche Anforderungen an die entwicklungsabhängigen Kompetenzen gestellt. Generelle Konzepte wie Theorien zur Moralentwicklung können zwar als Gedankenstütze herangezogen werden, würden aber zu kurz greifen, wenn man sich ausschließlich auf sie beziehen würde. In einigen Situationen könnten beispielsweise zusätzlich Strategien der Frustrationsbewältigung eine Rolle spielen, in anderen müsste man Fähigkeiten zur Abgrenzung von Gruppendruck einbeziehen.

4

Theorien der Moralentwicklung

In der psychologischen Forschung wurden verschiedene Theorien entwickelt, um zu erklären, wie sich Moral im Menschen entwickelt. Eine der ersten Theorien wurde von Piaget (1932) aufgestellt. Er unterschied zwei Formen von Moral: die Moral, die Kinder, und die Moral, die Jugendliche innehaben. Die kindliche Moral definierte er als egozentrisch. Sie entsteht aus der Beziehung zwischen Eltern und Kind, wobei die Eltern die Regeln setzen und die Kinder diese befolgen. Damit ist sie im Zwang begründet – nach Piaget, einer Mischung aus Liebe und Furcht, die Kinder an die Eltern bindet. Die Moral des Jugendlichen definierte er als autonom. Im Gegensatz zur kindlichen Moral entsteht sie aus Beziehungen zwischen Gleichaltrigen, ist also Produkt eines gemeinsamen Erlebens – und damit auch verhandelbar.

Kohlberg (1969) postulierte Jahrzehnte später ein Modell der Moralentwicklung, das auf sechs aufeinander aufbauenden Entwicklungsstufen basiert. In Stufe 1 orientieren sich Menschen an Gehorsam und Strafe, in Stufe 2 an pragmatisch-instrumentellen Überlegungen – sozusagen einer Form des „wie du mir, so ich dir". Wenn die beiden Stufen der präkonventionellen Moral überwunden werden, finden sich Menschen in der konventionellen Moral wieder. Auf Stufe 3 beruht Moral auf einer guten Beziehung. Diese umfasst die bekannte laienpsychologische Regel „Was du nicht willst, was man dir tut, das füg' auch keinem anderen zu". Auf Stufe 4 begreift sich der Mensch als Mitglied einer Gesellschaft und internalisiert deren Pflichte und Rechte. Werden diese konventionellen Moralstufen überschritten werden, findet sich die postkonventionelle Moral (Stufe 5 und 6), die eine kritische, gewissensorientierte Haltung gegenüber gesellschaftlichen Normen annimmt. Die Höhe der erreichten Entwicklungsstufe kann variieren – sowohl innerhalb verschiedener Milieus einer Gesellschaft als auch kulturspezifisch (Abb. 4.6).

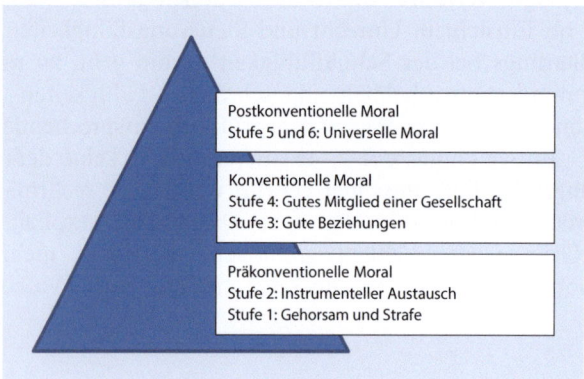

Abb. 4.6 Stufen der Moralentwicklung nach Kohlberg (1969)

Letztlich muss somit ein jugendlicher Täter auf komplexe Art und Weise – nämlich multidimensional – beurteilt werden. Zur Erleichterung einer solchen Bewertung gibt es prototypische Tatkonstellationen, die eine Strafmündigkeit unwahrscheinlich erscheinen lassen. Diese umfassen beispielsweise Taten, die unter Einbindung in kriminelle Aktivitäten der Familie oder unter starken gruppendynamischen Einflüssen stattgefunden haben. Auch Verzweiflungstaten durch Überforderung oder Taten, die im Kontext kulturell bedingter Normkonflikte stattgefunden haben, zählen zu solchen Prototypen (Günter 2009).

4.3.2 Überprüfung normativer Fähigkeiten

Wie bei der Schuldfähigkeitsbeurteilung geht es auf der zweiten Stufe der Straf-
mündigkeitsprüfung darum, Unrechtseinsicht und Steuerungsfähigkeiten zu
bewerten. Die Einsichtsfähigkeit umfasst nicht das genaue Wissen über die strafrechtliche Dimension einer Tat, sondern basale Kenntnisse über deren Unrecht.
Die meisten Jugendlichen verfügen über solche Kompetenzen: Kinder wissen
beispielsweise schon ab vier oder fünf Jahren, dass bei absichtlichem Täuschen
oder Diebstahl Unrecht begangen wurde, und kennen mindestens ab zehn Jahren
die Konzepte der absichtlichen und fahrlässigen Körperverletzung (Schepker
und Toker 2007). Nur in schweren Ausnahmefällen – zum Beispiel bei schwerer
geistiger Behinderung – ist dem nicht so. Dann ist aber nicht unbedingt die Strafmündigkeit zu prüfen, sondern eher die Schuldfähigkeit.

Entwicklung des rechtlichen Bewusstseins von Kindern und Jugendlichen

In einer Studie von Weyers et al. (2007) wurden Kinder in verschiedenen Alters-
gruppen, von drei bis 13 Jahren, nach ihrem Rechtsverständnis gefragt. Es
zeigte sich, dass alle Kinder nicht nur Schlagen und Stehlen, sondern auch
Anstiftung und Beihilfe, Raub, Unter-schlagung sowie Gebrauchsanmaßung
und Sachentziehung verurteilten. Ins-besondere die jüngeren Kinder unterschieden allerdings nicht angemessen zwischen verschiedenen Eigentums-
delikten – sie empfanden alle Arten des Diebstahls als „Klauen". Alle Kinder,
unabhängig von ihrem Alter, plädierten für Bestrafungen bei den genannten
Delikten und sogar für Strafver-schärfung bei einem Rückfall. Ältere
Kinder zogen eher erzieherische Strafen vor, jüngere eher Sühnestrafen.

Für die Steuerungsfähigkeit stehen keine a-priori Kriterien fest. Stattdessen
kann sie nur fallbezogen eingeschätzt werden. Dazu müssen zum einen der Entwicklungsstand des Täters oder der Täterin zum Tatzeitpunkt und seine oder ihre
entwicklungsabhängigen Kompetenzen und Defizite herausgearbeitet werden.
Zum anderen müssen das Tatgeschehen und seine Anforderungen analysiert
werden (Volbert und Dahle 2010).

4.3.3 Idiografische Vorgehensweise bei der Bewertung

Nachdem die Überprüfung der Strafmündigkeit von Jugendlichen im Gegensatz
zur Überprüfung der Schuldfähigkeit von keinen vorab definierten Kriterien-
katalogen abgelesen werden kann, sondern einer komplexen Einzelfalldiagnostik
bedarf, empfiehlt insbesondere Dahle eine prozesshafte idiografische Beurteilung
mit mehreren Schritten, ähnlich dem Vorgehen in der Kriminalprognose (Busch
2006; Dahle 2005).

4

In Schritt 1 sollte demnach die biografische Vorgeschichte des Täters rekonstruiert werden. Im besten Fall sollte die Situation, in die er hineingeboren wurde, bis zum Zeitpunkt der Tat skizziert werden. Auf zwei Aspekte sollte dabei besonders fokussiert werden: zum einen auf entwicklungspsychopathologische Auffälligkeiten, die für die Beurteilung der Einsichts- und Steuerungsfähigkeiten relevant sind. Zum anderen sollte der Gutachter dissoziale und delinquente Einstellungs- und Verhaltensmuster im Auge behalten. Falls fehlende Einsichts- und Steuerungsfähigkeit vorliegt, ist das relevant, um zu erkennen, ob Entwicklungsdefizite oder aber eine dissozial-delinquente Fehlentwicklung verantwortlich sind. Schritt 1 ist dann erfolgreich, wenn eine individuelle Entwicklungstheorie zur Persönlichkeit des Täters aufgestellt wurde. Als Datengrundlage sollte vor allem eine Exploration mit dem Untersuchten dienen. Zusätzlich können testpsychologische Methoden verwendet werden, aber auch Drittpersonen befragt oder Aktenunterlagen (z. B. Jugendamtsakten oder Behandlungsunterlagen) herangezogen werden. Bei der Datensammlung sollte jedoch immer bedacht werden, dass die Rekonstruktion rückblickend sein muss, Erlebnisse und Erfahrungen im Nachgang der Tathandlung somit ausgeklammert werden müssen.

Im zweiten Schritt geht es darum, Kompetenzen und Defizite des Täters zum Zeitpunkt der Tat einzuschätzen. Dabei sollten sowohl innere Erlebens- und Verhaltensmöglichkeiten (z. B. Selbstkontrollprozesse, Handlungsstrategien oder Bedürfnisse) als auch äußere Anforderungen (z. B. Erwartungen oder Provokationen) miteinbezogen werden. Für die Datenbasis sollte auch hier wieder vornehmlich auf eine Exploration des Täters zurückgegriffen werden. Diese könnte durch Gespräche mit Dritten oder auch eine Einholung der Ermittlungsakte ergänzt werden.

Der dritte und letzte Schritt der idiografischen Beurteilung ist die detaillierte Rekonstruktion des Tatgeschehens, inklusive des Vor- und Nachtatgeschehens. Der Gutachter sollte hier auf zwei Punkte fokussieren: Einerseits müssen Motive und subjektive Wahrnehmungen des Täters herausgearbeitet werden. Andererseits sollte untersucht werden, ob ein Unrechtsbewusstsein sichtbar wird – nicht nur in Form direkt ablesbarer Gedankengänge, sondern auch indirekt über Maßnahmen zum Schutz vor Entdeckung oder Ähnlichem. Daten zur Prüfung dieses letzten Schrittes können sowohl aus den Angaben des Täters entnommen werden als auch aus Informationen der Ermittlungsakte und der Anklageschrift.

Zuletzt müssen die Ergebnisse aus Schritt 3 mit denen aus Schritt 1 und 2 verglichen werden. Das heißt, die Bedingungen der Tat müssen mit den entwicklungsabhängigen Kompetenzen und Defiziten des Täters abgeglichen werden. So kann schließlich eingeschätzt werden, ob es Möglichkeiten zur Einsicht des Unrechts und insbesondere zum einsichtsgemäßen Handeln gegeben hätte. Das normative Urteil, ob dem Täter ein alternatives Verhalten zumutbar gewesen wäre, trifft dann das Gericht. Wenn der Täter keine ausreichenden Kompetenzen dazu hatte, wird er allerdings nur dann strafunmündig sein, wenn diese fehlenden Kompetenzen auf kompensierbaren Entwicklungsdefizite beruhen. Beruhen sie auf anderen Gründen (z. B. psychischen Störungen, Irrtümern oder dissozialen Fehlentwicklungen), trägt das Konzept der Strafmündigkeit nicht mehr (Volbert und Dahle 2010).

4.4 Überprüfung der Strafmündigkeit Heranwachsender

Zur Bewertung der Strafmündigkeit Heranwachsender, also Personen zwischen 18 und 21 Jahre, gibt es gemäß Gesetzestext zwei Wege: Zum einen kann der Entwicklungsstand (konkret: eine potenziell mangelnde Entwicklungsreife) abgeschätzt werden. Im Gegensatz zur Bewertung der Strafmündigkeit Jugendlicher sind Unrechtseinsicht und Steuerungsfähigkeiten bei Heranwachsenden irrelevant, weil sie grundsätzlich zur Verantwortung zu ziehen sind. Zum anderen kann bewertet werden, ob die Art und Hintergründe der Straftat darauf hinweisen, dass es sich bei dem Täter in kognitiven Dimensionen noch um einen Jugendlichen handelt.

4.4.1 Überprüfung des Entwicklungsstandes

Um den Entwicklungsstand eines Heranwachsenden abzuschätzen, wurden in der Vergangenheit Versuche unternommen, Listen mit Positiv- und Negativmerkmalen für Unreife zu erstellen. Die erste Liste, die aus einer solchen Bemühung hervorging, umfasst die sog. „Marburger Richtlinien" (Anonymous 1955). Sie postulieren als Positivmerkmale von Unreife beispielsweise eine ungenügende Ausformung der Persönlichkeit, Hilflosigkeit, die sich möglicherweise hinter Trotz und Arroganz versteckt, und ein naiv-vertrauensseliges Verhalten. Negativmerkmale zeigen sich demnach u. a. in dem Fehlen einer gewissen Lebensplanung, der mangelnden Fähigkeit zum selbstständigen Urteil und Entscheiden sowie dem Fehlen einer ernsthaften Einstellung zur Arbeit. Diese Richtlinien entstanden in Ermangelung empirischer Befunde ohne methodischen Hintergrund und sind inhaltlich teilweise fragwürdig. Nach Busch (2008) entsteht bei der Anwendung der Marburger Richtlinien das Bild eines Jugendlichen aus „Goethes Werther" und weniger das eines jungen Menschen, der in der modernen Kommunikationsgesellschaft aufwächst. Trotz dieser Kritik wird die Liste in der Praxis teilweise noch zurate gezogen.

Ein weiterer Ansatz entstand aus einer Ergänzung der Marburger Richtlinien um entwicklungspsychologische Überlegungen: die sog. (Un-)Reifekriterien (Esser et al. 1991). Dabei werden drei Hauptaspekte zur Beurteilung Heranwachsender adressiert: Lebensplanung und Alltagsbewältigung, Partnerbeziehung sowie äußere Reifeaspekte. Zur Erhebung dieser Aspekte werden die Untersuchten auf zehn Merkmalen mit entgegengesetzten Polen auf einer vierstufen Skala (von 1 = kindlich über 2 = jugendlich über 3 = heranwachsend zu 4 = erwachsen) beurteilt. Diese sind beispielsweise die Folgenden:

- Realistische Lebensplanung versus Leben im Augenblick
- Eigenständigkeit gegenüber Eltern versus aktuelle Autonomiebestrebungen
- Integration versus mangelnde Integration von Eros und Sexus

In einer Evaluation zeigte sich, dass sich die Beurteilungsdimensionen mit höherem Alter weiterentwickeln, sie also tatsächlich entwicklungsabhängige Kriterien erfassen (Esser 1999).

In einem dritten Ansatz, der Bonner Delphi-Studie, wurde ein neuer Ansatz gewählt. Es wurde eine Datenerhebung mit Experten verschiedener Fachgebiete durchgeführt, um die psychosoziale Entwicklung Heranwachsender zu skizzieren. Deren Erkenntnisse wurden mit den Einschätzungen von Nicht-Experten abgeglichen. Hieraus resultierten acht personenbezogene Entscheidungsalgorithmen mit den folgenden Aspekten: soziale Autonomie und Autonomie in der Lebensführung, Beziehungen und Partnerschaft, Qualifikation und Ziele, Werte und Normen, Emotionalität und Impulsivität, Problem- und Konfliktmanagement, Kommunikation und Reflexivität sowie Umweltbedingungen. Unter Werte und Normen versteht man beispielsweise die Frage, ob Heranwachsende bei der Ausbildung des eigenen Wertesystems eigenständig sind und gesellschaftliche Normen akzeptieren oder nicht. Statistisch zeigte sich, dass die Items gut zwischen erwachsenen und jugendlichen Straftätern trennen können (Busch und Scholz 2003).

Auch wenn solche Listen und Items entwickelt wurden, ist es unabdingbar, dass der Entwicklungsstand eines jungen Täters individuell herausgearbeitet wird. Die genannten Ansätze sind also eher als Hilfestellung zu verstehen.

4.4.2 Überprüfung einer Jugendverfehlung

> **Definition**
>
> **Jugendverfehlungen** sind gemäß einer Kommentierung des Gesetzestextes „Taten, die schon nach ihrem äußeren Erscheinungsbild die Merkmale jugendlicher Unreife aufweisen, doch können auch lediglich die Beweggründe der Tat und ihre Veranlassung diese als eine Jugendverfehlung kennzeichnen. Für Jugendliche typisches Verhalten offenbart sich insbesondere in einem Mangel an Ausgeglichenheit, Besonnenheit und Hemmungsvermögen. Es kommt darauf an, ob die konkret begangene Tat auf jugendlichen Leichtsinn, Unüberlegtheit oder soziale Unreife zurückzuführen ist" (Diemer et al. 2002, § 105, Rn. 24).

Was ist nun eine Jugendverfehlung? Faktisch gibt es keine Delikte, die nur von jugendlichen Tätern begangen werden. Daher gibt es auch keine Kategorien von Rechtsbrüchen, die auf Jugendtümlichkeit schließen lassen. Verschiedene

Forscher sprechen jedoch von einer jugendtypischen Delinquenz, wenn spezifische kontextuelle und motivische Faktoren gegeben sind (Moffitt 1993). In einer Expertenbefragung kristallisierte sich ebenso heraus, dass zur Bewertung der Jugendtümlichkeit einer Tat zum einen deren Umstände und zum anderen die Beweggründe der Tat analysiert werden müssen. Relevante Tatumstände können beispielsweise sein, wenn es sich bei der Tat um einen Wettstreit gehandelt hat, wenn sie im Zuge von Druck stattfand, wenn sie aufgrund mangelndem Situationsüberblick geschah oder auch wenn sie von außen sinnlos erscheint. Jugendtümliche Beweggründe einer Tat können zum Beispiel Mutproben, das Erlangen von Anerkennung oder Zugehörigkeit oder auch das Nacheifern von Vorbildern sein (Busch 2006). Bei der Bewertung einer Tat muss daher auf deren Kontextbedingungen und die zugrunde liegenden Motive fokussiert werden.

4.4.3 Idiografische Vorgehensweise bei der Bewertung

Wie bei der Strafmündigkeit von Jugendlichen empfehlen Busch (2006) und Dahle (2005) auch bei der Überprüfung der Strafmündigkeit Heranwachsender eine prozesshafte idiografische Beurteilung in mehreren Schritten.

Der erste und zweite Schritt – die detaillierte Rekonstruktion der bisherigen Entwicklung des Täters und dessen Entwicklungsstandes zum Tatzeitpunkt – deckt sich mit der idiografischen Beurteilung bei Jugendlichen. Hilfreich für die Bewertung können Listen und Items aus der wissenschaftlichen Literatur, z. B. die (Un-)Reifekriterien oder die Skalen der Bonner Delphi-Studie, sein. Häufig zeigen Heranwachsende in einigen Bereichen eine Erwachsenenentwicklung, in anderen aber Merkmale der Entwicklung eines Jugendlichen. Dann sollte der Gutachter oder die Gutachterin beurteilen, welche Facette während der Tat zum Tragen kam oder ursächlich war (Busch 2008). Auf den dritten Schritt, die dezidierte Tatgeschehensanalyse, könnte laut Gesetzestext verzichtet werden, wenn die gutachterliche Einschätzung in den Schritten zuvor schon ergeben hätte, dass der Täter zum Tatzeitpunkt in seiner Entwicklung noch einem Jugendlichen gleichstand. Wird eine Tatgeschehensanalyse durchgeführt, sollte der Fokus auf der Identifikation der Umstände und Beweggründe liegen. Dadurch kann abgeschätzt werden, ob eine Jugendverfehlung vorliegt oder nicht. Wenn nun sowohl ein jugendtypischer Entwicklungsstand deutlich wird als auch jugendtypische Elemente in der Tat aufscheinen, kann die Anwendung des Jugendstrafrechts empfohlen werden. Dies gilt allerdings, wie bei der Bewertung der Strafmündigkeit Jugendlicher, nur, wenn Entwicklungsfortschritte noch realistisch sind (Volbert und Dahle 2010).

> **Effekte der Anwendung milderer Strafen bei Heranwachsenden**
> Ob die Anwendung milderer Strafen bei Heranwachsenden in juristischen Dimensionen sinnvoll ist, darüber existieren keine einheitlichen Antworten. In einer US-amerikanischen Studie wurde gezeigt, dass junge Täter, die

4

im „juvenile court" (Jugendgericht) sanktioniert wurden, weniger häufig rückfällig wurden als junge Täter, die ihre Strafe im „criminal court" (Strafgericht) erhielten (Fagan 1996). Eine deutsche Studie zeigte dagegen bei Heranwachsenden, die nach dem Erwachsenenstrafrecht mit Bewährung verurteilt wurden, eine Rückfallquote von 45,4 %, während solche, die in ähnlichen Fällen nach dem Jugendstrafrecht sanktioniert wurden, zu 59,4 % rückfällig wurden. Heranwachsende, die nach dem Erwachsenenstrafrecht ohne Bewährung verurteilt wurden, wurden um 42,4 % rückfällig – im starken Gegensatz dazu zeigte sich eine Rückfallquote von 78,8 %, wenn Heranwachsende in ähnlichen Fällen nach dem Jugendstrafrecht bestraft wurden (Jehle et al. 2003). Somit schienen sich härtere Strafen positiver auf Heranwachsende auszuwirken (Abb. 4.7).

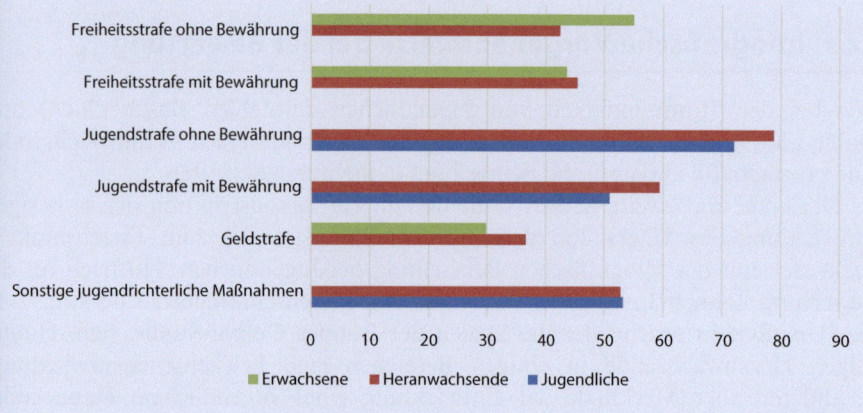

Abb. 4.7 Rückfallrate (in Prozent) nach Sanktionsart (Jehle et al. 2003)

Fazit

In Ausnahmefällen bewertet ein Gericht ganz spezifisch, ob ein Mensch für eine begangene Straftat überhaupt verantwortlich gemacht werden kann oder nicht. Die Schuldfähigkeit einer Person wird überprüft, indem zum einen bewertet wird, ob ein bestimmtes psychisches Störungsbild vorliegt oder nicht. Relevant sind hier psychotische Störungen, aber auch Intelligenzminderungen und schwere Persönlichkeitsstörungen. Auch Zustände hochgradiger Erregung zählen darunter. Zum Zweiten wird die Schuldfähigkeit einer Person überprüft, indem abgeschätzt wird, wie stark sich das Störungsbild auf die Fähigkeit zur Einsicht des Unrechts und zur Steuerung des eigenen Verhaltens zum Tatzeitpunkt ausgewirkt hat. Wenn eine oder beide Fähigkeiten beeinträchtigt waren, ist ein Täter in der Regel schuldunfähig. Wenn jugendliche Täter zwischen 14 und 18 Jahren alt sind, wird regelhaft deren Strafmündigkeit geprüft. Hierzu werden Entwicklungsreife und Fähigkeiten in Unrechtseinsicht und Verhaltenssteuerung bewertet. Beide Bereiche sollten anhand einer detaillierten Einzelfalldiagnostik abgeschätzt werden. Wenn vor dem Hintergrund der Bedingungen der Tat und den entwicklungsabhängigen Kompetenzen und Defiziten deutlich wird, dass ein jugendlicher Täter keine Möglichkeiten zur Einsicht oder zum einsichtsgemäßen Handeln hatte, ist er strafunmündig. Wenn nicht, wird er nach dem Jugendstrafrecht bestraft. Bis zu einem Alter von 21 Jahren können auch heranwachsende Täter nach dem Jugendstrafrecht sanktioniert werden. Ihre Strafmündigkeit wird geprüft, indem abgeschätzt wird, ob ihre Entwicklungsreife noch der eines Jugendlichen entspricht und ob es sich bei der Tat um eine Jugendverfehlung gehandelt hat. Beide Aspekte sollten ebenfalls anhand einer Einzelfalldiagnostik bewertet werden. Hilfsweise können hierzu verschiedene wissenschaftliche Listen und Items herangezogen werden. Wenn sich nun ein jugendtypischer Entwicklungsstand herauskristallisiert und jugendtypische Elemente in der begangenen Tat sichtbar werden, wird bei der Bestrafung des heranwachsenden Täters das mildere Jugendstrafrecht und nicht das Erwachsenenstrafrecht angewandt.

Literatur

Anonymous, (1955). Marburger Richtlinien. *Monatsschrift für Kriminologie, 38,* 58–62.

Barkley, R. A. (1997). Behavioral inhibition, sustained attention, and executive functions: Constructing a unifying theory of ADHD. *Psychological Bulletin, 121*(1), 65–94.

Barlow, H. D. (1996). *Introduction to criminology* (7. Aufl.). Harper Collins.

Boetticher, A., Nedopil, N., Bosinski, H. A., & Saß, H. (2007). Mindestanforderungen für Schuldfähigkeitsgutachten. *Forensische Psychiatrie, Psychologie, Kriminologie, 1*(1), 3–9.

Busch, T. P. (2006). *Rechtspsychologische Begutachtung delinquenter Heranwachsender. Evidenzbasierte Entscheidungsalgorithmen zur strafrechtlichen Zuweisung gemäß § 105 JFF.* Logos.

Busch, T. P. (2008). Strafrechtliche Zuweisung heranwachsender Straftäter. In R. Volbert & M. Steller (Hrsg.), *Handbuch der Rechtspsychologie* (S. 432–443). Hogrefe.

Busch, T. P., & Scholz, O. B. (2003). Neuere Forschung zum § 105 JGG: Die Bonner Delphi-Studie – Ein Zwischenbericht. *Monatsschrift für Kriminologie & Strafrechtsform, 86*(6), 421–432.

Dahle, K.-P. (2005). *Psychologische Kriminalprognose: Wege zu einer integrativen Methodik für die Beurteilung der Rückfallwahrscheinlichkeit von Strafgefangenen.* Centaurus-Verlag.

Diemer, H., Schoreit, A., & Sonnen, B. R. (2002). *Jugendgerichtsgesetz: Kommentar* (4. Aufl.). Müller.

Dölling, D. (2007). Grundlinien des Jugendstrafrechts. In H.-L. Kröber, D. Dölling, N. Leygraf, & H. Saß (Hrsg.), *Handbuch der Forensischen Psychiatrie* (Bd. 1, S. 435–463). Steinkopff.

Endres, J., & Breuer, M. M. (2014). Gewaltdelinquenz und Affekttaten. In T. Bliesener, F. Lösel, & G. Köhnken (Hrsg.), *Lehrbuch der Rechtspsychologie* (S. 87–93). Huber.

Esser, G. (1999). Sind die Kriterien der sittlichen Reife des § 105 JGG tatsächlich reifungsabhängig? *DVJJ-Journal, 10*(1), 37–40.

Esser, G., Fritz, A., & Schmidt, M. H. (1991). Die Beurteilung der sittlichen Reife Heranwachsender im Sinne des Paragraph 105 JGG. Versuch einer Operationalisierung. *Monatsschrift für Kriminologie und Strafrechtsreform, 74*(6), 356–368.

Fagan, J. (1996). The comparative advantage of juvenile versus criminal court sanctions on recidivism among adolescent felony offenders. *Law & Policy, 18*(1–2), 77–114.

Foerster, K. (2009). Störungen durch Alkohol. In K. Foerster & H. Dreßing (Hrsg.), *Psychiatrische Begutachtung* (5. Aufl., S. 241–251). Elsevier.

Günter, M. (2009). Begutachtung bei Beeinträchtigungen der geistigen Fähigkeiten im Kindes-, Jugend- und Erwachsenenalter. In K. Förster & H. Dreßing (Hrsg.), *Psychiatrische Begutachtung* (5. Aufl., S. 295–308). Elsevier.

Jehle, J. M., Heinz, W. & Sutterer, P. (2003). *Legalbewährung nach strafrechtlichen Sanktionen. Eine kommentierte Rückfallstatistik.* Bundesministerium der Justiz.

4

Jeschek, H. H., & Weigend, T. (1996). *Lehrbuch des Strafrechts, Allgemeiner Teil* (5. Aufl.). Duncker & Humboldt.

Kohlberg, L. (1969). Stage and sequence: The cognitive-developmental approach to socialization. In D. A. Goslin (Hrsg.), *Hand book of socialization theory and research* (S. 347–480). Rand McNally.

Kröber, H.-L. (2007). Steuerungsfähigkeit und Willensfreiheit aus psychiatrischer Sicht. In H.-L. Kröber, D. Dölling, N. Leygraf, & H. Saß (Hrsg.), *Handbuch der Forensischen Psychiatrie* (Bd. 1, S. 159–219). Steinkopff.

Krümpelmann, J. (1991). Empirie und Normativität in den Rechtsbegriffen der Willenssteuerung. In W. Hommers (Hrsg.), *Perspektiven der Rechtspsychologie* (S. 14–35). Hogrefe.

Moffitt, T. E. (1993). Adolescence-limited and life-course-persistent antisocial behavior: A developmental taxonomy. *Psychological Review, 100*(4), 674–701.

Müller-Isberner, R., & Venzlaff, U. (2009). Schizophrenie, schizoaffektive und wahnhafte Störungen. In K. Förster & H. Dreßing (Hrsg.), *Psychiatrische Begutachtung* (5. Aufl., S. 167–187). Elsevier.

Nedopil, N. (2014). Begutachtungen zur Frage von Schuldunfähigkeit und verminderter Schuldfähigkeit. In T. Bliesener, F. Lösel, & G. Köhnken (Hrsg.), *Lehrbuch der Rechtspsychologie* (S. 352–368). Huber.

Pennington, B., Bennetto, L., McAleer, O., & Roberts, R. (1996). Executive functions and working memory. In G. Lyon & N. Krasnegor (Hrsg.), *Attention, memory, and executive function* (S. 327–346). Paul H. Brookes Publishing.

Piaget, J. (1986). *Das moralische Urteil beim Kinde.* Deutscher Taschenbuch Verlag. Erstveröffentlichung 1932.

Rasch, W. (1964). *Tötung des Intimpartners.* Enke.

Saß, H. (1985). Handelt es sich bei der Beurteilung von Affektdelikten um ein psychopathologisches Problem? *Fortschritte der Neurologie und Psychiatrie, 53*(02), 55–62.

Schepker, R., & Toker, M. (2007). Entwicklungsaspekte in der Strafrechtsbegutachtung. *Zeitschrift für Kinder- und Jugendpsychiatrie und Psychotherapie, 35*(1), 9–18.

Schöch, H. (2007). Die Schuldfähigkeit. In H.-L. Kröber, D. Dölling, N. Leygraf, & H. Saß (Hrsg.), *Handbuch der Forensischen Psychiatrie* (Bd. 1, S. 92–159). Steinkopff.

Steinberg, L., & Scott, E. S. (2003). Less guilty by reason of adolescence: developmental immaturity, diminished responsibility, and the juvenile death penalty. *American Psychologist, 58*(12), 1009–1018.

Stroop, J. R. (1935). Studies of interference in serial verbal reactions. *Journal of Experimental Psychology, 18*(6), 643–661.

Trommer, B. L., Hoeppner, J.-A. B., Lorber, R. & Armstrong, K. (1988). The go/no-go paradigm in Attention Deficit Disorder. *Annuals of Neurology, 24*(5), 610–614.

Volbert, R., & Dahle, K.-P. (2010). *Forensisch-psychologische Diagnostik im Strafverfahren.* Hogrefe.

Weyers, S., Eckensberger, L. H., Sujbert, M., & Eckensberger, L. H. (2007). *Recht und Unrecht aus kindlicher Sicht.* Waxmann.

Psychologie der Augenzeugenbewertung

Wie die Zuverlässigkeit einer Personenbeschreibung oder -identifizierung bewertet und wie sie verbessert werden kann

© Springer-Verlag GmbH Deutschland, ein Teil von Springer Nature 2020
M. Pfundmair, *Psychologie bei Gericht,* Die Wirtschaftspsychologie,
https://doi.org/10.1007/978-3-662-61796-0_5

5

Abb. 5.1 Der Fall Marco. (© zimmytws/▶ stock.adobe.com)

Der bewaffnete Überfall der Bank fand an einem Montagnachmittag statt. Eine Person betrat maskiert die Räumlichkeiten der Bank und forderte die beiden Angestellten und mit einer Pistole in der Hand auf, ihm 1 Million Euro zu übergeben. Das Geld sollte in eine mitgebrachte Tasche gesteckt werden. Als der Räuber die Tasche zurückerhalten hatte, floh er aus der Bank. Nachdem er sich rennend einige Meter von der Bank entfernt hatte, riss er sich die Maske vom Kopf. Ein älterer Herr, der im gegenüberliegenden Park Enten fütterte, blickte in dem Moment auf. Der Räuber war nur noch wenige Augenblicke zu sehen, bevor er in einer Seitengasse verschwand.

Die Polizei war wenig später vor Ort. Neben den Bankangestellten und den beiden Kunden, die sich in der Bank befunden hatten, befragte sie auch den älteren Herren nach seinen Beobachtungen. Der Herr schilderte, wie er von etwa 30 m Entfernung einen dunkelhaarigen, mittelgroßen Mann mit Bart dabei beobachtet habe, wie er sich eine Maske vom Kopf riss. Als einziger Augenzeuge, der das Gesicht des Räubers erblickt hatte, wurde der Herr einige Wochen später von der Polizei gebeten, den Räuber in einer Gegenüberstellung zu identifizieren. Ihm wurden dafür nacheinander die Lichtbilder dreier Männer gezeigt: Alle waren dunkelhaarig, zwei von ihnen hatten einen Bart. Im Abgleich aller Bilder entschied sich der Herr für einen der Männer – Marco.

Marco wurde von der Polizei in seiner Arbeit aufgegriffen. Ihm wurde der Haftbefehl eröffnet. Dabei leugnete er vehement, die Bank jemals betreten zu haben. Wegen Fluchtgefahr wurde er in U-Haft verbracht. Nach einiger Zeit beantragte der Verteidiger Marcos eine Überprüfung der Identifizierung: „Ich beantrage, zum Beweis der Tatsache, dass das angebliche Wiedererkennen meines Mandanten auf einem Irrtum des Augenzeugen beruht, nicht jedoch einem wirklichen Wiedererkennen meines Mandanten als den Täter, einen Sachverständigen beizuziehen".

5.1 Grundlagen von Irrtümern bei Augenzeugen

Wenn eine Person eine Strafanzeige bei der Polizei aufgibt, wird sie meist gebeten, den Täter zu beschreiben. In aller Regel werden nur wenige Variablen abgefragt, wie z. B. das Alter, die Größe und das Gewicht des Täters. Manchmal werden für solche Abfragen Merkmalslisten verwendet. In seltenen Fällen – klassischerweise solche, die besonders gravierend sind – werden auch Polizeizeichner beigezogen, um ein Phantombild aus dieser Beschreibung zu erstellen. Phantombilder sind jedoch häufig nicht sehr erfolgreich: Statistisch gesehen ist die Ähnlichkeit der Bilder, die aus solchen Bemühungen heraus entstehen, eher gering mit den tatsächlichen Tätern (Davies und Valentine 2007). Auch bei Gegenüberstellungen, die in der Regel nach einer verbalen Beschreibung erfolgen, ist der Augenzeuge als wichtiges Beweismittel gefragt. Bei Gegenüberstellungen ist die Aufgabe des Augenzeugen, aus einer Reihe von Menschen den ehemals beobachteten Täter zu identifizieren. Das kann über echte Gegenüberstellungen erfolgen oder auch durch die Vorlage von Lichtbildvorlagen. Grundsätzlich ist dabei möglich, dass ein Zeuge den Täter richtig identifiziert (sog. „Treffer") oder den Täter falsch zurückweist. Es kann aber auch sein, dass der Zeuge eine Vergleichsperson richtig zurückweist oder falsch identifiziert (sog. „falscher Alarm" oder Falschidentifizierung).

Zeugenaussagen über Personenbeschreibungen und -identifizierungen sind wichtige, manchmal auch die einzigen Beweismittel für die Polizei. Sie sind jedoch häufig unzuverlässig. Beispielsweise zeigte eine Studie, die Polizeiberichte in Raub- und Betrugsfällen untersuchte, folgendes Muster: Wenn ein Krimineller Barthaar hatte, benannten Passanten dieses zwar zu 100 % richtig, aber die Opfer, die im Zentrum des kriminellen Geschehens standen, nur zu 60 %. Die richtige Haarfarbe gaben lediglich 48 % aller Passanten und 38 % aller Opferzeugen an. Bei Gegenüberstellungen wurden Kriminelle nur zu 48 % korrekt identifiziert (Tollestrup et al. 1994).

Typologie von Opfern?
Als Augenzeugen können zum einen relativ unbeteiligte Dritte wie Passanten dienen. Augenzeugen sind zum anderen aber häufig auch die Opfer des kriminellen Geschehens. Wer wird vermehrt Opfer? Dass es „victim-prone persons" gibt, also Personen, die anfällig dafür sind, Opfer zu werden – man Menschen also entlang einer Opfertypologie anordnen könnte –, erscheint eher zweifelhaft. Denn Opfer wird man in aller Regel aufgrund eines Zusammenspiels verschiedener Zufälle. Weitgehend gesichert ist jedoch der Befund, dass ältere Menschen eher selten Opfer von Kriminalität werden, wahrscheinlich, weil sie sich deutlich vorsichtiger verhalten. Menschen, die in ihrer Familie Gewalt erlebt haben, scheinen dagegen gewaltaffine soziale Situationen eher aufzusuchen. Erklärt werden könnte das damit, dass Menschen häufig vertraute soziale Muster suchen – auch wenn diese negativ sind (Greve et al. 2014).

Augenzeugenaussage können deshalb verzerrt sein, weil ein Zeuge oder eine Zeugin lügt, also bewusst die Unwahrheit sagt. Sie können aber auch deshalb verzerrt sein, weil sich ein Zeuge oder eine Zeugin irrt, obwohl er oder sie eigentlich die Wahrheit sagen möchten – zum Beispiel aufgrund einer fehlenden Wahrnehmung oder wegen mangelhafter Befragungen. Die „Feinde der Wahrheit" sind somit Lüge und Irrtum (Sporer 2008) (Abb. 5.2).

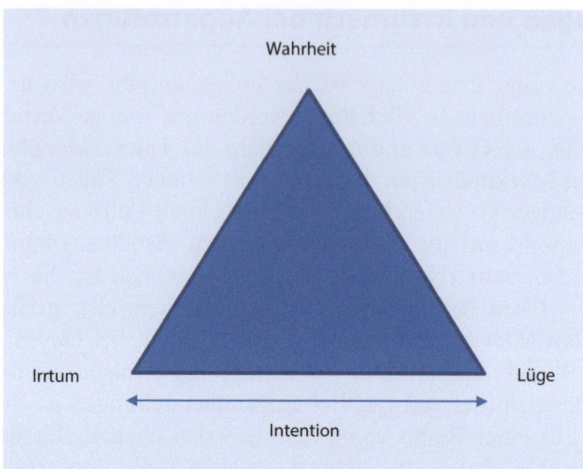

Abb. 5.2 Die „Feinde der Wahrheit": Irrtum und Lüge. Sie sind auf einem Kontinuum an Intention zu verorten, denn auch Mischformen zwischen einem nicht-intentionalen Irrtum und einer intentionalen Lüge sind generell denkbar (Sporer 2008)

Irrtümer in Zeugenaussagen können in letzter Konsequenz zu drastischen Justizirrtümern führen. So zeigen internationale Studien, dass die Ursache von Fehlurteilen zu 75 % fehlerhafte Zeugenaussagen sind (Wells et al. 1998). In Deutschland scheint die Zahl nicht so hoch zu sein (Meurer und Sporer 1990). Jedoch sind auch hierzulande spektakuläre Fälle bekannt, in denen Menschen wegen einer irrtümlichen Zeugenaussage verurteilt wurden. Beispielsweise Donald Stellwag: Er wurde von einem Polizisten fälschlich als Person identifiziert, die maßgeblich an einem Raubüberfall beteiligt gewesen sein soll. Stellwag saß sechs Jahre zu Unrecht in Haft.

Aufklärung von Justizirrtümern
Eine Organisation in den USA – the Innocence Project – hat es sich zur Aufgabe gemacht, Fehlurteile durch DNA-Beweise rückgängig zu machen. Angeleitet wird die Organisation von fünf Anwälten und mehreren Jurastudierenden. Bisher wurden 367 fälschlich Beschuldigte durch die Organisation entlastet, 21 davon waren ursprünglich zum Tode verurteilt. Beispielsweise wurde der wegen dreifachen Mordes verurteilte Kevin Keith im September 2010 kurz vor seiner Hinrichtung durch die Unterstützung des Projekts begnadigt. Bei etwa 70 % dieser Beschuldigten spielte eine fehlerhafte Zeugenaussage eine Rolle. Auch in den Niederlanden existiert eine solche Organisation: Gerede Twijfel (Übersetzung: Begründeter Zweifel). Sie wurde an der rechtspsychologischen Fakultät einer niederländischen Universität gegründet. Gerede Twijfel geht allerdings nicht mit DNA-Beweisen vor, sondern tätigt eine intensive Fehleranalyse von Gerichtsakten.

Potenzielle Irrtümer in Augenzeugenaussagen werden in der Regel entlang zwei Arten von Variablen klassifiziert (Wells 1978):

- Schätzvariablen: Faktoren im Zeugen und Stimulus, in der Situation der Aufnahme, der Speicherung und des Abrufs sowie in der Bewertung des Zeugen durch Dritte
- System- oder Kontrollvariablen: Faktoren, die vom Rechtssystem kontrolliert werden (z. B. Durchführung von Gegenüberstellungen).

Schätzvariablen sind besonders während der Wahrnehmung und des Behaltens relevant (z. B. durch Stress beim Zeugen oder Beleuchtungsverhältnisse während der Wahrnehmungssituation). System- oder Kontrollvariablen kommen dagegen in polizeilichen Instruktionen um Personenbeschreibungen und in Identifizierungssituation eine besondere Bedeutung zu (z. B. durch den Einfluss des Gegenüberstellungsmediums). Systemvariablen unterscheiden sich von Schätzvariablen darin, dass sie faktisch kontrolliert werden können. Schätzvariablen können dagegen nur post-hoc bewertet werden (Sporer et al. 2014).

5.2 Beurteilung der Schätzvariablen

5.2.1 Faktoren im Zeugen

Jüngere Augenzeugen sind generell als unzuverlässiger einzustufen als erwachsene Augenzeugen. So scheinen Kinder ab einem Alter von etwa fünf Jahren zwar Identifizierungsleistungen wie Erwachsene zu zeigen. Das ist insbesondere dann der Fall, wenn ein Täter sich in einer Gegenüberstellung befindet. Wenn dem nicht so ist, sind Kinder bis zu 13 Jahren aber weniger gut in der Lage, Vergleichspersonen in Gegenüberstellungen korrekt zurückzuweisen – sie sind also eher anfällig für Falschidentifizierungen (Pozzulo und Lindsay 1998). Der Grund dafür liegt wahrscheinlich am besonderen Aufforderungscharakter dieser Situation für Kinder: Kinder scheinen aufgrund der spezifischen Fragen bei einer Identifizierung anzunehmen, dass sie eine Person definitiv wählen sollen.

Auch ältere Augenzeugen sind etwas unzuverlässiger als jüngere Erwachsene (Sporer und Martschuk 2014). So wählen sie generell häufiger Personen aus Gegenüberstellungen. Wie bei Kindern erliegen sie dadurch eher einem „falschen Alarm", wenn sich der Täter nicht in der Gegenüberstellung befindet. Das mag daran liegen, dass sich ältere Zeugen schlechter an Instruktionen erinnern können als jüngere Erwachsene und somit das Bewusstsein dafür, dass ein Täter auch nicht in der Aufstellung zu sehen sein könnte, möglicherweise weniger vorhanden ist. Ältere Zeugen erbringen außerdem schlechtere Leistungen, wenn ein größerer Zeitraum zwischen Beobachtung und Identifikation liegt und auch wenn in einer Identifizierungssituation die möglichen Täter zeitgleich statt hintereinander präsentiert werden (Sporer et al. 2014).

5.2.2 Faktoren im Stimulus

Ganz generell scheint es so zu sein, dass Menschen Personen derselben Altersgruppe („own-age effect"), desselben Geschlechts („own-sex bias") und derselben Ethnie („own-race bias") besser erkennen können. Sind sie dagegen nicht denselben Kategorien wie der eigenen Person zuzuordnen, ist von schlechteren Beschreibungen und Wiedererkennungen auszugehen. Insbesondere der „own-race bias" gilt als robuster Effekt (Sporer 2001). So wurde beispielsweise gezeigt, dass deutsche Probanden Gesichter von afrikanischen, lateinamerikanischen und arabischen Personen wenig zuverlässig verarbeiten und wiedererkennen können.

5

Der Fremdgruppenhomogenitätseffekt

Eine Eigengruppe (oder „In-Group") ist eine Gruppe, zu der ein Mensch sich zugehörig fühlt. Eigene Gruppen sind wichtig für den Menschen, denn ein Teil des Selbstkonzepts – die soziale Identität – setzt sich aus dem Wissen über die Mitgliedschaft in Eigengruppen sowie dem Wert und der emotionalen Bedeutung dieser Mitgliedschaft zusammen. Menschen streben nach einer positiven sozialen Identität und möchten die eigene Gruppe in der Regel positiv von Fremdgruppen, z. B. Menschen einer anderen Ethnie, abgrenzen (Tajfel und Turner 1986).

Der sog. Fremdgruppenhomogenitätseffekt ist eine Konsequenz dieses Prozesses. Mitglieder von Fremdgruppen werden in aller Regel als ähnlicher wahrgenommen als Mitglieder der Eigengruppe. Beispielsweise wurde in einer der ersten Studien zu diesem Effekt gezeigt, dass Studierende die Mitglieder ihrer eigenen Gruppen als diverser in ihrer Persönlichkeit wahrnahmen, während sie Fremdgruppenmitglieder gleichförmiger beschrieben (Jones et al. 1981). Eine Ursache für diesen Effekt ist, dass Menschen motivierter sind, Mitglieder ihrer Eigengruppe korrekt wahrzunehmen. Außerdem speichern Menschen Informationen über Eigengruppen eher personenspezifisch ab, Informationen über Fremdgruppen eher abstrakt (Ostrom et al. 1993). Der Fremdgruppenhomogenitätseffekt könnte daher eine Erklärung für die schlechteren Fähigkeiten sein, sich Mitglieder einer Fremdgruppe einzuprägen.

Ein Stimulus, der gut gemerkt und identifiziert werden kann, ist einer, der sehr distinkt ist. Das heißt, eine Person mit hervorstechenden Merkmalen wird am ehesten encodiert und ist auch am leichtesten wiederzuerkennen. Dagegen reduziert jegliche Art von Maskierung – ein Bart, eine Brille oder auch eine Perücke – ein Wiedererkennen drastisch. Dieser Effekt wirkt auch additiv. Das heißt, je mehr Elemente maskiert werden, desto mehr sinkt die Wiedererkennungsleistung. Wenn aber eine Person mit denselben Kennzeichen auftritt wie bei der Beobachtung (z. B. mit einer Brille), kann eine Identifizierung auch erleichtert werden (Sporer et al. 2014).

5.2.3 Situative Faktoren

Nicht nur Faktoren in der Person des Zeugen oder des Stimulus können zu Irrtümern in Zeugenaussagen führen, sondern auch Faktoren der Situation. Drei relevante Phasen müssen für einen Augenzeugen durchlaufen werden: die Aufnahme, die Speicherung und der Abruf eines Ereignisses. In all diesen Phasen können Fehler entstehen.

5.2.3.1 Aufnahme

Eine zuverlässige Wahrnehmung kann durch verschiedene Aspekte kontaminiert werden: „Bottom-up" sind das situative Aspekte wie Lichtverhältnisse, die Entfernung und Beobachtungsdauer, aber auch Stress und Erregung. „Top-down" können spezifische Erwartungen oder Encodierungsstrategien beeinflussen, wie zuverlässig eine Wahrnehmungsleistung ausfällt.

> **Definition**
>
> **„Bottom-up"-Prozesse** werden von Informationen der aktuellen Stimuli gespeist; eine solche Verarbeitung ist datengesteuert. **„Top-down"-Prozesse** dagegen werden aus bereits bestehendem Vorwissen gespeist; sie sind schemageleitet.

Wie jedes Verarbeitungssystem filtert das visuelle System, was es wahrnimmt. Es entfernt gewissermaßen verschiedene Details. Physiologisch erscheint plausibel, dass die Wahrnehmung bei weiten Entfernungen, ungünstigen Lichtverhältnissen und einer kurzen Beobachtungsdauer eingeschränkter ist. Das Ausmaß, wie stark Details einer Wahrnehmung „gefiltert" oder entfernt werden, scheint beispielsweise direkt proportional zur Entfernung zu sein. Obwohl es keine Maximalentfernung zu geben scheint, bei der man Menschen und Gegenstände noch gut bzw. nicht mehr erkennen kann, konnten einige Studien zeigen, dass alleine eine Entfernung von 13 Metern zu starken Unschärfen führt und dass bei einer Entfernung von 52 Metern keine wirklich zuverlässige Wahrnehmung mehr möglich ist (Busey und Loftus 2007). Dennoch ist es aber nicht völlig unmöglich, bei gewissen Entfernungen und auch bei einer sehr kurzen Beobachtungsdauer Gesichter wahrzunehmen und valide wiederzuerkennen (Abb. 5.3).

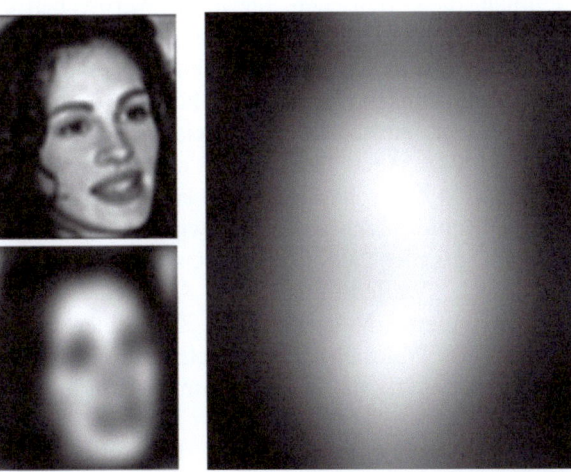

Abb. 5.3 Sichtbarkeit von Gesichtern in einer Entfernung von 13 m (links oben), 52 m (links unten) und 137 m (rechts) (Busey und Loftus 2007). (Mit freundlicher Genehmigung von Elsevier)

Bei der natürlichen Filterung unseres visuellen Systems kommt ein interessanter Effekt zum Tragen, der eine Augenzeugenaussage weiter verzerren kann: die sog. „Change Blindness". Das ist die Unfähigkeit, Veränderungen – sowohl periphere als auch zentrale – in der Umwelt wahrzunehmen (Resink 2002). Dieser Effekt wurde in vielen Experimenten eindrucksvoll demonstriert. So tauschten Forscher bei einem Video über einen Überfall den Täter mit einer anderen Person aus. Das bemerkten nur 60 %. Die restlichen 40 % identifizierten auch in einer Gegenüberstellung die ausgewechselte unschuldige Person signifikant häufiger fälschlich als den Täter (Davis et al. 2008).

5

> **Messung des Effekts der „Change Blindness"**
>
> In einer der ersten Studien zum Effekt der „Change Blindness" wurden Fußgänger von einem Versuchsleiter auf dem Campus nach der Richtung gefragt. Während die Fußgänger die Richtung erklärten, wurden sie durch zwei Vertraute des Versuchsleiters grob unterbrochen, indem diese eine große Tür zwischen ihnen und dem Versuchsleiter durchtrugen. Heimlich wurde dabei der Versuchsleiter mit einer zweiten Person ausgetauscht. Diese zweite Person hatte unterschiedliche Kleidung an, eine andere Körpergröße und auch eine andere Stimme als der Versuchsleiter. Nachdem die Personen mit der Tür des Weges gezogen waren, führte die ausgetauschte Person die Konversation mit den Fußgängern fort. Nur 50 % der Fußgänger wurde die Veränderung bewusst (Simons und Levin 1998).

Auch Stress und Erregung können die Aufnahmeleistung einschränken. In der oben beschriebenen Studie, in der die Wahrnehmung von Opfern von Raub- und Betrugsfällen mit der Wahrnehmung von bloßen Passanten verglichen wurden, wurde bereits deutlich, dass Menschen, die in ein Verbrechen direkt involviert sind, schlechtere Beschreibungen tätigen als die, die nicht direkt involviert sind (Tollestrup et al. 1994). Die Ursache dafür könnte deren erhöhtes Erregungsniveau sein. Bekannt ist nämlich, dass eine höhere Erregung beim Beobachten eines Verbrechens generell zu schlechteren Leistungen als Augenzeuge führt (Deffenbacher et al. 2004). Auch eine Waffe kann unseren Wahrnehmungsfilter verstärken: Wenn ein Täter eine Waffe bei sich trägt, können Augenzeugen diesen in der Regel schlechter beschreiben bzw. wiedererkennen. Das funktioniert sogar, wenn eine Waffe gar nicht wirklich gesehen, sondern nur angedeutet wird. Dieser Effekt nennt sich „Waffenfokuseffekt". Als Ursachen für diesen Effekt diskutiert die Forschung zwei Möglichkeiten: Zum einen könnte die erhöhte emotionale Erregung die Wahrnehmung einschränken. Zum anderen könnte die Fokussierung auf die Waffe die Aufmerksamkeit von allen anderen Stimuli abziehen (Pickel 1998).

Neben diesen „Bottom-up"-Effekten in der Aufnahme können auch „Top-down"-Effekte eine zuverlässige Wahrnehmung beeinträchtigen. Ein wichtiger Prozess sind in diesem Zusammenhang Erwartungseffekte. Wenn wir etwas erwarten, nehmen wir es in der Regel auch eher wahr. Wenn wir etwas aber nicht erwarten, kann es sogar passieren, dass wir es gar nicht bemerken. Das viral gewordene „Gorilla-Experiment" (Simons und Chabris 1999) demonstrierte diesen Effekt: Wenn Probanden beauftragt wurden, in einem Video die Ballwürfe verschiedener Menschen zu zählen, die sich gegenseitig einen Basketball zuwarfen, nahm nur etwa die Hälfte wahr, dass zwischen den Spielern eine als Gorilla verkleidete Person hindurchspazierte. Die unerwartete Information wurde somit nicht wahrgenommen. Dieser Effekt kann auch bei Identifizierungen auftreten, wie verschiedene Studien zeigten: So nahmen Probanden mehr Ähnlichkeiten zwischen einem Verdächtigen und einer Aufstellung wahr, wenn ihnen kommuniziert wurde, dass der Verdächtige schuldig sei (Charman et al. 2009).

Die Hypothesentheorie der sozialen Wahrnehmung
Der Effekt, dass Erwartungen unsere Wahrnehmung „top-down" kontaminieren, kann mit der Hypothesentheorie der sozialen Wahrnehmung erklärt werden (Lilli und Frey 1993). Gemäß dieser Theorie beginnt jeder Wahrnehmungsvorgang mit einer Hypothese. Solche Hypothesen können Persönlichkeitszügen oder genetischen Grundlagen entspringen, aber auch durch eigene Erfahrungen geprägt sein. Diese Hypothese determiniert dann bis zu einem gewissen Grad unsere Wahrnehmung. Wie gut sich eine Hypothese durchsetzt, das entscheidet die Hypothesenstärke. Je stärker sie ist, desto wahrscheinlicher wird die Hypothese aktiviert, desto weniger umfassend müssen Reizinformationen sein, damit die Hypothese bestätigt wird, und desto umfassender müssen Reizinformationen sein, damit die Hypothese widerlegt wird. Das bedeutet, Wahrnehmung ist in hohem Maße von eigenen Voreinstellungen abhängig – selbst wenn mehrere Personen derselben Situation ausgesetzt sind, ist es sehr gut möglich, dass sie diese unterschiedlich wahrnehmen.

5.2.3.2 Speicherung

Neben der Aufnahme kann auch eine zuverlässige Speicherung eines Augenzeugen kontaminiert werden. Einerseits kann sie durch lange Behaltensintervalle eingeschränkt werden. Andererseits kann die Speicherung durch nachträgliche Prozesse verzerrt oder überlagert werden.

Mit zunehmend längerem Behaltensintervall nimmt die Gedächtnisleistung für Gesichter ab und die Anzahl fälschlich wiedererkannter Gesichter zu. Dieser Leistungsabfall scheint schon nach sehr kurzer Zeit einzutreten. Das zeigte sich deutlich in einer Studie, in der Probanden eine Zielperson, mit der sie 15 Minuten interagierten, in Lichtbildvorlagen wiedererkennen sollten. Die Probanden erkannten die Zielperson unmittelbar danach noch zu 70 %, nach 30 Minuten zu 64 %, nach zwei Stunden zu 54 % und nach 24 Stunden nur noch zu 55 %. Dagegen nahm die Anzahl der falschen Alarme stetig zu: Unmittelbar danach gab es 18 % Falschidentifizierungen, nach 30 Minuten 44 %, nach zwei Stunden 58 % und nach 24 Stunden 53 % (Yarmey et al. 1996).

Die Vergessenskurve
Hermann Ebbinghaus führte 1880 verschiedene Experimente durch, um zu erfahren, wie der Prozess des Vergessens abläuft. Er testete an sich selbst, wie er Töne, Zahlen und Gedichte erinnerte, später auch inhaltlose Silben. Er publizierte schließlich nach sieben Monaten des Experimentierens die sog. Vergessenskurve. Darin postulierte er, dass Menschen nach 20 Minuten 42 % der gelernten Inhalte vergessen würden, nach 60 Minuten 56 % und nach 24 Stunden 66 %. Nach seinen Erkenntnissen

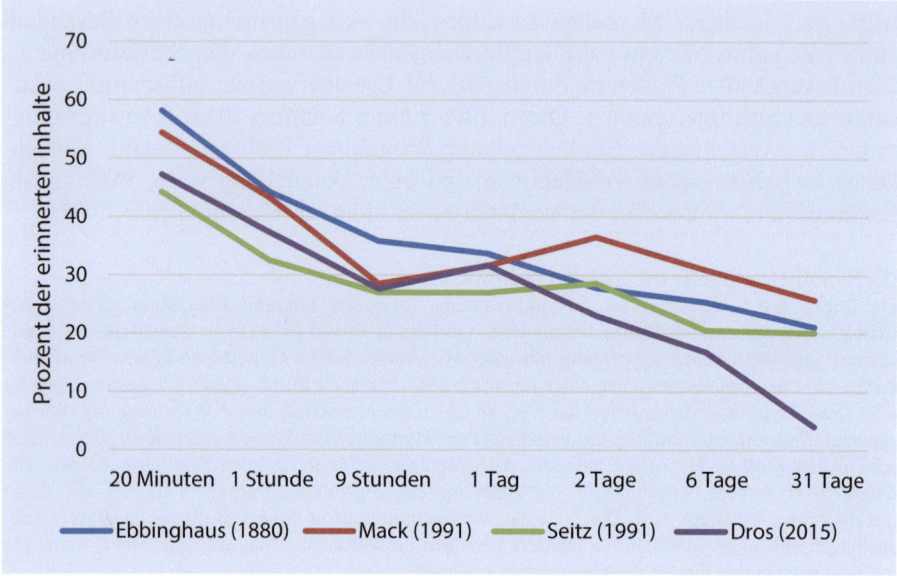

blieben nur etwa 20 % der Inhalte konstant gespeichert. Ebbinghaus' Vergessenskurve scheint auch heute noch valide: In verschiedenen Replikationsversuchen der neueren Zeit zeigte sich ein ähnliches Vergessensmuster (Murre und Dros 2015) (Abb. 5.4).

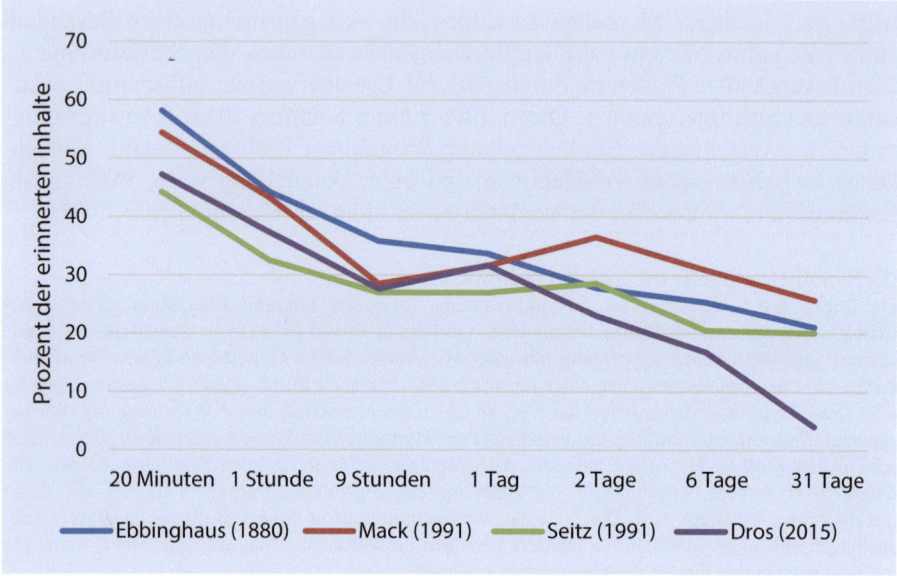

Abb. 5.4 Vergessenskurve in verschiedenen Replikationsversuchen (Murre und Dros 2015)

Neben normalen Vergessensprozessen sind Irrtümer bei Zeugenaussagen auch durch Fehler in der Speicherung möglich. Denn das menschliche Gedächtnis funktioniert nicht wie eine Kamera, sondern ist rekonstruktiv. Das heißt, Erinnerungen an ein Ereignis können durch andere Prozesse verzerrt werden – z. B. durch Informationen, denen man nach dem Ereignis begegnet. Eine solche Verzerrung passierte beispielsweise im Verlauf des Ermittlungsverfahrens über das Bombenattentat von Oklahoma im Jahr 1995, bei dem 168 Menschen getötet wurden. Ein Mechaniker eines Autoverleihs sagte aus, dass er den Täter – Timothey McVeigh – einen Tag vor dem Attentat dabei beobachtet habe, wie er mit einem anderen Mann einen Lastwagen gemietet habe. Später stellte sich heraus, dass der Mann zwar bei dem Autoverleih gewesen war, aber einen Tag vor McVeigh. Der Effekt der Verzerrung von Gedächtnisinhalten durch eigentlich davon abgegrenzte Inhalte wurde auch empirisch in vielen Studien nachgewiesen.

Gekracht oder berührt?

Eines der berühmtesten Experimente zum rekonstruktiven Gedächtnis von Augenzeugen wurde in den Studienreihen von Elizabeth Loftus und Jon Palmer (1974) entwickelt. Probanden wurden gebeten, sich einen Film anzusehen, in dem Autos in einen Unfall verwickelt waren. Im Anschluss wurden ihnen verschiedene Fragen über den Film gestellt. Unter anderem stellte der Versuchsleiter die Frage, wie schnell sich die Autos bewegt hatten. Diese Frage war die Krux des Experiments. Denn die Forscher variierten die Dramatik des Aufpralls innerhalb des Nebensatzes dieser Frage: Sie fragten entweder, wie schnell sich die Autos bewegt hatten, als sie einander berührt hatten, oder wie schnell sie sich bewegt hatten, als sie aufeinander gekracht waren. (Es wurden auch Zwischentöne durch die Verwendung anderer Verben – „collided", „bumped", „contacted" – eingesetzt.) Eine Woche später wurde eine zweite Testung durchgeführt. Die Probanden wurden gebeten, ihre Erinnerung an den Film abzurufen, und gefragt, ob sie sich auch an zerbrochenes Glas erinnerten. Probanden, denen in der Woche zuvor die Variante „krachen" präsentiert worden war, bejahten diese Frage vermehrt – obwohl faktisch kein Glas im Film zu sehen war (Abb. 5.5).

Abb. 5.5 Allein der Nebensatz zur Frage, wie schnell die Autos fuhren, als sie sich berührten vs. aufeinander krachten, veränderte die Erinnerung der Probanden an die Heftigkeit des Aufpralls. (© Panumas/▶ stock.adobe.com)

Originäre Erinnerungen können nicht nur durch Wahrnehmungen überlagert werden, sondern auch durch eigene Verbalisierung: Der sog. „Verbal Overshadowing"-Effekt besagt, dass Menschen, die eine verbale Personenbeschreibung abgeben müssen, eine Zielperson danach schlechter identifizieren können. In einer großen Replikation dieses Effekts innerhalb einer Vielzahl internationaler Labors wurde deutlich, dass sich der „Verbal Overshadowing"-Effekt insbesondere dann zeigt, wenn die Beschreibungen nicht sofort nach der Beobachtung, sondern etwas später erfolgen (Alogna et al. 2014) – wie es auch in der forensischen Praxis in den meisten Fällen üblich ist.

5.2.3.3 Abruf

Neben Aufnahme und Speicherung können Augenzeugen auch in der Phase des Abrufs Irrtümer unterlaufen. „Bottom-up" kann ein Abruf durch spezifische Instruktionen und Medien kontaminiert werden, „top-down" durch Prozesse im Zeugen. Ersteres überschneidet sich mit den sog. Systemvariablen. Potenzielle Fehlerquellen werden entsprechend in diesem Kapitel ausgeführt.

Bei Beschreibungen und Identifizierungen geht es darum, Erinnerungen an ein unbekanntes Gesicht „top-down" wieder abzurufen. Während Menschen sehr gut darin sind, ein bekanntes Gesicht wiederzuerkennen, selbst bei schlechter Bildqualität, sind sie recht schlecht darin, fremde Gesichter wiederzuerkennen, selbst mit qualitativ hochwertigem Material. Dieser Effekt kann sich weiter steigern, wenn Blickwinkel und Gesichtsausdruck nicht mehr mit der ursprünglichen Wahrnehmung übereinstimmen. Dieser Unterschied in der Wiedererkennungsfähigkeit von unbekannten und bekannten Gesichtern liegt wahrscheinlich an spezifischen Abgleichprozessen im Gehirn: Ein bekanntes Gesicht kann mit einer Durchschnittsrepräsentation abgeglichen werden. Diese Durchschnittsrepräsentation ist der Mittelwert aus allen Wahrnehmungen, die ein Mensch mit dieser Person schon gemacht hat. Dadurch entsteht im Kopf ein Prototyp dieses Menschen, der wahrscheinlich weniger wie ein Foto aussieht, sondern eher identitätsspezifische Informationen in sich trägt. Selbst wenn also beim Abruf die Bildqualität schlecht ist oder ein ungewöhnlicher Winkel gewählt wurde, kann eine bekannte Person anhand deren Prototyp gut wiedererkannt werden. Für eine unbekannte Person gibt es dagegen keinen kognitiven Prototypen. Daher kann in der Abrufphase auch kein Abgleich stattfinden – wodurch die Leistung eines Augenzeugen in einer Identifizierung generell eingeschränkt ist (Bruce et al. 2007).

Bin das etwa ich?

Studien haben gezeigt, dass Menschen schlecht darin sind, ihr eigenes Gesicht im Profil zu erkennen, vor allem im Gegensatz in Frontalansichten. Das ist bei bekannten Gesichtern nicht so. Das spricht dafür, dass allein daraus ein Prototyp eines Gesichts gebildet wird, dass Menschen immer wieder mit verschiedensten Variationen von Blickwinkeln und Gesichtsausdrücken konfrontiert werden. Einen solchen umfangreichen Prototyp können Menschen normalerweise nicht über sich selbst entwickeln. Denn sein eigenes Gesicht sieht man in aller Regel nur frontal (Bruce et al. 2007) (Abb. 5.6).

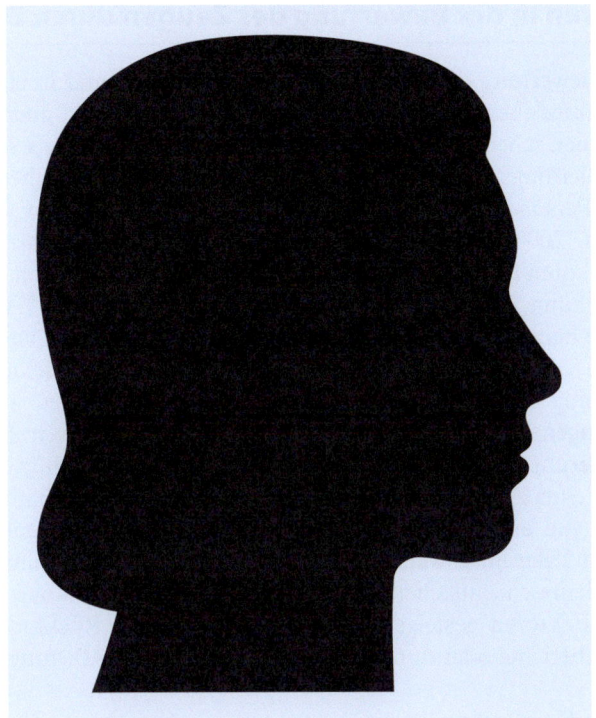

Abb. 5.6 Menschen erkennen ihr eigenes Profil nicht so gut wie sich selbst in Frontalansichten. (©
snyGGG/▶ stock.adobe.com)

Ein weiterer Prozess, der „top-down" einen zuverlässigen Abruf kontaminieren kann, ist der sog. Selbstfestlegungseffekt. Dieser besagt, dass Zeugen, wenn sie wiederholt gebeten werden, die Erinnerung an eine Person abzurufen, nicht ihre autobiografische Erinnerung an das Geschehen abrufen, sondern lediglich ihre frühere Aussage wiederholen. Sie legen sich somit fest. In einer Meta-Analyse zeigte sich, dass dieser Effekt in Identifizierungen Treffer reduziert und falsche Alarme erhöht (Deffenbacher et al. 2006).

Das Bedürfnis nach Konsistenz

Wenn Augenzeugen sich auf eine Antwort festlegen, geht das mit einem gewissen Bedürfnis nach Konsistenz einher. Menschen – vor allem solche aus individualistischen Kulturen – haben ein solches Bedürfnis in der Regel recht stark. Denn wenn der Eindruck entsteht, dass sich zwei Kognitionen (z. B. Erinnerungen, Annahmen oder Wünsche) widersprechen, sie also inkonsistent erscheinen, entsteht ein unangenehmer Zustand von Dissonanz. Nach der Theorie der kognitiven Dissonanz sind Menschen bestrebt, dieses Gefühl des Unbehagens wieder aufzulösen und kognitive Konsistenz herzustellen. Häufig werden dazu Kognitionen eliminiert, die Dissonanz auslösen. Das nennt man Subtraktion dissonanter Kognitionen. Oder es werden neue Gedankengänge hinzugefügt, um die vorangegangenen Handlungen zu unterstützen – eine Addition konsonanter Kognitionen (Festinger 1957).

5.2.4   Faktoren in der Bewertung des Zeugen durch Dritte

Auch bei der Bewertung, ob Augenaussagen korrekt sind und in eine (juristische) Entscheidung miteinbezogen bzw. gewürdigt werden sollten, können Irrtümer entstehen. Zum einen scheint eine detaillierte Personenbeschreibung stärker gewürdigt zu werden. Allerdings gibt es nur geringe Korrelationen zwischen dem Detailreichtum von Personenbeschreibungen und dem Wiedererkennen von Gesichtern (Meissner et al. 2008). Das heißt, wie detailliert eine Person ihre Beobachtung schildert, sagt kaum etwas darüber aus, wie gut ihre Identifikation tatsächlich ist. Zum Zweiten kann die Entscheidungsgeschwindigkeit für die Würdigung einer Zeugenaussage herangezogen werden. Dieses Maß ist in der Tat vielversprechend. Studien zeigen beispielsweise, dass richtige Identifizierungen schneller getroffen werden (Dunning und Perretta 2002). Eine dritte Möglichkeit zur Würdigung einer Augenzeugenaussage ist die subjektive Sicherheit. Inwieweit Zeugen sich *vor* einer Identifizierung über ihre Leistungen sicher sind, geht nicht mit der Qualität ihrer Leistung einher. Wenn sich Zeugen aber *nach* der Identifikation sicher sind, dann ist auch von einer besseren Identifizierungsleistung auszugehen, vor allem dann, wenn ein Täter ausgewählt wurde (Sporer et al. 1995). Irrtümer vor Gericht können aber dennoch entstehen: Nämlich dann, wenn die subjektive Sicherheit durch andere Faktoren gesteigert wurde, z. B. durch die Rückmeldung anderer, durch Zeitungsberichte oder durch Lob des durchführenden Beamten.

Selbsterkenntnis durch Beobachtung
Sowohl die Geschwindigkeit als auch die subjektive Sicherheitseinschätzung können somit offenbar Hinweise auf die Zuverlässigkeit einer Augenzeugenaussage geben. In verschiedenen Studien wurde auch ein Zusammenhang zwischen den beiden Maßen festgestellt. Das heißt, je schneller Zeugen ihre Entscheidung trafen, desto sicherer waren sie sich (Sporer und Sauerland 2008). Obwohl die kausale Richtung dieses Zusammenhangs noch nicht abschließend erforscht ist, könnte dieser Befund darauf hinweisen, dass Menschen ihre eigene Geschwindigkeit als Marker für ihre Sicherheitseinschätzung verwenden. Das würde konform gehen mit der Selbstwahrnehmungstheorie. Diese besagt nämlich, dass Menschen zu einer Selbsterkenntnis durch eigene Beobachtung gelangen. Das heißt, sie erschließen sich schwer zugängliche und vieldeutige Inhalte durch die Beobachtung des eigenen Verhaltens (Bem 1972).

5.3   Beurteilung der Systemvariablen

System- oder Kontrollvariablen sind solche, die vom Rechtssystem kontrolliert werden. Sie erfassen im Prinzip die Abrufphase des Augenzeugens. Einfluss auf den Abruf eines Zeugen oder einer Zeugin können „bottom-up" sowohl die Instruktion als auch die Gegenüberstellungsform nehmen.

Um die Gefahr zu vermindern, dass der durchführende Beamte oder die durchführende Beamtin unbewusst Informationen über den Tatverdächtigen an Zeugen transportiert, sollte darauf geachtet werden, dass dieser oder diese über kein solches Wissen verfügt. Instruktionen für Beschreibungen oder Identifizierungen sollten daher möglichst „doppelblind" erfolgen. Wenn Menschen von der Polizei den Auftrag erhalten, eine Identifizierung vorzunehmen, gehen sie in der Regel davon aus, dass sich die verdächtige Person innerhalb der präsentierten Gegenüberstellungen oder Lichtbildvorlagen befinden wird. Allein diese implizite Erwartung kann zu einer erhöhten Rate falscher Alarme führen. Wenn Zeugen aber explizit darauf hingewiesen werden, dass sich die gesuchte Person möglicherweise nicht darin befinden wird, reduziert sich die Rate von Falschidentifizierungen – aber auch die Rate von Treffern (Wells et al. 1998).

> **Definition**
>
> **Doppelblind** ist ein Begriff aus der Forschung. Er bedeutet, dass weder dem Versuchsleiter oder der Versuchsleiterin noch den Probanden das Studienziel bekannt ist.

Identifizierungen sind generell durchführbar als Lichtbildvorlagen, Video- oder Live-Gegenüberstellungen, als Einzel- oder Serienvorlagen und Letztere in simultaner oder sequenzieller Form. Mit welchem Medium Identifizierungen stattfinden, scheint relativ irrelevant zu sein: Identifizierungsleistungen unterscheiden sich hier nicht signifikant (Cutler et al. 1994). Allerdings könnte es aus verschiedenen Gründen mehr Sinn machen, Lichtbilder oder Videos statt Live-Gegenüberstellungen zu verwenden: Zum einen kann hier auf Datenbanken und somit leichter auf vergleichbare Personen zurückgegriffen werden. Zum anderen könnten bei Live-Gegenüberstellungen die präsentierten Personen nonverbales Verhalten zeigen, das die Zeugen beeinflussen könnte. Außerdem könnten die Zeugen bei Live-Gegenüberstellungen eher die Erwartung formen, dass der Tatverdächtige in der Aufstellung sein müsste. Wenn Augenzeugen nur ein einzelner (sog. „showup") statt mehrerer (sog. „lineup") potenzieller Täter präsentiert wird, ist das hoch suggestiv (Steblay et al. 2003). Gegenüberstellungen sollten daher immer mithilfe von „lineups" stattfinden. Dabei muss darauf geachtet werden, dass alle Vergleichspersonen ausreichend ähnlich sind, also sämtliche Merkmale erfüllen, die z. B. auch in früheren Personenbeschreibungen genannt wurden. Wenn Lichtbilder oder Videos verwendet werden, müssen auch alle in derselben Form und Qualität präsentiert werden. Denn wenn auch nur ein subtiler Unterschied erkennbar ist, könnte das die Augenzeugen beeinflussen. Forscher nennen die Wirkung solcher subtiler Unterschiede den Oddball-Effekt – zu Deutsch: „komischer Kauz" (Abb. 5.7).

5

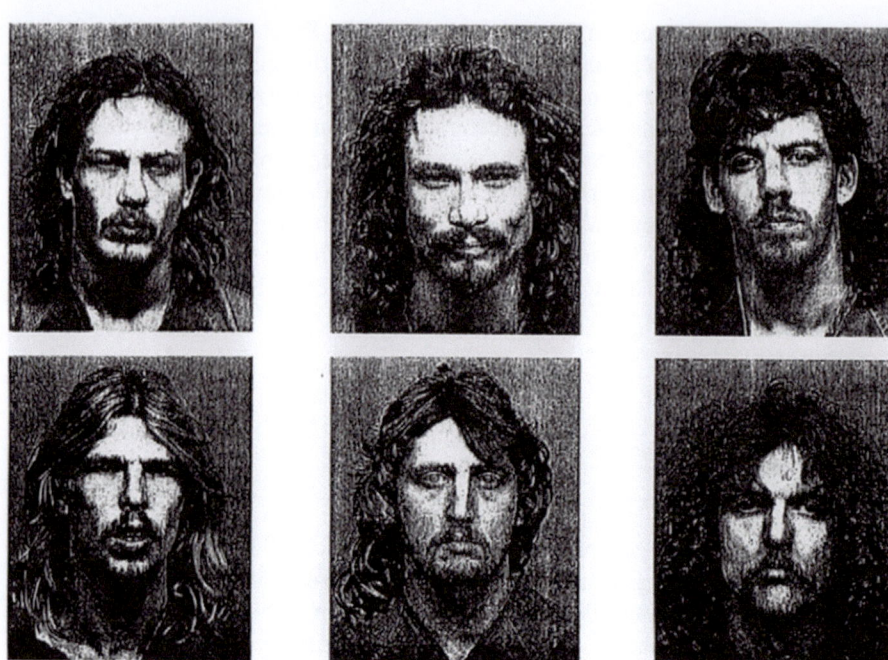

Abb. 5.7 Der Oddball-Effekt im Fall Gary Rasmussen. Einem der Männer wurde vorgeworfen, 1998 ein grausames Verbrechen in Washington begangen zu haben. Der Mann, der von der Polizei verdächtigt wurde, wurde überzufällig häufig identifiziert – auch von Dritten, die den Fall gar nicht kannten. Nämlich deshalb, weil er der Einzige war, der auf dem Lichtbild lächelte (Busey und Loftus 2007). (Mit freundlicher Genehmigung von Elsevier)

Ob simultane oder sequenzielle Serienvorlagen besser sind, darüber besteht in der Forschung aktuell noch kein Konsens.

> **Die sequenzielle Gegenüberstellung**
> Wenn Augenzeugen einen Tatverdächtigen anhand einer sequenziellen Gegenüberstellung identifizieren sollen, wird dies in aller Regel folgendermaßen durchgeführt (McQuiston-Surrett et al. 2006):
>
> — Die Personen (auf Foto, Video oder live) werden einzeln und nur einmal gezeigt.
> — Für jede einzelne Person trifft der Zeuge oder die Zeugin eine Entscheidung, ob die Person jeweils Täter oder Nichttäter ist. Bei der Entscheidung „Täter" wird die Präsentation gestoppt. Auf frühere Personen zurückzugreifen, ist nicht erlaubt.
> — Der Zeuge oder die Zeugin ist nicht darüber informiert, wie viele Personen präsentiert werden.

In früheren Arbeiten wurde vor allem wegen des Problems der „besten Schätzung" von simultanen Gegenüberstellungen abgeraten (Wells et al. 1998). Dieses besagt, dass Zeugen dazu neigen, die Person herauszusuchen, die dem Täter am ähnlichsten sieht, selbst wenn die Ähnlichkeit nicht besonders groß ist. Es wird somit ein Relativurteil gefällt. Die Forschung zeigt konsistent, dass sequenzielle Verfahren weniger falsche Alarme generiert. Nach einer aktuellen Meta-Analyse ist die Wahrscheinlichkeit für eine Falschidentifizierung bei einer sequenziellen Gegenüberstellung um 22 % niedriger als bei einer simultanen Gegenüberstellung. Sie scheint aber gleichzeitig auch zu 8 % weniger Treffern zu führen (Steblay et al. 2011). Andere Forschungsarbeiten sind den simultanen Verfahren optimistischer gestimmt. So wurde beispielsweise gezeigt, dass eine simultane Gegenüberstellung dann überlegen ist, wenn die Wahrscheinlichkeit dafür, dass der Verdächtige tatsächlich der Täter ist, bei über 50 % liegt (Malpass 2006).

Ohrenzeugen

In seltenen Fällen ist nicht ein Augenzeuge vonnöten, sondern ein „Ohrenzeuge". Nämlich dann, wenn ein Zeuge blind ist, der Täter sein Gesicht verborgen hat, im Dunkeln oder nur telefonisch gehandelt hat – und auch wenn keine Computeranalyse der Stimme gemacht werden kann. Allerdings sind beide Ansätze, sowohl technische als auch menschliche Identifizierungen, fehlerbehaftet: In keinem ist in aller Regel eine Identifikation mit absoluter Sicherheit möglich. Eine korrekte Identifikation eines unbekannten Sprechers liegt bei Stimmgegenüberstellungen bei etwa 30 %. Wenn sich ein Täter nicht in einer Aufstellung befindet, ist es recht unwahrscheinlich, dass ein Ohrenzeuge Personen in dieser Aufstellung als Nichttäter zurückweisen wird. Die Zuverlässigkeit von Identifikationen durch Ohrenzeugen ist der von Augenzeugen somit in der Regel unterlegen. Viele Fehlerquellen innerhalb der Schätz- und Systemvariablen wirken bei Ohrenzeugen in ähnlicher Form wie bei Augenzeugen – und teilweise sogar stärker. Das ist zum Beispiel bei Verzerrungen von Gedächtnisinhalten durch nachträgliche Informationen der Fall. Außerdem sind Ohrenzeugen zusätzlichen Herausforderungen ausgesetzt, beispielsweise, dass Menschen je nach Stress, Ablenkung oder Gesundheitszustand anders klingen können, selbst wenn sie dieselben Worte wiederholen (Yarmey 2007) (Abb. 5.8).

Abb. 5.8 Ohrenzeugen sind in der Regel weniger zuverlässig als Augenzeugen. (© Sebastian Staak/► stock.adobe.com)

5.4 Bewertung von Gegenüberstellungsverfahren

5.4.1 Offizielle Richtlinien

In Deutschland wurden 1977 Richtlinien für das Strafverfahren und das Bußgeldverfahren (RiStBV) erlassen. Ziel war es, ein bundesweit einheitliches Procedere sicherzustellen. Diese Richtlinien haben keine Gesetzeskraft, binden jedoch Staatsanwaltschaft, Richter und Polizei. Prinzipiell können Verstöße dienstrechtlich beanstandet werden.

Zur Durchführung von Gegenüberstellungen macht der Richtlinienkatalog folgende Angaben (Nr. 18 RiStBV):

1. Soll durch eine Gegenüberstellung geklärt werden, ob der Beschuldigte der Täter ist, so ist dem Zeugen nicht nur der Beschuldigte, sondern auch eine Reihe anderer Personen gleichen Geschlechts, ähnlichen Alters und ähnlicher Erscheinung gegenüberzustellen, und zwar in einer Form, die nicht erkennen lässt, wer von den Gegenübergestellten der Beschuldigte ist (Wahlgegenüberstellung). Die Wahlgegenüberstellung kann auch mittels elektronischer Bildtechnik durchgeführt werden (wie z. B. Wahlvideogegenüberstellung).
2. Die Gegenüberstellung soll grundsätzlich nacheinander und nicht gleichzeitig erfolgen. Sie soll auch dann vollständig durchgeführt werden, wenn der Zeuge zwischenzeitlich erklärt, eine Person erkannt zu haben. Die Einzelheiten sind aktenkundig zu machen.
3. Die Absätze 1 und 2 gelten bei der Vorlage von Lichtbildern (Wahllichtbildvorlage) mit der Maßgabe, dass dem Zeugen mindestens acht Personen gezeigt werden sollen, entsprechend.

Die RiStBV gibt somit Anhaltspunkte vor, die im Großen und Ganzen mit der Forschung kompatibel, aber auch recht oberflächlich sind.

5.4.2 Fairness-Bewertung

In Strafverfahren ist es möglich, dass ein Identifizierungsverfahren einer gutachterlichen Überprüfung unterzogen wird. Das wird insbesondere in den USA und in den Niederlanden praktiziert; hierzulande ist eine solche Beiziehung eher selten, aber generell durchführbar. Voraussetzung hierfür ist eine sorgfältige Dokumentation des Verfahrens mit allen Instruktionen, allen verwendeten Lichtbildern oder Videos der Gegenüberstellung und einer Wort-für-Wort-Protokollierung der Aussage des Zeugen.

Sowohl Schätz- also auch Systemvariablen können im Nachhinein anhand einschlägiger empirischer Befunde in Bezug auf den Einzelfall bewertet werden. Als empirisches Maß der Fairness einer Gegenüberstellung können die sog. „effektive Größe" (ein aggregierter Index aus allen Personen einer Gegenüberstellung) und ein möglicher Bias hinsichtlich des Tatverdächtigen ermittelt werden. Dazu wird eine Simulationsstudie durchgeführt. Probanden (sog. „Pseudozeugen") werden die Stimuli der Gegenüberstellung gezeigt. Die Aufgabe der Pseudozeugen ist es, den Tatverdächtigen allein anhand der ursprünglich getätigten Beschreibung herauszusuchen.

Definition

Ein **Bias** ist eine Verzerrung oder ein systematischer Fehler. In der Kognitionspsychologie ist damit eine systematische Verzerrung des menschlichen Denkens (z. B. durch mentale Daumenregeln) gemeint. Bei der Durchführung von Experimenten kann ein Bias entstehen, wenn die Wirkung eines Experiments durch eine dritte unbekannte Variable systematisch kontaminiert wird.

Die effektive Größe, der Fairnessindex Tredoux's E, wird über folgende Formel berechnet:

$$E = \frac{1}{1 - I}$$

Agrestis' I ist das Maß der qualitativen Variation. Es wird über folgende Formel generiert:

$$I = 1 - \sum \left(\frac{O_i}{N}\right)^2$$

Beispielsweise könnte eine Simulationsstudie mit 50 Pseudozeugen durchgeführt werden. Jeder Proband trifft auf Basis einer Beschreibung jeweils eine Entscheidung hinsichtlich Täter vs. Nichttäter über fünf Personen einer Aufstellung (◘ Tab 5.1):

Die Summe aus $(O/N)^2$ wäre $\Sigma = 0{,}204$. Somit entspräche der Wert $I = 1 - 0{,}204 = 0{,}796$. Damit ergäbe die effektive Größe der Gegenüberstellung $E = 4{,}90$.

Der Bias hinsichtlich eines Tatverdächtigen wird folgendermaßen errechnet: Die Anzahl der Pseudozeugen, die den Verdächtigen identifizieren, wird durch die Gesamtzahl der Pseudozeugen geteilt. Wenn im vorliegenden Fall Person E der Verdächtige wäre, wäre zunächst ein Wert von $12/50 = 0{,}24$ anzunehmen. Dieser Wert wird dann gegen die Zufallswahrscheinlichkeit $1/k$ (also in unserem Fall $1/5 = 0{,}20$) auf Signifikanz getestet (Sporer und Sauerland 2008).

◘ Tab. 5.1 Beispielhafte Studie zur Ermittlung von Fairness einer Gegenüberstellung

Personen der Gegenüberstellung	A	B	C	D	E	Summe
Häufigkeit der Nennung (O_i)	8	11	9	10	12	50
$(O/N)^2$		0,026	0,048	0,032	0,040	0,058	0,204

5

Fallbeispiel

Der sachverständige Gutachter, der beauftragt wurde, in Marcos Fall die Identifizierung zu bewerten, stellte auf Ebene der Schätzvariablen fest, dass der Augenzeuge erschwerte Bedingungen für seine Identifizierung hatte: So dürfte seine Wahrnehmung aufgrund der hohen Entfernung und kurzen Beobachtungsdauer eingeschränkt gewesen sein. Da der Mann auch die Waffe des Bankräubers wahrgenommen hatte, wäre eine weitere Verengung seiner Wahrnehmung in Form des Waffenfokuseffekts denkbar. Einschränkend für eine zuverlässige Identifizierung könnte weiterhin das höhere Alter des Augenzeugen gewesen sein sowie, dass der Räuber offenbar einer anderen Ethnie angehörte. Nachdem die Gegenüberstellung erst Wochen später durchgeführt wurde, waren auch gewisse Vergessensprozesse denkbar.

Bezogen auf die Systemvariablen fanden sich verschiedene problematische Konstellationen: Zwar wurden fast alle Kriterien des Richtlinienkatalogs (RiSTBV) beachtet. Dem Augenzeugen wurde jedoch nicht klar kommuniziert, dass sich die gesuchte Person auch nicht in den Lichtbildvorlagen befinden könnte. Die Personen in der Aufstellung waren sich zudem nicht ähnlich genug – nur zwei von drei hatten beispielsweise den Bart, den der ältere Herr in seiner früheren Personenbeschreibung berichtet hatte. In einer simulierten Studie, die der Gutachter zur Berechnung der Fairness des Gegenüberstellungsverfahrens durchgeführt hatte, zeigte sich, dass durch die Aufstellung ein klarer Bias hinsichtlich Marco generiert worden war.

Fazit

Personenbeschreibungen und -identifizierungen durch Augenzeugen sind häufig wichtige Beweismittel. Augenzeugenaussagen können jedoch durch Irrtümer kontaminiert sein. Solche Irrtümer entstehen einerseits entlang von Schätzvariablen und andererseits entlang von Systemvariablen. Unter Erstere fallen Faktoren im Zeugen und im Stimulus. So ist beispielsweise bekannt, dass jüngere und ältere Augenzeugen in gewissen Konstellationen unzuverlässigere Identifikationsleistungen erbringen. Auch Stimuli, die fremd und nicht distinkt sind, werden in aller Regel weniger wahrscheinlich encodiert. Schätzvariablen umfassen außerdem situative Faktoren. Das sind Fehlerquellen, die durch Mängel in der Aufnahme (z. B. aufgrund ungünstiger Wahrnehmungsverhältnisse oder spezifischer Erwartungen), in der Speicherung (z. B. aufgrund von Vergessensprozessen oder Gedächtnisüberlagerungen) und im Abruf (z. B. aufgrund von fehlenden kognitiven Prototypen oder Selbstfestlegungen) entstehen. Schließlich sind auch Fehler durch eine unzuverlässige Bewertung des Zeugen durch Dritte innerhalb der Schätzvariablen einzuordnen (z. B. wenn das Gericht den Detaillierungsgrad einer Personenbeschreibung als Indikator für die Richtigkeit einer Identifizierung verwendet). Systemvariablen umfassen Aspekte, die vom Rechtssystem kontrolliert werden. Verzerrungen in Augenzeugenaussagen können beispielsweise über unklare polizeiliche Instruktionen oder eine Gegenüberstellung mit wenig vergleichbaren Personen entstehen. Wie fair ein Gegenüberstellungsverfahren letztlich durchgeführt wurde, kann anhand offizieller Richtlinien abgeschätzt, aber auch über empirische Indices berechnet werden.

Literatur

Alogna, V. K., Attaya, M. K., Aucoin, P., Bahnik, S., Birch, S., Birt, A. R., Bornstein, B. H., Bouwmeester, S., Brandimonte, M. A., Brown, C., Buswell, K., Carlson, C., Carlson, M., Chu, S., Cislak, A., Colarusso, M., Colloff, M. F., Dellapaolera, K. S., Delvenne, J.-F., & Zwaan, R. A. (2014). Registered replication report: Schooler & Engstler-Schooler (1990). *Perspectives on Psychological Science, 9*(5), 556–578.

Bem, D. J. (1972). Self-perception theory. In L. Berkowitz (Hrsg.), *Advances in experimental social psychology* (S. 1–62). Academic.

Bruce, V., Burton, M., & Hancock, P. (2007). Remembering faces. In R. C. L. Lindsay, D. F. Ross, J. Don Read, & M. P. Toglia (Hrsg.), *The handbook of eyewitness psychology* (S. 87–100). Routledge.

Busey, T. A., & Loftus, G. R. (2007). Cognitive science and the law. *Trends in Cognitive Sciences, 11*(3), 111–117.

Charman, S. D., Gregory, A. H., & Carlucci, M. (2009). Exploring the diagnostic utility of facial composites: Beliefs of guilt can bias perceived similarity between composite and suspect. *Journal of Experimental Psychology: Applied, 15*(1), 76–90.

Cutler, B. L., Berman, G. L., Penrod, S., & Fisher, R. P. (1994). Conceptual, practical, and empirical issues associated with eyewitness identification test media. In D. F. Ross, J. D. Read, & M. P. Toglia (Hrsg.), *Adult eyewitness testimony: Current trends and developments* (S. 163–181). Cambridge University Press.

Davies, G. M., & Valentine, T. (2007). Facial composites: Forensic utility and psychological research. In R. C. Lindsay, D. F. Ross, J. D. Read, & M. P. Toglia (Hrsg.), *Handbook of eyewitness psychology* (S. 59–86). Erlbaum.

Davis, D., Loftus, E. F., Vanous, S., & Cucciare, M. (2008). Unconscious transference can be an instance of change blindness. *Applied Cognitive Psychology, 22*(5), 605–623.

Deffenbacher, K. A., Bornstein, B. H., & Penrod, S. D. (2006). Mugshot exposure effects: Retroactive interference, mugshot commitment, source confusion, and unconscious transference. *Law and Human Behavior, 30*(3), 287–307.

Deffenbacher, K. A., Bornstein, B. H., Penrod, S. D., & McGorty, E. K. (2004). A meta-analytic review of the effects of high stress on eyewitness memory. *Law and Human Behavior, 28*(6), 687–706.

Dunning, D., & Perretta, S. (2002). Automaticity and eyewitness accuracy: A 10-to 12-second rule for distinguishing accurate from inaccurate positive identifications. *Journal of Applied Psychology, 87*(5), 951–962.

Festinger, L. (1957). *A theory of cognitive dissonance.* Stanford University Press.

Greve, W., Hellmers, S., & Kappes, C. (2014). Viktimologie: Psychologische Aspekte der Opferforschung. In T. Bliesener, F. Lösel, & G. Köhnken (Hrsg.), *Lehrbuch der Rechtspsychologie* (S. 198–222). Huber.

Jones, E. E., Wood, G. C., & Quattrone, G. A. (1981). Perceived variability of personal characteristics in in-groups and out-groups: The role of knowledge and evaluation. *Personality and Social Psychology Bulletin, 7*(3), 523–528.

Lilli, W., & Frey, D. (1993). Die Hypothesentheorie der sozialen Wahrnehmung. In D. Frey & M. Irle (Hrsg.), *Theorien der Sozialpsychologie. Band 1: Kognitive Theorien* (S. 49–78). Huber.

Loftus, E. F., & Palmer, J. C. (1974). Reconstruction of automobile destruction: An example of the interaction between language and memory. *Journal of Verbal Learning and Verbal Behavior, 13*(5), 585–589.

Malpass, R. S. (2006). A policy evaluation of simultaneous and sequential lineups. *Psychology, Public Policy, and Law, 12*(4), 394–418.

McQuiston-Surrett, D., Malpass, R. S., & Tredoux, C. G. (2006). Sequential vs. simultaneous lineups: A review of methods, data, and theory. *Psychology, Public Policy, and Law, 12*(2), 137–169.

Meissner, C. A., Sporer, S. L., & Susa, K. J. (2008). A theoretical review and meta-analysis of the description-identification relationship in memory for faces. *European Journal of Cognitive Psychology, 20*(3), 414–455.

Meurer, D., & Sporer, S. L. (Hrsg.). (1990). *Zum Beweiswert von Personenidentifizierungen: Neuere empirische Befunde*. N. G. Elwert.

Murre, J. M., & Dros, J. (2015). Replication and analysis of Ebbinghaus' forgetting curve. *PLoS ONE, 10*(7), e0120644.

Ostrom, T. M., Carpenter, S. L., Sedikides, C., & Li, F. (1993). Differential processing of in-group and out-group information. *Journal of Personality and Social Psychology, 64*(1), 21–34.

Pickel, K. L. (1998). Unusualness and threat as possible causes of "weapon focus". *Memory, 6*(3), 277–295.

Pozzulo, J. D., & Lindsay, R. C. (1998). Identification accuracy of children versus adults: A meta-analysis. *Law and Human Behavior, 22*(5), 549–570.

Rensink, R. A. (2002). Change detection. *Annual Review of Psychology, 53*(1), 245–277.

Simons, D. J., & Chabris, C. F. (1999). Gorillas in our midst: Sustained inattentional blindness for dynamic events. *Perception, 28*(9), 1059–1074.

Simons, D. J., & Levin, D. T. (1998). Failure to detect changes to people during a real-world interaction. *Psychonomic Bulletin & Review, 5*(4), 644–649.

Sporer, S. L. (2001). Recognizing faces of other ethnic groups: An integration of theories. *Psychology, Public Policy, and Law, 7*(1), 36–97.

Sporer, S. L. (2008). Lessons from the origins of eyewitness testimony research in Europe. *Applied Cognitive Psychology, 22*(6), 737–757.

Sporer, S. L., & Martschuk, N. (2014). The reliability of eyewitness identifications by the elderly. In M. Toglia, D. Ross, J. Pozzulo, & E. Pica (Hrsg.), *The elderly eyewitness in court* (S. 3–37). Psychology Press.

Sporer, S. L., Penrod, S., Read, D., & Cutler, B. (1995). Choosing, confidence, and accuracy: A meta-analysis of the confidence-accuracy relation in eyewitness identification studies. *Psychological Bulletin, 118*(3), 315–327.

Sporer, S. L., & Sauerland, M. (2008). Personenidentifizierung. *Forensische Psychiatrie, Psychologie, Kriminologie, 2*(1), 28–36.

Sporer, S. L., Sauerland, M., & Kocab, K. (2014). Personenidentifizierung. In T. Bliesener, F. Lösel, & G. Köhnken (Hrsg.), *Lehrbuch der Rechtspsychologie* (S. 156–182). uber.

Steblay, N., Dysart, J., Fulero, S., & Lindsay, R. C. L. (2003). Eyewitness accuracy rates in police showup and lineup presentations: A meta-analytic comparison. *Law and Human Behavior, 27*(5), 523–540.

Steblay, N., Dysart, J. E., & Wells, G. L. (2011). Seventy-two tests of the sequential lineup superiority effect: A meta-analysis and policy discussion. *Psychology, Public Policy, and Law, 17*(1), 99–139.

Tajfel, H., & Turner, J. (1986). The social identity theory of intergroup behavior. In S. Worchel & W. Austin (Hrsg.), *Psychology of intergroup relations* (S. 7–24). Nelson-Hall.

Tollestrup, P., Turtle, J., & Yuille, J. C. (1994). Expectations of eyewitness performance: Jurors' verdicts do not follow from their beliefs. In D. R. Ross, J. D. Read, & M. P. Toglia (Hrsg.), *Adult eyewitness testimony: Current trends and development* (S. 144–162). Cambridge University Press.

Wells, G. L. (1978). Applied eyewitness research: System variables and estimator variables. *Journal of Personality and Social Psychology, 36*(12), 1546–1557.

Wells, G. L., Small, M., Penrod, S., Malpass, R. S., Fulero, S. M., & Brimacombe, C. A. E. (1998). Eyewitness identification procedures: Recommendations for lineups and photospreads. *Law and Human Behavior, 22*(6), 603–647.

Yarmey, A. D. (2007). The psychology of speaker identification and earwitness memory. In R. C. L. Lindsay, D. F. Ross, J. Don Read, & M. P. Toglia (Hrsg.), *The handbook of eyewitness psychology* (Bd. II) (S. 101–136). Routledge.

Yarmey, A. D., Yarmey, M. J., & Yarmey, A. L. (1996). Accuracy of eyewitness identifications in showups and lineups. *Law and Human Behavior, 20*(4), 459–477.

Sozialpsychologie bei Gericht

Welchen sozialpsychologischen Effekten Richter und andere urteilende Verfahrensbeteiligte unterliegen

© Springer-Verlag GmbH Deutschland, ein Teil von Springer Nature 2020
M. Pfundmair, *Psychologie bei Gericht*, Die Wirtschaftspsychologie,
https://doi.org/10.1007/978-3-662-61796-0_6

6

Der Fall Simone

Abb. 6.1 Der Fall Simone. (© zimmytws/▶ stock.adobe.com)

Simone wurde zu Hause von der Polizei abgepasst, wo ihr die Ladung zur Hauptverhandlung übergeben wurde. Die Anklage lautete: gewerbsmäßiger Betrug in fünf Fällen.

Simone, 49 Jahre, arbeitslos, erschien in ungepflegtem Äußeren zur Gerichtsverhandlung. Ihr wurde vorgeworfen, als regelmäßige Verkäuferin auf einer Online-Plattform unter dem Namen ihrer Mutter teure Elektronik verkauft, aber nie verschickt zu haben. Simone bestritt, dass sie die Ware nicht geliefert habe, und äußerte auf mehrere Nachfragen in leisem Tonfall, dass sie alle Päckchen ordnungsgemäß versandt hatte. Warum diese nie angekommen seien, sei ihr ein Rätsel. Verschiedene Zeugen kamen im Anschluss zu Wort. Eine der ehemaligen Kundinnen Simones schilderte, dass Simone ihr Angebot, die Ware persönlich abzuholen, abgelehnt hatte. Ein weiterer Kunde berichtete davon, wie Simone ihm im Verlauf der Transaktion zunehmend den Kontakt verweigert hatte. Er führte unter Tränen aus, dass für ihn der Verlust des Geldes sehr schmerzhaft gewesen sei. Ein dritter ehemaliger Kunde trug vor, dass Simone ihre Online-Transaktion eingehalten hatte. Es zeigte sich im weiteren Verlauf, dass Simone schon früher mit dem Gesetz in Konflikt gekommen war.

Die Staatsanwaltschaft forderte schließlich eine Gesamtfreiheitsstrafe von 16 Monaten, die für zweieinhalb Jahre zur Bewährung ausgesetzt werden sollte. Der Verteidiger Simones forderte dagegen Freispruch. Er begründete, dass nicht mit Sicherheit bewiesen worden sei, dass Simone den Betrug begangen hatte. Der Richter zog sich daraufhin zurück, um sein Urteil abzuwägen. Er verurteilte Simone letztlich zu einer Freiheitsstrafe von 18 Monaten ohne Bewährung wegen des mehrfachen Betrugs in besonders schwerem Fall.

6.1 Grundlagen des Urteilens bei Gericht

Richterinnen und Richter im Strafrecht haben verschiedenste Entscheidungen zu treffen. Zu den wichtigsten gehören die Fragen, ob ein Angeklagter schuldig ist und welches Strafmaß angemessen ist. Dafür muss eine Straftat zunächst unter einen Paragrafen des Strafgesetzbuchs eingeordnet werden (sog. „Subsumption"). Für das Strafmaß ist im Gesetzbuch eine Mindest- und Höchstschwelle vorgegeben. Beispielsweise kann Körperverletzung nach § 223 Abs. 1 mit einer Geldstrafe oder auch mit bis zu fünf Jahren Freiheitsstrafe geahndet werden. Um zu ermitteln, welches Strafmaß angemessen ist, soll der Richter oder die Richterin alle Umstände des Falls erfassen (z. B. die Beweggründe des Täters, die Art der Ausführung der Tat) und in Abwägung von Schuld und Prävention zukünftiger Taten eine Strafhöhe festlegen. Wie genau eine solche Gesamtabwägung gemacht werden soll, darüber gibt es keine wirklichen Regeln. Strafrichter haben aber für ihre Entscheidung Zugang zu allen Beweismitteln, auch wenn diese später nicht bei Gericht verwertet werden. Je nach Konstellation des Falls entscheiden Richter alleine oder zu mehreren. Bei schwerwiegenderen Straftatbeständen können sie auch von zwei Schöffen unterstützt werden, die dasselbe Stimmrecht haben wie Richter.

Im angelsächsischen Rechtssystem liegt die Klärung der Schuldfrage bei der Jury bzw. den Geschworenen. Auch die Aufgabe der Strafmaßzumessung liegt teilweise bei den Geschworenen, wobei ihnen eine gewisse Bandbreite an möglichen Strafen zur Verfügung gestellt wird. Die Mitglieder der Jury sollen aus allen Bevölkerungsschichten stammen. Sie verfügen in der Regel über keine juristischen Vorkenntnisse. In internen Beratungen müssen sie sich zu 100 % (in den USA) oder zumindest in der Mehrzahl (in England und Schottland) über ihre Entscheidung einig werden. Ihnen werden – im Gegensatz zum kontinentaleuropäischen Rechtssystem – teilweise Informationen vorenthalten, die nicht bei Gericht verwertet werden dürfen (z. B. Vorstrafen). Das wird deshalb so gehandhabt, damit sie nicht in ihrer Entscheidung beeinflusst werden.

Sind Strafen sinnvoll?

Strafen, im rechtlichen Kontext, aber auch im alltäglichen Leben, dienen in aller Regel dem Aufbau von Straferwartungen. Diese Idee beruht auf einer lerntheoretischen Perspektive, wonach durch Bestrafung eine bestimmte Reaktion verstärkt werden soll. Bestrafungstraining nennt sich, wenn Menschen durch eine unangenehme Konsequenz lernen sollen, eine Reaktion weniger auszuführen. Fluchttraining nennt sich, wenn Menschen durch eine unangenehme Konsequenz lernen sollen, eine Reaktion vermehrt auszuführen.

Unter idealen Bedingungen, also wenn eine Strafe sofort und konsistent erfolgt, kann das Auftreten unerwünschter Verhaltensweisen durch Strafen in der Tat verringert werden. In einer Studie, in der Polizisten zu Fällen von häuslicher Gewalt gerufen wurden, zeigte sich dieser Effekt recht erfolgreich (Sherman und Berk 1984): Wenn Täter festgenommen wurden und ein bis zwei Tage im Gefängnis verbringen mussten, wurden sie nur zu 10 % rückfällig – im Gegensatz zu Tätern, mit denen lediglich ein Beratungsgespräch geführt wurde (19 %), und Tätern, die für mehrere Stunden den Tatort verlassen mussten (24 %). Allerdings ließ der Bestrafungseffekt mit der Zeit tendenziell nach.

Solche sofortigen und konsistenten Bestrafungen sind in der Realität allerdings häufig nicht gegeben. Denn die Aufklärungsrate von Straftaten ist relativ gering und Gerichte sind relativ langsam. Für die Kriminalitätsprävention scheint zudem weniger wichtig zu sein, wie hart eine Strafe ist, sondern mehr, wie wahrscheinlich es ist, bestraft zu werden (Berkowitz 1993). Das zeigt sich zum Beispiel an Statistiken, nach denen sich in Ländern, die die Todesstrafe ausgesetzt haben, Mordraten nicht wirklich verändern (Archer et al. 1983) (Abb. 6.2).

6

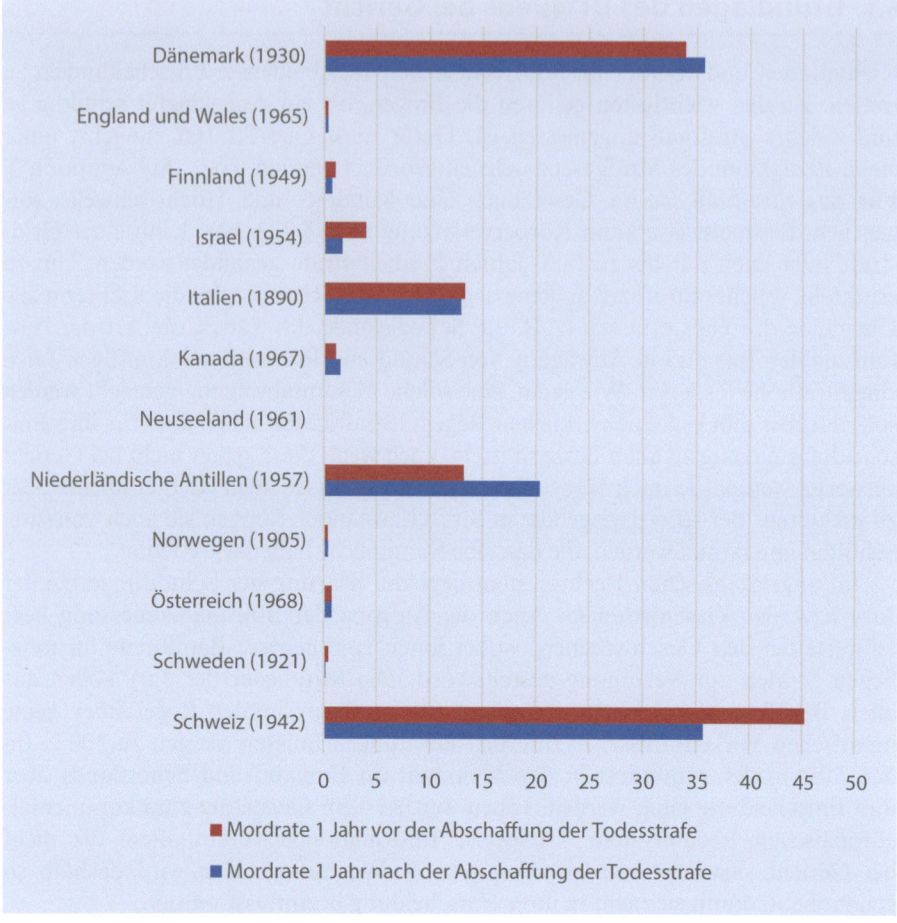

Abb. 6.2 Mordraten ein Jahr vor und nach der Abschaffung der Todesstrafe in verschiedenen Ländern (Jahr der Abschaffung in Klammern) (Archer et al. 1983)

Studien haben gezeigt, dass Entscheidungen über Schuld und Strafmaß vor allem dann drastisch sind, wenn die urteilenden Personen eher konservativ als liberal eingestellt sind (McKee und Feather 2008). Auch wenn das Verhalten des Täters auf Absichtlichkeit und Kontrollierbarkeit weist, er Vorstrafen hat und der Schaden für das Opfer hoch ist, steigt in der Regel das Bedürfnis nach Bestrafung (Gabriel und Oswald 2007). Bei Entscheidungen über Schuld und Strafmaß kann es darüber hinaus aber zu auch Urteilsdisparitäten durch die soziale Situation kommen. Denn in solchen Situationen können verschiedene sozialpsychologische Effekte wirksam werden, die eine Urteilsfindung systematisch verzerren können.

┌─ **Definition** ───

Von **Urteilsdisparität** spricht man, wenn Richter bei vergleichbaren Fällen zu abweichenden Urteilen kommen.

└──

Das menschliche Denken kann man im Wesentlichen in zwei Modi teilen: das automatische Denken, das unbewusst, absichtslos, unwillkürlich und mühelos erfolgt, und das kontrollierte Denken, das bewusst, absichtlich und freiwillig ist sowie mit Aufwand aktiviert wird. Das automatische Denken – das kann zum Beispiel der reflexartige Rückgriff auf „mentale Schubladen" oder die Verwendung kognitiver Abkürzungen sein – kann hilfreich sein, damit Menschen schnell und effizient die Umwelt einschätzen können. Es fördert aber gleichzeitig auch Verzerrungen und fehlerhafte Urteile (Aronson et al. 2004). Auch in der Urteilsbildung bei Gericht kann ein solches Denken wirksam werden und systematische Verzerrungen fördern.

Entscheidungen bei Gericht können in verschiedenen Dimensionen durch das automatische Denken beeinflusst werden. Zum einen durch die Beteiligten in Gerichtsverfahren, insbesondere die angeklagte und die urteilende Person. Zum anderen können Urteile auch von außen – durch allgemeine Ängste oder aber den Einfluss von Medien – beeinflusst werden.

6.2 Verzerrungen durch Angeklagtenmerkmale

6.2.1 Attribution

Menschen haben in aller Regel das Bedürfnis, das Verhalten anderer zu verstehen und Informationsbruchstücke so lange zusammenzusetzen, bis sie zu einer sinnvollen Erklärung kommen. Zur Erklärung des Verhaltens anderer verwenden Menschen Attributionen (Heider 1958). Internale Attributionen werden beispielsweise vorgenommen, wenn das Verhalten eines anderen seinem Charakter zugeschrieben wird; externale, wenn das Verhalten eines anderen situationsbedingt erklärt wird.

> **Definition**
>
> **Attribution** beschreibt die Zuschreibung von Gründen für eigenes und fremdes Verhalten.

Auch bei Gericht spielt eine bestimmte Form von Attribution eine wichtige Rolle, nämlich die Glaubwürdigkeitsattribution. Dabei wird einer Person Glaubwürdigkeit zugeschrieben – und zwar subjektiv, also ohne dass eine systematische Verhaltensanalyse vorgenommen wurde. Um eine solche Attribution vorzunehmen, werden in der Regel folgende Informationsquellen herangezogen: der Kontext, das Erscheinungsbild, Vorinformationen, selbstbeschreibende Äußerungen, der Sachverhalt, verbale Darstellung und non- sowie paraverbales Verhalten (Köhnken 1990).

Kontextinformationen beinhalten Spekulationen darüber, welche Motivation ein Angeklagter oder eine Angeklagte haben könnte. Je weniger ein Angeklagter offenbar im eigenen Interesse handelt, desto mehr Glaubwürdigkeit wird ihm zugeschrieben. Die äußere Erscheinung dient ebenfalls der Einschätzung von Vertrauenswürdigkeit. Zum Beispiel wird ein Angeklagter, der dem Urteilenden ähnlich oder sympathisch ist, glaubwürdiger eingeschätzt. Teilweise liegen Vorinformationen zur Glaubwürdigkeit eines Angeklagten oder einer Angeklagten vor (z. B. wenn andere Zeugen entsprechende Angaben machen); auch diese beeinflussen eine Glaubwürdigkeitsattribution positiv. Auch wenn ein Angeklagter selbst Kompetenz und Ehrlichkeit vermittelt, wird ihm eher Glaubwürdigkeit zugeschrieben. Ein Sachverhalt und verbale Darstellungen wirken dann positiv, wenn die Schilderungen plausibel und widerspruchsfrei sind sowie prestigeabträgliche und emotionale Angaben umfassen. Emotionale Angaben wirken dabei besonders positiv und werden auch „emotionaler Wahrheits-Bias" genannt. Non- und paraverbales Verhalten, das vermittelt, das ein Angeklagter wenig glaubwürdig ist, sind dagegen das Vermeiden von Blickkontakt oder zögerndes Sprechverhalten. Auch ein kraftloser Sprachstil, also ein Sprechen mit Unsicherheiten, führt zu einer geringeren Glaubwürdigkeitsattribution (Niehaus 2008).

Das pankulturelle Lügenstereotyp

Das Global Deception Research Team untersuchte 2006 in 75 verschiedenen Ländern und 43 verschiedenen Sprachen Stereotype über Lügner. Auf die Frage, wodurch Menschen erkennen können, wenn andere lügen, zeigte sich, dass das am meisten verbreiteste Stereotyp eines Lügners ein abgewandter Blick ist. Zusätzlich wurden acht weitere (vermeintliche) Lügencharakteristika identifiziert (Abb. 6.3).

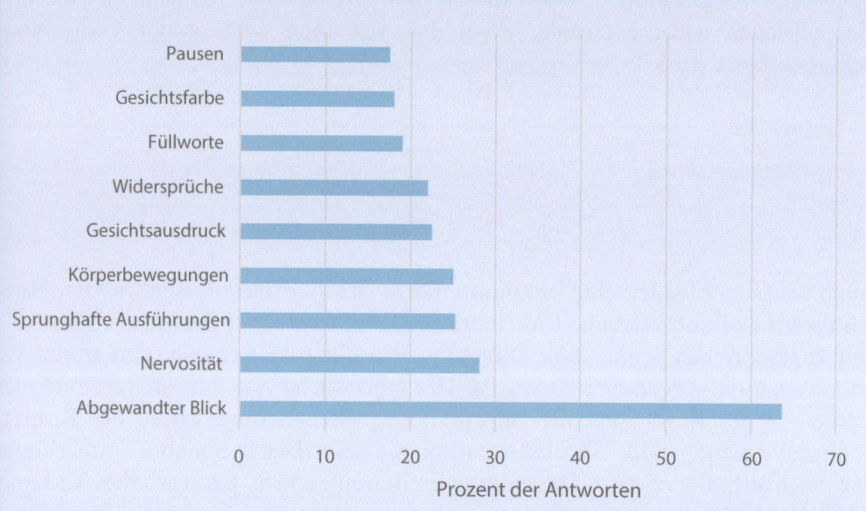

Abb. 6.3 Die am weitesten verbreiteten Stereotype über Lügen (Global Deception Research Team 2006)

Menschen können die Glaubwürdigkeit anderer in der Regel nicht besser als auf dem Zufallsniveau einschätzen. Die Selbsteinschätzung für diese Fähigkeit steht dem allerdings diametral entgegen: Denn Menschen überschätzen sich regelmäßig darin. Problematisch kann das dann sein, wenn eine falsche Einschätzung das Verhalten des Angeklagten beeinflusst. Ein Angeklagter könnte durch die Skepsis eines Richters zunehmend unter Druck geraten und diese Unsicherheit wiederum könnte vom Richter fälschlich als Beleg für eine Falschaussage interpretiert werden. Diesen Effekt nennt man auch Othello-Fehler (Ekman 1985).

Die selbsterfüllende Prophezeiung
Mit dem Othello-Fehler assoziiert ist der Prozess der selbsterfüllenden Prophezeiung. Dieser besagt, dass eine Erwartung über andere das eigene Verhalten gegenüber diesen anderen Personen beeinflusst – und dass diese Personen sich letztlich konsistent gegenüber der ursprünglichen Erwartung verhalten. Die Erwartung wird damit Realität. Dieser Prozess wird auch Rosenthal-Effekt genannt, da Robert Rosenthal und Leonore Jacobson 1968 folgenden Prozess beobachtet hatten: Die beiden führten mit den Kindern einer Grundschule einen IQ-Test durch. Im Anschluss wurde den Lehrern der IQ ihrer Schüler mitgeteilt. Hier wurde allerdings eine wichtige Manipulation gesetzt. Die Lehrer erhielten nicht echte, sondern gefälschte Rückmeldungen über den IQ ihrer Schüler. Nach einem Jahr wurde der IQ der Kinder erneut gemessen und es zeigte sich ein überraschendes Ergebnis. Der IQ hatte sich zwischenzeitlich dem angepasst, was den Lehrern vor einem Jahr falsch rückgemeldet wurde. Die Prophezeiung hatte sich also selbst erfüllt. Das geschah deshalb, weil die Lehrer den vermeintlich guten Schülern während des Schuljahres ein wärmeres emotionales Klima geschaffen hatten, ihnen mehr zu lernen gegeben hatten, mehr Feedback übermittelt und ihnen mehr Möglichkeiten der Unterrichtsbeteiligung verschafft hatten (Brophy 1983) (Abb. 6.4).

Abb. 6.4 Nachdem Lehrern falsche Rückmeldungen über den IQ ihrer Schüler übermittelt worden waren, hatten sich die IQ-Werte der Schüler innerhalb eines Jahres diesen Rückmeldungen angenähert. (© contrastwerkstatt/▶ stock.adobe.com)

6.2.2 Schemata

Ein Prozess, der zu weiteren systematischen Verzerrungen führen kann, ist die allgegenwärtige Verwendung von Schemata.

> **Definition**
>
> **Schemata** sind mentale Strukturen, die Menschen verwenden, um ihr Wissen in Kategorien bezüglich der sozialen Welt zu ordnen.

Stereotype sind Schemata, die auf die Mitglieder einer sozialen Gruppe angewandt werden. Das heißt, man schreibt allen Mitgliedern einer Gruppe identische Eigenschaften zu, ohne individuelle Variationen zu beachten. Ein typisches Stereotyp ist zum Beispiel, dass alle Deutschen effizient arbeiten. Ein Stereotyp ist die kognitive Komponente einer Einstellung, ein Vorteil die affektive Komponente. Und auch diese wirken in Gerichtsverfahren. In einer Studie zeigte sich beispielsweise, dass „typische" Afroamerikaner, also solche, die ein hohes Ausmaß ethnotypischer Merkmale hatten, signifikant härter bestraft wurden als andere (Blair et al. 2004). Auch negative Informationen, die nicht in die richterliche Entscheidung einfließen sollten, wurden insbesondere dann miteinbezogen, wenn es sich um schwarze (vs. weiße) Angeklagte handelte. Das passierte jedoch unbewusst. Die urteilenden Personen unterschätzen den Einfluss, den die negativen Informationen auf sie hatten (Johnson et al. 1995). Auch der sozioökonomische Status kann die Urteilsbildung bei Gericht verzerren. So wurde in einer Studie deutlich, dass Straftaten bei begüterteren Angeklagten als weniger schwerwiegend eingeordnet wurden als bei weniger begüterteren Angeklagten (Hagan und Parker 1985).

Ein weiterer schemabasierter Effekt ist der sog. Halo- oder auch Heiligenschein-Effekt. Er beruht darauf, dass ein einzelnes, bekanntes Merkmal auf die Bewertung weiterer unbekannter Merkmale abfärbt (Thorndike 1920). Eine der am besten beforschten Ausprägungen dieses Effekts ist das „What is beautiful is good"-Stereotyp. Das heißt, gut aussehenden Menschen werden automatisch positive Eigenschaften zugeschrieben, z. B. eine höhere Intelligenz, Freundlichkeit oder Ehrlichkeit (Dion et al. 1972). Studien haben demonstriert, dass sich dieser Effekt auch im juristischen Alltag zeigt. Denn attraktive Angeklagte werden durchschnittlich weniger wahrscheinlich und weniger schwer bestraft (Darby und Jeffers 1988). Der Effekt verringert sich jedoch, je schwerer ein Tatbestand einzuschätzen ist (Piehl 1977). Außerdem wirkt er nicht, wenn ein Angeklagter seine Attraktivität bei der Tatbegehung eingesetzt hat.

Sanktionen wegen Schönheit?

Ob die Attraktivität eines Angeklagten oder einer Angeklagten positiv wirkt oder nicht, ist abhängig von der Art einer Tat. Dies zeigte sich beispielsweise in der folgenden Studie. Probanden wurden gebeten, sich einen Fall über einen Blind-Date-Betrug durchzulesen. Es wurde beschrieben, wie eine Frau durch einen Mann, den sie online kennengelernt hatte, um etwa 1.200 EUR betrogen worden war. Der Angeklagte dieses Falls wurde den Probanden auf einem Foto gezeigt. Die Forscher variierten dabei das Aussehen des Angeklagten: Während manche Probanden einen attraktiven Angeklagten zu sehen bekamen, wurde anderen

Probanden ein weniger attraktiver Angeklagter gezeigt. Es zeigte sich, dass ein Angeklagter vor allem dann schuldig gesprochen wurde, wenn er physisch attraktiv war – und das insbesondere von den weiblichen Probanden. Probanden wurden weiter gebeten, den Fall eines Telekommunikationsbetrugs zu lesen. Dabei wurde beschrieben, wie eine Frau durch einen Mann, der ihr vorgegaukelt hatte, einen Fehler bei einer Online-Transaktion zu beheben, um etwa 1.200 EUR betrogen worden war. In diesem Szenario zeigte sich kein Effekt der Attraktivität des Angeklagten mehr. Somit war eine hohe Attraktivität nur dann nachteilig für den Angeklagten, wenn die Straftat mit dessen Attraktivität verknüpft war (Yang et al. 2019).

Nicht nur positive Attribute können ein Urteil „überstrahlen", sondern auch negative. Das wird Devil- oder auch Teufelshörner-Effekt genannt. Auch das wurde im rechtlichen Bereich untersucht. Hier zeigte sich beispielsweise, dass Menschen zu den bloßen Begrifflichkeiten „Kinder" und „Sex" ganz konkrete negative Vorstellungen haben. Obwohl sich verschiedenste Straftatbestände dahinter verbergen könnten, assoziieren sie damit abartige, gewalttätige Persönlichkeiten und wünschen sich Höchststrafen bis hin zum Tod (Pfundmair et al. 2020). Menschen unterscheiden außerdem in aller Regel nicht zwischen Sexualtätern und Personen mit pädophilen Neigungen. Allein das Vorhandensein pädophiler Gedanken empfinden viele als Straftat (Jahnke et al. 2015; Wurtele 2018).

6.3 Verzerrungen durch Faktoren innerhalb der urteilenden Person

6.3.1 Schemata

Schemata wirken nicht nur im Rahmen von Angeklagtenmerkmalen, sondern auch in der urteilenden Person. Denn sie arbeiten in der Regel als Filter, die unsere Aufmerksamkeit und Erinnerung lenken. Häufig werden Informationen, die schemainkonsistent sind, nicht bemerkt und Informationen, die schemakonsistent sind, eher erinnert. Der Bestätigungsfehler (oder auch „Confirmation bias") erfasst genau diesen Effekt. Demnach neigen Menschen dazu, Informationen so auszuwählen und zu interpretieren, dass sie eigene Erwartungen bestätigen (Wason 1968). Auch das kann in der richterlichen Urteilsbildung eine Rolle spielen.

Gemäß dem Geschichtenmodell merken sich Menschen nicht einzelne Beweise, sondern sie versuchen, eine Geschichte über ein Tatgeschehen aus den Informationen, die sie erhalten, zu konstruieren (Pennington und Hastie 1992).

Eine Person fühlt sich dann in ihrer konstruierten Geschichte sicher, wenn diese vollständig, konsistent und eindeutig ist. Vollständigkeit heißt, alle erhaltenen Informationen werden integriert. Konsistenz meint, dass die Geschichte nicht widersprüchlich ist. Eindeutig ist eine Geschichte, wenn es keine Alternativmöglichkeiten gibt, die genauso plausibel sind. Die Krux bei dieser Verarbeitungsform ist allerdings, dass Personen, die sich eine solche Geschichte konstruieren, in der Regel nicht objektiv vorgehen, sondern manche Informationen ohne Hinterfragung akzeptieren und andere ignorieren, weil sie sie als irrelevant empfinden. Dass ein Bestätigungsfehler beim Geschichtenmodell stattfindet, zeigt sich auch anhand von Verurteilungsraten: Wenn Beweise so präsentiert werden, dass Menschen sich leicht eine Geschichte konstruieren können, wird ein Angeklagter sehr viel wahrscheinlicher verurteilt, als wenn Beweise nach den wichtigsten Zeugen präsentiert werden.

6

6.3.2 Heuristiken

Wenn zur Urteilsbildung kein passendes oder eindeutiges Schema verfügbar ist, werden automatisiert oft mentale Abkürzungen, sog. Urteilsheuristiken, herangezogen. Diese „Daumenregeln" können leicht zu Verzerrungen und Fehlurteilen führen.

> **Definition**
>
> **Heuristiken** sind mentale Abkürzungen, die zur schnellen und effizienten Urteilsbildung angewandt werden.

Eine Heuristik, die in jedem Gerichtsverfahren eine Rolle spielt, ist die Ankerheuristik (Tversky und Kahneman 1974). Bei dieser mentalen Abkürzung wird eine bestimmte Zahl als Ausgangspunkt genommen. Menschen verfallen dann in ein positives Hypothesentesten und prüfen, was für den gegebenen Anker spricht. In der Regel werden Informationen, die gegen den Anker sprechen, vernachlässigt – und so werden nur selektiv Informationen aktiviert. Dieser Prozess wird unter dem SAM-Modell, dem „selective accessibility model", beschrieben (Mussweiler und Strack 1999). Jedes Mal, wenn ein Staatsanwalt einen Strafantrag mit einem gewissen Strafmaß stellt, setzt er einen Anker. Studien haben gezeigt, dass richterliche Urteile durch solche Anker beeinflusst werden – sogar wenn sie zufällig zustande gekommen sind. Erfahrene Richter sind zwar sicherer in ihren Urteilen, ihre Urteile sind aber genauso verzerrt wie die von Nicht-Experten (Englich und Mussweiler 2001). Ankereffekte sind in der Regel sehr robust und schwer korrigierbar, selbst wenn Menschen diesbezüglich aufgeklärt werden.

Das Auswürfeln des Strafmaßes

In einer Studie mit dem Titel „Playing dice with criminal sentences" demonstrierten Birte Englich et al. (2006) den Ankereffekt mit erfahrenen Richtern und Staatsanwälten. Alle Probanden erhielten Informationen über einen Fall. Es wurde ebenfalls ein Strafhöhe vorgeschlagen. In unterschiedlichen Experimenten wurden verschiedene Informationen darüber gegeben, wie diese Strafhöhe zustande gekommen war. Während in einem Experiment behauptet wurden, ein Journalist hätte das Ausmaß festgelegt, wurde im zweiten Experiment angegeben, dass ein Staatsanwalt dieses kommuniziert hätte, dass er dieses allerdings nach dem Zufallsprinzip ausgewählt hätte. In einem dritten Experiment wurden die Probanden gebeten, das Strafmaß auszuwürfeln. In allen Experimenten wurde deutlich, dass sich selbst die erfahrenen Richter und Staatsanwälte an den (eigentlich irrelevanten) Ankern orientierten. Wie im SAM-Modell postuliert, zeigte sich in einem vierten Experiment, dass Probanden mit einem hohen Anker belastende (also hypothesenkonforme) Informationen schneller kategorisieren konnten als Probanden mit einem niedrigen Anker (Abb. 6.5).

Abb. 6.5 In der Studie von Englich und Kollegen orientierten sich selbst erfahrene Richter und Staatsanwälte in ihrer Strafhöhe an irrelevanten Ankern – das konnten selbst Augenzahlen eines Würfels sein. (© complize|M. Martins/▶ stock.adobe.com)

Eine weitere Verzerrung, die in der richterlichen Urteilsbildung häufig eine Rolle spielt, ist der Rückschaufehler. Wenn Menschen die Wahrscheinlichkeit des Ausgangs einer Handlung beurteilen, den Ausgang aber schon kennen, schätzen sie die Wahrscheinlichkeit, dass es genau so hätte kommen müssen, höher ein, als wenn sie den Ausgang vorher nicht kannten. Der Effekt wird auch „Knew it all along"-Effekt genannt – man wusste es also schon immer (aber nur, wenn man den Ausgang kennt). Hier spielt auch die Ankerheuristik eine Rolle, denn beim

Rückschaufehler ist der Anker, an dem sich Menschen in ihrem Urteil orientieren, das Ergebnis. Dieser Effekt ist ebenfalls in der richterlichen Urteilsbildung präsent. In einer Studie, in der Probanden die Fahrlässigkeit einer Handlung einschätzen mussten, zeigte sich beispielsweise, dass die Probanden vor allem dann von der Fahrlässigkeit überzeugt waren, wenn sie schon vorher wussten, dass sich ein entsprechender Unfall ereignet hatte (Hastie et al. 1999).

Entscheidungen von Richtern können schließlich durch Matching-Heuristiken vorhergesagt werden. Demnach wird sukzessive nach bestätigenden Informationen gesucht. Wenn sich eine bestätigende Information für den subjektiv relevantesten Hinweisreiz findet (z. B. eine Vorstrafe), wird die Informationssuche beendet und die Entscheidung getroffen (z. B. wird die Schuldfrage bejaht). Wenn sich keine solche Information findet, wird nach bestätigenden Informationen für den zweitwichtigsten Hinweisreiz gesucht. Wie viele Hinweisreize abgeklappert werden, ist individuell unterschiedlich, variiert aber meist zwischen eins und drei. Findet sich auch für den letzten relevanten Hinweisreiz keine bestätigende Information, fällt die Entscheidung in der Regel gegen eine Bestrafung (Dhami und Ayton 2001).

Fallbeispiel

Im Falle Simones wirkten verschiedene Effekte, die potenziell dazu geeignet waren, das Urteil des Richters in eine negative Richtung zu beeinflussen. Zum einen verursachte ihre ungepflegte Erscheinung und ihr kraftloser Sprachstil eine ungünstige Glaubwürdigkeitsattribution. Auch der frühere Konflikt mit dem Gesetz wirkte negativ auf ihre Glaubwürdigkeit. Weiter könnte ihr geringer sozioökonomischer Status einen negativen Einfluss auf das Urteil des Richters genommen haben. Durch das Geschichtenmodell oder die Matching-Heuristik könnte der Richter die positive Information über die erfolgreiche Transaktion Simones mit einem ihrer ehemaligen Kunden als irrelevant verworfen haben und negative Informationen wie den emotionalen Auftritt des zweiten Zeugen besonders stark gewichtet haben. Das Urteil zeigte sich schließlich sehr nah an der Forderung der Staatsanwaltschaft. Damit erscheint denkbar, dass in der Strafmaßentscheidung ein gewisser Anker im Urteil des Richters gesetzt wurde.

6.3.3 Gruppenprozesse

Gruppenprozesse finden weniger in Gerichtssälen hierzulande statt als im angelsächsischen Rechtssystem, denn dort muss eine Vielzahl von Geschworenen in internen Beratungen zu einer Übereinstimmung gelangen. Gruppenurteile können zu bestimmten Bedingungen zwar individuelle Urteile übertreffen, jedoch auch zu Fehlurteilen führen. Ein Faktor, der Gruppenentscheidungen verzerren kann, ist Konformität.

Definition

Konformität ist eine Veränderung im Erleben und Verhalten durch andere. Sie wird auch Mehrheitseinfluss genannt. Dabei wird zwischen informativem und normativem sozialem Einfluss unterschieden. Bei informativem sozialem Einfluss gehen Menschen mit anderen konform, weil sie glauben, andere treffen korrektere Entscheidungen. Bei normativem sozialem Einfluss gehen Menschen konform, weil sie von anderen gemocht werden wollen.

Der stärkste Prädiktor für eine Entscheidung innerhalb einer Jury ist Konformität. In etwa 90 % aller Verhandlungen folgen Geschworene der Position der Mehrheit. Dabei spielt offenbar insbesondere der informative soziale Einfluss eine Rolle. Denn Geschworene, die eine Minderheiteneinstellung vertreten, folgen der Mehrheit in aller Regel nur, wenn sie von der „Weisheit" der anderen überzeugt werden (Salerno und Diamond 2010). Es ist aber nicht so, dass Minderheiten überhaupt keinen Effekt auf eine Jury haben könnten. Es wurde beispielsweise gezeigt, dass ein Minderheitenstandpunkt zwar meist nicht die Schuldfrage, zumindest aber die Subsumption oder das Strafmaß beeinflussen kann (Pennington und Hastie 1990).

In internen Beratungen von Jurys gibt es in der Regel zwei mögliche Arten der Informationsverarbeitung: eine urteilsgesteuerte und eine beweisgesteuerte Verarbeitung. Urteilsgesteuerte Jurys fragen früh in der Beratung nach den Tendenzen ihrer Geschworenen und strukturieren ihre Diskussionen anhand den möglichen Urteilsoptionen, um dann letztlich die Option zu finden, die für die meisten Geschworenen akzeptabel ist. Beweisgesteuerte Jurys bewerten die Beweise und versuchen, die Wahrheit aus widersprechenden Fakten herauszukristallisieren. Sie führen eher weniger Strichlisten über die Meinung ihrer Mitglieder. Ein solches beweisgesteuertes Verfahren ist in der Regel gründlicher, wenn eine Jury zu einem einstimmigen Ergebnis kommen muss (Lieberman und Krauss 2009).

Automatische vs. kontrollierte Verarbeitung in der Urteilsfindung

Richter, Schöffen und Geschworene können somit einer Vielzahl von kognitiven Verzerrungen unterliegen, die dem automatischen Denken zugeordnet werden können. Das heißt aber nicht, dass sie grundsätzlich nicht in der Lage wären, eine wohlüberdachte Entscheidung zu treffen. Wenn Motivation und Kapazität gegeben sind, übernimmt in der Regel das kontrollierte Denken. Konsistent zeigte sich beispielsweise in einer Studie, dass die Attraktivität eines Angeklagten dann nicht mehr strafmildernd war, wenn Probanden explizit gebeten wurden, eine rationale Informationsverarbeitungsstrategie zu wählen (Lieberman 2002). Wenn sich Probanden für ihr Urteil verantworten mussten, hatte ein hoher Status eines Opfers keinen straferhöhenden Effekt (Oswald und Stucki 2010). Und wenn Richter über detaillierte Informationen und ausreichend Zeit zur Verarbeitung dieser Informationen verfügten, dann beurteilten sie Fallinformationen differenzierter und weniger verzerrt (Rachlinsky et al. 2009). Es sei aber dennoch angemerkt, dass kontrolliertes Denken nicht alle Fehlurteile eliminieren kann; es kann aber die Wahrscheinlichkeit zur Elimination von Fehlurteilen erhöhen.

6.4 Verzerrungen durch äußere Umstände

6.4.1 Kriminalitätsfurcht

Insgesamt scheint es so zu sein, dass Frauen generell mehr Furcht haben, Opfer einer Straftat zu werden, als Männer. Das Geschlecht ist sogar der beste Prädiktor für Kriminalitätsfurcht. Wenn Sexualdelikte allerdings ausgeklammert werden, findet sich zwischen Männern und Frauen kaum mehr ein Unterschied. Auch ältere Menschen ängstigen sich mehr als jüngere vor kriminellen Opfererfahrungen. Allerdings scheint der Zusammenhang eher klein zu sein. Auch dreht er sich bei spezifischen Konstellationen um. Zum Beispiel fürchten sich jüngere Frauen mehr vor sexueller Gewalt als ältere Frauen. Schließlich scheinen Ethnie und der sozioökonomische Status Kriminalitätsfurcht zu beeinflussen: Ethnische Minderheiten, weniger begüterte und weniger gebildete Personen sind statistisch gesehen ängstlicher. Somit ist bei Menschen mit höherer Vulnerabilität auch von einer stärkeren Kriminalitätsfurcht auszugehen.

> **Definition**
>
> **Vulnerabilität** bezeichnet die Verwundbarkeit einer Person gegenüber negativen Einflussfaktoren. Vulnerable Menschen sind in der Regel anfälliger dafür, psychische Störungen zu entwickeln. Vulnerabilität ist damit das Gegenteil von Resilienz.

Kriminalitätsangst hängt nur schwach mit faktischen Opfererlebnissen zusammen. Indirekte Opfererfahrungen – zum Beispiel, weil jemand von einer Straftat in der Nachbarschaft gehört hat, oder aber, weil im Lokalfernsehen darüber berichtet wurde – können aber durchaus eine solche Furcht steigern. Auch Menschen, die in Nachbarschaften mit eingeschlagenen Fenstern oder schwachen sozialen Netzwerken wohnen, erleben in aller Regel größere Angst, auch wenn die Kriminalitätsrate eigentlich gering ist (Hale 1996). Solche Befürchtungen vor kriminellen Erlebnissen können Urteile bei Gericht verzerren. Das wäre z. B. der Fall, wenn im Sinne eines Bestätigungsfehlers nur bestätigende Informationen über eine vermeintlich erhöhte Kriminalität aufgenommen würden.

6.4.2 Der Einfluss von Medien

Manche Gerichtsverfahren erreichen bundesweit, manchmal sogar international Aufsehen. Wenn man beispielsweise verschiedene Namen erwähnt (O. J. Simpson, Bill Cosby, Gina-Lisa Lohfink oder Beate Zschäpe) können Menschen sofort Informationen über einen Fall abrufen, der von den Medien in die Öffentlichkeit getragen wurde – und das häufig schon, bevor ein Fall überhaupt verhandelt wurde. Eine solche „pretrial publicity" kann Auswirkungen darauf haben, ob ein

Angeklagter als schuldig empfunden wird oder nicht. Denn mit einer negativen „pretrial publicity" steigt die Wahrscheinlichkeit, dass ein Angeklagter schuldig gesprochen wird. Das ist insbesondere dann der Fall, wenn verschiedene negative Informationen vorliegen, wenn es um Fälle von Mord, sexuellem Missbrauch oder Drogenverkauf geht, und auch, wenn ein längerer Zeitraum zwischen der negativen Publicity und dem Urteil liegt (Steblay et al. 1999). Auch emotionale Publicity scheint in besonderem Maße zu Voreingenommenheit zu führen (Kramer et al. 1990). Eine Bewusstmachung solcher Einflüsse scheint sogar kontraproduktiv zu wirken: Wenn Menschen gebeten werden, Medieninformationen nicht in ihr Urteil miteinzubeziehen, erhöht das in aller Regel die Wahrscheinlichkeit, dass genau das gemacht wird (Fein et al. 1997).

Publicity bei Kapitalverbrechen

In einer recht neuen US-amerikanischen Studie wurde untersucht, inwieweit „pretrial publicity" bei Fällen wirksam wurde, in denen es um die Todesstrafe ging. Dafür wurden 1.831 Zeitungsartikel über 20 Kapitalverbrechen in Kalifornien analysiert. Es zeigte sich, dass die Publicity überwältigend negativ war, wobei wiederholt effekthascherisch berichtet wurde und auch Material einbezogen wurde, das im Gerichtsverfahren überhaupt keine Rolle spielte. Trotz dieser negativen „pretrial publicity" wurde in den meisten Fällen eine Verlegung des Gerichtsverfahrens verweigert: In 19 dieser Fälle wurde beantragt, das Verfahren an einem anderen Ort auszutragen; nur in sechs Fällen wurde dem stattgegeben. Von diesen sechs Fällen resultierte schließlich nur in einem Fall die Todesstrafe – und in diesem wurde vorab ebenfalls negativ berichtet. Aus den 13 Fällen, bei denen die Verlegung abgewiesen wurde, wurde in acht Fällen die Todesstrafe verhängt. Dieses Muster deutet darauf hin, dass es einen Unterschied machen kann, wenn ein Verfahren an Orten ausgetragen wird, bei denen keine umfassende „pretrial publicity" vorliegt – unabhängig von dem demografischen oder ideologischen Profil dieses Orts (Bakshay und Haney 2018) (Abb. 6.6).

Abb. 6.6 Eine hohe Medienpräsenz kann das Ergebnis einer Verhandlung beeinflussen. (© Björn Wylezich/▶ stock.adobe.com)

Studien haben zudem gezeigt, dass bestimmte Schlagzeilen Menschen auch dann beeinflussen können, wenn eine Verbindung zu einer kriminellen Tat angezweifelt oder sogar verneint wird. So wurden in einer Studie vier verschiedene Arten von Schlagzeilen präsentiert: „Bob Talbert hat Verbindungen zur Mafia", „Hat Bob Talbert Verbindungen zur Mafia?", „Bob Talbert hat keine Verbindungen zur Mafia" und „Bob Talbert feiert Geburtstag". Es zeigte sich, dass die Frageform ebenso negativ wirkte wie die Aussageform der Schlagzeile. Und obwohl die Verneinung, dass Bob Talbert keine Verbindung zur Mafia hatte, zwar durchschnittlich weniger negativ wirkte als die Kontrollbedingung, in der das Wort Mafia nicht vorkam, war sie für die Probanden dennoch immer noch negativ konnotiert (Wegner et al. 1981).

Fazit

Bei Gericht müssen verschiedenste Urteile getroffen werden. Im Zentrum stehen dabei Entscheidungen über Schuld und Unschuld eines Angeklagten, aber auch über die Höhe eines Strafmaßes. Die Urteilsfindung folgt einem recht offenen Prinzip, nach dem alle Umstände eines Falls abgewägt werden sollen. Mit diesem offenen Prinzip geht allerdings auch einher, dass die Urteilsfindung durch gewisse sozialpsychologische Einflüsse systematisch verzerrt werden kann. Solche Verzerrungen können zum einen von den direkt Beteiligten – insbesondere der angeklagten und der urteilenden Person – ausgehen. Dabei können einerseits Attributionen und Schemata eine Rolle spielen – z. B. durch spezifische Glaubwürdigkeitsattributionen, Vorurteile oder Überstrahleffekte wie das "What is beautiful is good"-Stereotyp, das attraktiven Angeklagten in vielen Konstellationen eine vorteilhaftere Position beschert. Andererseits können unter den direkt Beteiligten Heuristiken und Gruppenprozesse wirksam werden – z. B. durch Beeinflussung anhand verschiedener Anker und dem Folgen einer Mehrheitsmeinung. Urteilsverzerrungen können aber auch durch das äußere Umfeld zustande kommen. Dabei können sowohl eine allgemeine Kriminalitätsfurcht als auch negative Publicity Menschen beeinflussen, da diese die Wahrscheinlichkeit erhöhen, dass ein Angeklagter schuldig gesprochen wird. Die Vielzahl an Studien, die Verzerrungen bei Gericht in verschiedensten Dimensionen identifizieren konnte, macht deutlich, dass bei der Urteilsfindung bei Gericht nicht nur Fakten, sondern auch sozialpsychologische Wirkmechanismen reflektiert werden müssen.

Literatur

Archer, D., Gartner, R., & Beittel, M. (1983). Homicide and the death penalty: A cross-national test of a deterrece hypothesis. *Journal of Criminal Law & Criminology, 74,* 991–1013.

Aronson, E., Wilson, T. D., & Akert, R. M. (2004). *Sozialpsychologie* (4. Aufl.). Pearson.

Bakhshay, S., & Haney, C. (2018). The media's impact on the right to a fair trial: A content analysis of pretrial publicity in capital cases. *Psychology, Public Policy, and Law, 24*(3), 326–340.

Berkowitz, L. (1993). *Aggression: Its causes, consequences, and control.* McGraw-Hill.

Blair, I. V., Judd, C. M., & Chapleau, K. M. (2004). The influence of afrocentric facial features in criminal sentencing. *Psychological Science, 15*(10), 674–679.

Brophy, J. (1983). Research on the self-fulfilling prophecy and teacher expectations. *Journal of Educational Psychology, 75*(5), 631–661.

Darby, B. W., & Jeffers, D. (1988). The effects of defendant and juror attractiveness on simulated courtroom trial decisions. *Social Behavior and Personality, 16*(1), 39–50.

Dhami, M. K., & Ayton, P. (2001). Bailing and jailing the fast and frugal way. *Journal of Behavioral Decision Making, 14*(2), 141–168.

Dion, K., Berscheid, E., & Walster, E. (1972). What is beautiful is good. *Journal of Personality and Social Psychology, 24*(3), 285–290.

Ekman, P. (1985). *Telling lies.* W. W. Norton.

Englich, B., & Mussweiler, T. (2001). Sentencing under uncertainty: Anchoring effects in the courtroom. *Journal of Applied Social Psychology, 31*(7), 1535–1551.

Englich, B., Mussweiler, T., & Strack, F. (2006). Playing dice with criminal sentences: The influence of irrelevant anchors on experts' judicial decision making. *Personality and Social Psychology Bulletin, 32*(2), 188–200.

Fein, S., McCloskey, A. L., & Tomlinson, T. M. (1997). Can the jury disregard that information? The use of suspicion to reduce the prejudicial effects of pretrial publicity and inadmissible testimony. *Personality and Social Psychology Bulletin, 23*(11), 1215–1226.

Gabriel, U., & Oswald, M. E. (2007). Psychology of punishment. In D. S. Clark (Hrsg.), *Encyclopedia of law and society: American and global perspectives* (S. 1252–1254). Sage.

Global Deception Research Team. (2006). A world of lies. *Journal of Cross-Cultural Psychology, 37*(1), 60–74.

Hagan, J., & Parker, P. (1985). White-collar crime and punishment: The class structure and legal sanctioning of securities violations. *American Sociological Review, 50*, 302–316.

Hale, C. (1996). Fear of crime: A review of the literature. *International Review of Victimology, 4*(2), 79–150.

Hastie, R., Schkade, D. A., & Payne, J. W. (1999). Juror judgments in civil cases: Hindsight effects on judgments of liability for punitive damages. *Law and Human Behavior, 23*(5), 597–614.

Heider, F. (1958). *The psychology of interpersonal relations.* Wiley.

Jahnke, S., Imhoff, R., & Hoyer, J. (2015). Stigmatization of people with pedophilia: Two comparative surveys. *Archives of Sexual Behavior, 44*(1), 21–34.

Johnson, J. D., Whitestone, E., Jackson, L. A., & Gatto, L. (1995). Justice is still not colorblind: Differential racial effects of exposure to inadmissible evidence. *Personality and Social Psychology Bulletin, 21*(9), 893–898.

Köhnken, G. (1990). *Glaubwürdigkeit: Untersuchungen zu einem psychologischen Konstrukt.* PVU.

Kramer, G. P., Kerr, N. L., & Carroll, J. S. (1990). Pretrial publicity, judicial remedies, and jury bias. *Law and Human Behavior, 14*(5), 409–438.

Lieberman, J. (2002). Head over the heart or heart over the head? Cognitive experiential self-theory and extralegal heuristics in juror decision making. *Journal of Applied Social Psychology, 32*(12), 2526–2553.

Lieberman, J., & Krauss, D. A. (2009). *Jury psychology: Social aspects of trial processes.* Ashgate.

McKee, I. A., & Feather, N. T. (2008). Revenge, retribution, and values: Social attitudes and punitive sentencing. *Social Justice Research, 21*(2), 138–163.

Mussweiler, T., & Strack, F. (1999). Comparing is believing: A selective accessibility model of judgmental anchoring. In W. Stroebe & M. Hewstone (Hrsg.), *European review of social psychology* (Bd. 10, S. 135–167). Wiley.

Niehaus, S. (2008). Glaubwürdigkeitsattribution. In R. Volbert & M. Steller (Hrsg.), *Handbuch der Rechtspsychologie* (S. 497–506). Hogrefe.

Oswald, M. E., & Stucki, I. (2010). Automatic judgment and reasoning about punishment. *Social Justice Research, 23*(4), 290–307.

Pennington, N., & Hastie, R. (1990). Practical implications of psychological research on juror and jury decision making. *Personality and Social Psychology Bulletin, 16*(1), 90–105.

Pennington, N., & Hastie, R. (1992). Explaining the evidence: Tests of the story model for juror decision making. *Journal of Personality and Social Psychology, 62*(2), 189–206.

Pfundmair, M., Matanovic, R., & Pielenz C. (2020). *The devil effect triggered by sexual crimes [Manuskript eingereicht zur Publikation]*. Institut für Psychologie, Alpen-Adria-Universität Klagenfurt.

Piehl, J. (1977). Integration of information in the "courts:" Influence of physical attractiveness on amount of punishment for a traffic offender. *Psychological Reports, 41*(2), 551–556.

Rachlinsky, J., Johnson, S., Wistrich, A., & Guthrie, C. (2009). Does unconscious racial bias affect trial judges? *Notre Dame Law Review, 84,* 1195–1246.

Rosenthal, R., & Jacobson, L. (1968). Pygmalion in the classroom. *The Urban Review, 3*(1), 16–20.

Salerno, J. M., & Diamond, S. S. (2010). The promise of a cognitive perspective on jury deliberation. *Psychonomic Bulletin & Review, 17*(2), 174–179.

Sherman, L., & Berk, R. (1984). The specific deterrent effects of arrest for domestic assault. *American Sociological Review, 49,* 261–272.

Steblay, N. M., Besirevic, J., Fulero, S. M., & Jimenez-Lorente, B. (1999). The effects of pretrial publicity on juror verdicts: A meta-analytic review. *Law and Human Behavior, 23*(2), 219–235.

Thorndike, E. L. (1920). A constant error in psychological ratings. *Journal of Applied Psychology, 4*(1), 25–29.

Tversky, A., & Kahneman, D. (1974). Judgment under uncertainty: Heuristics and biases. *Science, 185*(4157), 1124–1131.

Wason, P. C. (1968). Reasoning about a rule. *Quarterly Journal of Experimental Psychology, 20*(3), 273–281.

Wegner, D. M., Wenzlaff, R., Kerker, R. M., & Beattie, A. E. (1981). Incrimination through innuendo: Can media questions become public answers? *Journal of Personality and Social Psychology, 40*(5), 822–832.

Wurtele, S. K. (2018). University students' perceptions of child sexual offenders: Impact of classroom instruction. *Journal of Child Sexual Abuse, 27*(3), 276–291.

Yang, Q., Zhu, B., Zhang, Q., Wang, Y., Hu, R., Liu, S., & Sun, D. (2019). Effects of male defendants' attractiveness and trustworthiness on simulated judicial decisions in two different swindles. *Frontiers in Psychology, 10,* 2160.

6

Serviceteil

Stichwortverzeichnis